생명문화총서 04

한국사회 중독문제, 어떻게 해야 하나

이 저서는 2017년 대한민국 교육부와 한국연구재단의
지원(NRF-2017S1A5B8057479)을 받아 수행된 연구임.
This work was supported by the Ministry of Education of the Republic
of Korea and the National Research Foundation of Korea
(NRF-2017S1A5B8057479).

생명문화총서 04

한국사회 중독문제, 어떻게 해야 하나

4대 중독의 한국형 치유모델에서 혜안을 살피다

서강대학교 생명문화연구소 편

발간사

　서강대학교 생명문화연구소는 1991년 '세상의 생명을 위하여 (Promundi vita)'라는 기치를 내걸고 창립된 지가 어언 30년이 다 되어 가고 있다. 그동안 우리 연구소는 '현대산업사회의 전도된 가치관을 극복하기 위한 새로운 생명의 세계관 확립과 생활양식의 창조, 그리고 그에 상응하는 생명 문화 운동의 이론적 정초와 확산보급'이라는 근본 목적의 실천을 위해 학술연구 활동은 물론 학술대회 및 세미나, 대중 강연, 등재 학술지인『생명연구』발간 등 많은 사업과 활동을 진행해 왔다.

　이밖에도 생명연구소는 생명 문화를 학술적인 차원에서뿐만 아니라 대중적인 차원에서도 더욱 폭넓고 효과적으로 확산 보급하기 위한 목적으로 2011년부터 정기간행물『생명연구』에 실렸던 글들을 주제별로 모아 단행본으로 발간하고 있다. 이미 '생명 문화 총서' 제1권이 2011년 12월에『현대사회와 자살 : 왜 한국 사람들은 스스로 생명을 버리는가』라는 제목으로 출간된 바 있다. 그리고 2012년 4월에는 '생명 문화 총서' 제2권이『생명과학과 생명윤리 : 생명과 과학의 공존을 바라보다』라는 제목으로 출간되었고, 2012년 7월에는 '생명 문화 총서' 제3권이『생태 생명의 위기와 대안적 성찰 : 과학을 넘어 종교와 철학에서 길을 찾다』라는 제목으로 출간된 바 있다.

기존의 총서들은 인간 생명을 둘러싸고 벌어지는 윤리적이고 사회적이고 과학적인 문제들과 동식물 생명과 무생물적 환경이 상호작용하는 생태로서의 생명을 포괄하는 생태 생명의 문제를 다루고 있다. 생명문화연구소는 총서 발간뿐만 아니라 학술지 발간, 학술대회, 세미나 등 다양한 활동을 통해서도 하나의 생존 주체로서의 인간 생명이 생명을 부지하느냐 아니냐의 문제들, 즉 자살이나 낙태, 안락사, 생식기술, 장기이식, 인간복제, 말기 암 환자의 임종과 관련된 호스피스 문제 등과 같은 전통적인 생명윤리의 주제들을 다루어왔다. 더욱이 이를 넘어 사형제도, 전쟁, 테러, 폭력, 차별, 인권, 소외, 빈곤, 정의, 동성애, 복지, 중독 등과 같은 사회적 생명이라는 차원의 주제와 동식물 생명 및 생태 생명 등과 같은 생태 혹은 환경적 차원의 생명이라는 주제들까지 포괄하는 훨씬 더 폭넓은 주제들을 총망라해서 고민을 해왔다.

최근 우리 연구소는 한국연구재단으로부터 2017년 인문사회 분야 대학 중점연구소로 선정되어 사회적 생명 차원의 '4대 중독(알코올, 마약, 도박, 인터넷)' 문제에 대한 연구를 진행하고 있다. 『한국사회 중독문제(알코올, 마약, 도박, 인터넷) 어떻게 해야 하나』라는 주제로 '생명 문화 총서' 제4권을 발간하게 된 이유도 여기 있다.

특히 오늘날 우리나라의 중독문제는 세계 최고 수준의 자살률, 낙태율, 산업재해 사망률 등이 보여주는 생명경시 및 반생명 문화 풍조 그리고 환경파괴 등과 같은 문제들 못지않게 심각한 수준에 와있다. 이를테면 연구자들은 우리나라 중독문제는 경계수위를 넘어 위험수위에 이르렀다고 경고하는데, 최근 통계에 의하면 대체로 국민 8명 중 1명이 중독자라는 것이다. 중독이 가족 병이라는 것을 감안한다면 국민 전체가 중독으로 고통을 받고 있다고 해도 과언이 아니다. 게다가 4대 중독으로 인한 사회적 비용은 엄청나다. 우리나라 연간 예산의 4분의 1 정도에 해당하는 109조 5천억 원 수준에 이를 정도로 천문학적이라는 보고가 있다. 이렇게 본다면 중독 문제는 한 개인과 가정의 삶은 물론, 사회 전체적 삶에 막대한 피해를 주는 심각한 문제라고 하지 않을 수 없다. 이런 상황에서 그저 4대 중독문제에 관한 연구에 머물지 않고 이런 사업을 통해 사회적으로 확산 보급하는 일은 상당한 의미와 가치가 있음은 말할 필요도 없을 것이다.

끝으로 이런 의미 있고 가치 있는 총서 발간을 위해 애쓰신 여러 선생님께 감사의 뜻을 전할 필요가 있겠다. 우선 이번 총서의 발간을 주관하고 기획했을 뿐만 아니라 심사숙고해서 글들을 선별해주신 강선경 소장님, 최윤 연구원께 감사의 마음을 전해 드린다.

그리고 이번 총서 발간을 위해 자신의 글들을 다시 검토해주신 저자 선생님들과 번역에 참여해 주신 선생님들께도 감사의 말씀을 전한다. 그리고 오래전부터 여러 차례의 단행본 발간 사업에 동참해 협력을 아끼지 않으신 한국학술정보 출판사 관계자 여러 선생님께도 감사의 말씀을 전한다. 이 모든 분의 작은 노력들이 모여 생명이 존중되고 정의가 실현되며, 생태 생명이 보존되고 정신과 육체가 건강해지는 아름다운 사회로의 발전을 위한 굳건한 토대가 마련되리라고 확신한다.

2019년 5월
서강대학교 생명문화연구소 책임연구원 김완구

한국의 네 가지 중독 유형
- 실태 및 정책 대응의 필요성*

문진영(서강대학교 사회복지학과 교수)

들어가며

중독행위는 개인과 사회에 심각한 악영향을 초래하면서 전 세계적으로 주목을 받고 있다. 과학기술의 급속한 발전이 바탕이 되는 현대사회에는 인터넷(특히 게임)이 알코올, 마약, 도박과 함께 중독행위에 추가되었다. 한국사회는 이러한 중독행위를 '네 가지 주요 중독'으로 규정하고, 그 심각성과 파괴적인 영향 등 중독문제에 대한 정부의 대응이 요구되었고, 중독 예방 관리와 치료를 위한 법안이 제안되었다(Kim, 2013; Jang, 2016).

중독은 부정적인 결과에도 불구하고 보상을 위한 강력한 행위를 특징으로 하는 상태를 말한다. 과학연구 분야에서는 중독을 뇌와

---

* 이 글은 생명연구 제41집(2016년 8월)에 실렸던 글을 수정·보완하여 수록하였다.

행동 모두에 영향을 미치는 만성적 질병으로 분류하고 있다. 즉, 연령, 피부색, 계층을 막론하고 누구나 중독될 수 있다는 뜻이다. 행동보건을 위한 국가위원회(National Council for Community Behavioral Healthcare, 2012)에 따르면, 미국 내 12세 이상의 2,300만 명(전체 인구 중 9.1%)이 불법 마약과 알코올 관련 치료를 요구할 정도로 중독이 만연한 문제다. 하지만 만연한 중독이 단순히 미국에만 국한되는 문제가 아니라는 점에 주목해야 한다. 중독은 뇌의 보상 시스템에 문제가 생긴 것으로, 전 세계에서 광범위하게 발견되고 있으며, 한국도 예외는 아니다.

중독공화국이라는 세간의 비관적 언어가 시사하듯, 우리나라의 중독문제는 경계수위를 넘어 위험수위에 이르렀다고 할 수 있다. 중독문제 예방과 치유를 목적으로 설립된 다학제 간 네트워크 중독포럼(2012) 보고서에 의하면, 한국인 중 618만 명이 소위 4대 중독[1]에 빠져 있다. 도박중독자는 220만 명, 알코올 중독자는 155만 명, 인터넷 게임중독은 223만 명, 마약중독은 10만 명으로 추산되고 있다. 국민 8명 중 1명이 중독자인 상황에서 중독이 가족 병(이명윤, 2015; Lorains et al., 2011)임을 감안하면, 국민 전체가 중독문제로 고통받고 있다고 할 수 있다. 중독으로 인한 사회적 비용 역시 천문학적 수준이다. 도박중독으로 78조 2천억 원, 알코올로 23조 4천억 원, 인터넷게임중독으로 5조 4천억 원, 마약중독으로 2조 5천억 원, 도합 109조 5천억 원 수준이다. 우리나라 연간 예산의 1/4 정도가 중독비용으로 증발하고 있다.

---

[1] 4대 중독은 물질중독으로 분류되는 알코올, 마약류 중독, 행위중독으로 분류되는 도박, 인터넷 중독을 지칭하는 개념이지만 학술적으로 정립된 용어는 아니고, 일부 연구자와 보건복지부 관계자들이 선택과 집중이라는 정책적 편의 차원에서 분류한 것이라 할 수 있다.

더욱이 중독문제를 심화시킬 수 있는 개인, 사회, 경제, 문화적 요인이 점차 악화되고 있다. 개인적인 동시에 사회·환경적 요인으로는 먼저 중독에 노출되는 연령이 점차 낮아지고 있다는 것이다. 선행연구에 의하면 성인들의 전유물이라고 할 수 있는 알코올 음용과 도박은 초등학교 학생에 의해서도 이루어지고 있다(김영호, 2011; 신현주, 2016). 두 번째로는 급격한 사회변동과 특히 지속적인 경기 침체와 소득 양극화 등을 원인으로 거론할 수 있다. 우리의 경우 IMF 경제 위기, 세계화라는 급격한 환경변화를 경험해 왔다. 특히 양극화는 지속해서 심화되고 있다. 우리나라의 경우 2016년 지니 계수2)는 0.304로 전년 대비 0.009가 상승했다(통계청, 2017). 소득 양극화 현상은 분배의 문제뿐 아니라 중독문제에까지 영향을 준다. 소득 양극화가 지속되면 미래에 대한 희망을 철회한 개인들이 늘어나고 이 중 적지 않은 개인들이 마약, 알코올, 도박에 탐닉할 수 있다. 소득 양극화와 중독자의 증가는 정적인 상관관계에 있다(김동수 외, 2011). 특히 청년 실업 문제와 경기 침체가 지속되고 있는 우리나라에서 중독문제는 더욱 심각해질 수 있다는 예측이 가능하다고 할 수 있을 것이다.

한국에서 중독은 주로 네 가지 유형으로 구분된다. 소위 4대 중독 중 가장 치명적이고 폐해가 심한 마약류 중독 역시 위험수위가 상승하고 있다. 한국은 과거 마약통제에 성공하여 국제사회에서 마약 청정국으로 인정을 받았지만, 1999년 마약류 범죄로 체포된 사람이 1만 명을 넘은 이래로 꾸준히 증가하고 있다. 대검찰청(2016)

---

2) 지니 계수란 계층 간 소득 불평등을 나타내는 대표적 지표로 완전평등을 의미하는 0에서 완전 불평등을 나타내는 1 사이의 값으로 나타낸다.

보고에 의하면, 2015년 마약류 범죄와 관련하여 적발된 사람이 11,916명이고 2016년 상반기에만 6,876명이 적발되어 전년 대비 34%가 증가했다. 한국은 이제 더 이상 마약 안전지대라고 할 수 없다. 우리나라의 경우 마약범죄 계수[3]는 1999년에 20을 넘었고 2016년에는 23을 돌파했다. 통상적으로 마약 계수 20은 마약통제의 인용치로서 이를 넘으면 마약류 사용이 비약적으로 증가한다. 소득 양극화, 향락산업의 발전, 경기 침체 등은 전통적으로 마약류 사용과 범죄를 증가시키는 원인으로 거론되고 있다(이해국 외, 2012; Eversman, 2009; Acevedo, 2012; Miller and Mercer, 2017). 우리나라 역시 이 같은 상황과 무관하지 않다고 할 수 있다.

중독은 한 개인과 가정은 물론 사회 전체에 막대한 폐해를 야기하는 개인적 문제인 동시에 사회적 문제이다. 동양 최대의 강국 청나라가 아편 흡입 만연으로 인해 멸망할 지경에 이르렀고 일부 중·남미 국가의 경우 마약으로 인해 사회 전체가 흔들리고 있다. 이는 마약에 국한된 경우라 단정할 수 없다. 중독은 의학적으로는 뇌의 도파민과 보상회로에 다양한 변화를 초래하여 분노 조절의 어려움, 우울, 무력감, 자살과 같은 정신 건강상의 문제(Seligman et al., 2014)와 더불어 직업기능, 노동 의지의 저하, 비생산적인 여가 문화의 확산 등을 야기하여 다양한 사회문제를 야기한다(기광도, 2011). 또한, 중독은 약물 구입 자금, 도박자금이 원인이 된 강·절도, 사기, 횡령 등의 범죄를 유발할 수도 있다(김은혜·이주경, 2014). 중독은 가족 경제 기반의 붕괴와 가정폭력과도 연계되어 있다(박진실, 2015).

---

3) 마약류 계수란 인구 10만 명당 적발된 마약류 사범의 수를 나타내는 것으로서 20이 넘으면 마약류 확산에 가속도가 붙는다. 참고로 미국의 마약 계수는 1997년에 600을 넘었다.

중독은 이렇듯 개인과 사회 전체를 파국에 이르게 할 수 있다. 현재 우리 사회가 직면해 있고 해결해야만 하는 사회문제 중 중독 문제만큼 개인과 사회 전체에 끼치는 것도 많지는 않을 것이다. 국민 전체의 삶의 질을 향상시키고 지속적인 경제 성장의 동력을 확보시키기 위해서는 중독문제 해결이 필요하다고 할 수 있다.

이런 점에서 본 논고는 네 가지 유형의 중독(알코올, 마약, 도박, 인터넷 중독)의 현재 상황을 개별적으로 이해하고, 한국의 중독문제 해결을 위한 정책적 방안을 모색하는 것을 목적으로 한다. 본 저자는 만연한 중독문제를 해결하기 위해서 국가적인 행동 계획이 긴급하게 요구된다는 결론을 얻었다.

Ⅰ. 네 가지 중독의 현 상황

1. 알코올 중독

다양한 중독행위는 동시에 발생하는 경향이 있는 것으로 알려져 있다. 과도한 인터넷 사용으로 인한 중독문제가 불거지기 전, 전문가들은 알코올(물질 남용)과 도박(행동 중독)이 동반되는 현상에 대해서 연구했다(Alder and Goleman, 1969).

알코올 중독은 19세기 중반 스웨덴의 M. Huss 박사가 처음으로 정신 치료가 요구되는 장애 혹은 질병으로 정의했다(Kim and Chong, 2016). 20세기에는 익명의 알코올 중독자(Alcoholic Anonymous(AA)) 모임이 늘어나면서 알코올 중독을 만성적인 질병 개념으로 이해하는 분위기가 줄어들었으나(White and McClellan, 2008), 세계보건기구(WHO)는 1951년 알코올 중독을 '알코올 의존 현상'으로 정의했다.

한국은 술에 대한 접근성이 높다. 알코올 섭취의 경우, 공공장소에서 음주, 판매 시간과 장소 규제를 위한 법이 전무하다. 따라서 대중은 무분별하게 음주에 노출된다. 음주에 대한 접근을 제한하기 위해서 연령 제한과 신원 확인이 실시되고 있지만, 법적 효력은 적은 편이다. 10대의 음주와 무분별한 음주 비율은 매년 증가하고 있다(Lee & Lee, 2013).

최근 발표된 정신장애 진단표준 DSM-5(2013)는 '알코올 사용 장애'를 광범위한 물질 관련 중독 중 알코올의 지속적인 사용으로 인한 '정신장애'로 분류했다(Planzer, 2013). 2011년 보건복지부 자료에 따르면, 한국의 연간 알코올 사용 장애(알코올 중독) 비율은 전반적으로 감소 추세를 보였다. 2001년에는 6.8%를 기록했지만, 2006년에는 5.6%로, 2011년에는 4.4%로 감소한 것으로 나타났다. 특히 남성의 알코올 사용 장애 비율은 2001년 11%를 기록했고, 2006년에는 8.7%, 2011년에는 6.6%를 기록하며 지속해서 감소하였다.

반면, 여성의 알코올 사용 장애 비율은 2001년 2.6%, 2006년 2.5%, 2011년 2.1%로 전혀 줄어들지 않고 있다. 과거 한국사회에서 알코올 중독문제는 과도한 알코올 섭취 문화, 음주에 대한 관용적인 태도, 음주 방식 등을 특징으로 하는 남성의 음주 문화와 상당한 관련이 있었다(Kim and Park, 2009). 하지만 지금은 여성의 음주 문화가 빠르게 늘면서 여성 알코올 중독문제에 관한 관심이 높아지고 있다. 특히, 가임 여성의 음주로 인한 낮은 출산율, 여성의 임상적 특성 및 단축 문제가 나타났기 때문이다. 게다가 중독과 관련된 사회문제(여성의 알코올 중독으로 인한 이중고, 자살, 이혼에 따른 가정의 해체)가 증가하고 있다(Kim & Chong, 2016).

2. 약물 중독

약물 중독의 실태에 관한 공식적 혹은 체계적인 연구는 쉽지 않다. 약물과 관련된 행동은 범죄이기 때문에 완전한 조사가 불가능하다. 하지만 대검찰청의 체포 사례를 추적해 대략적인 추정이 가능하다(2018). 법원 통계 자료를 살펴보면, 다음과 같은 분야에서 월별 마약 단속 상황을 확인할 수 있다.

① 월별 ② 분야별 ③ 성별 ④ 직업별 ⑤ 연령별 ⑥ 지역별
⑦ 외국인의 마약 관련 범죄 ⑧ 마약 압수 상황

1번부터 6번까지는 월별 단속 상황을 기반으로 한다. 다음 <표 1>은 연도별 마약류 사범 추세를 나타낸 것이다.

<표 1> 연도별 마약류 사범 추세 (단위: 명)[4]

구분 \ 연도별		2014	2015	2016	2017
성별	남	8,606	9,644	11,315	11,102
	여	1,378	2,272	2,899	3,021
연령별	19세 이하	102	128	121	119
	20~29	1,174	1,305	1,842	2,112
	30~39	2,640	2,878	3,526	3,676
	40~49	3,542	4,099	4,496	3,919
	50~59	1,768	2,190	2,659	2,589
	60세 이상	603	1,124	1,378	1,491
	연령 미상	155	192	192	217
직업별	무직	2.626	3,442	4,105	4,073
	농업	248	478	476	487
	도소매업	90	99	110	96
	유흥업	63	62	81	131
	서비스업	134	150	159	184
	금융/증권	6	18	18	15
	부동산업	23	35	38	37
	노동	293	359	446	534
	회사원	429	514	492	522
	공업	80	88	142	233
	건설	60	68	72	118
	의료	40	51	86	42
	운송업	74	86	98	116
	가사	95	138	153	152
	예술/연예	23	18	32	46
	어업	37	38	39	45
	학생	104	139	80	105
	직업 미상	1,109	1,165	1,241	1,190
	기타	4,451	4,968	6,346	5,997

4) 본 논문에 포함된 표는 대부분 저자가 출처를 바탕으로 재구성하여 작성한 것이다.

구분 \ 연도별	2014	2015	2016	2017
지역별 서울	2,123	2,319	2,792	2789
인천·경기	2,683	3,584	4,010	4,045
부산	1,099	1,127	1,308	1,380
울산·경남	937	937	1,171	1,308
대구·경북	873	967	1,102	1,133
대전·충남	501	584	843	792
강원	345	464	468	384
전북	115	105	167	150
광주·전남	242	365	460	381
충북	169	236	390	371
제주	37	72	66	81
외국	18	31	31	20
불상	842	1,125	1,406	1,289
마약류 마약		676	1,153	1,383
대마	1,187	1,139	1,435	1,727
향정	8,121	9,624	11,396	10,921
합계	9,984	11,916	14,214	14,123

출처: 대검찰청(2018). 2017 마약류 범죄백서.

<표 1>에서 현재의 마약 단속이 성, 직업, 연령, 지역, 마약류에 따라 구분되고 있음을 확인할 수 있다. 2017년 마약류 사범 수는 14,123명으로, 2014년 같은 기간 대비 29.3% 증가했다. 전년 대비는 0.6% 감소하였다.

구체적인 분포 및 마약류사범 추세는 다음과 같다. 성별은 남성이 73.9%를 차지했으며, 여성은 26.1%에 그쳤다. 직업군은 다양했다. 개중 가장 높은 비율이 무직이었으며(28.8%), 고용 근로자(3.8%), 회사원(3.7%), 농부(4.0%)의 순이었다. 전체 마약 범죄자의 53.8%가 30대

(26.0%)와 40대(27.8%)였다. 지역으로는 인천·경기(28.6%), 서울 (19.8%), 부산(9.8%), 울산·경남(9.3%) 순이었으며, 서울 수도권이 전체의 48.4%를 차지했다. 마약류별 사범은 2016년 대비 2017년 마약은 6.7%, 대마는 20.3% 증가하였고, 향정은 4.2% 줄었다. 아래 <표 2>에서는 2017년 월별 약물 사용자의 현황을 나타내고 있다.

<표 2> 2017년 월별 마약류 사범 현황 (단위: 명)[5]

월별 구분	마약	향정	대마	합계/구성비	
합계	1,475	10,920	1,728	14,123	100
1월	22	922	115	1,059	7.5
2월	26	780	85	891	6.3
3월	31	1,071	116	1,218	8.6
4월	22	1,049	183	1,254	8.9
5월	98	1,225	187	1,510	10.7
6월	468	972	182	1,622	11.5
7월	496	896	221	1,613	11.4
8월	199	1,012	176	1,387	9.9
9월	46	1,022	132	1,200	8.5
10월	17	681	99	797	5.6
11월	34	719	138	891	6.3
12월	16	571	94	681	4.8

출처: 대검찰청(2018). 2017 마약류 범죄백서.

2018년 8월 기준으로, 전체 약물 관련 사범의 수는 14,123명으로, 직전 연도에 비해 0.6% 감소했다. 하지만 마약류별 현황을 보면, 마약 사범은 전년 대비 6.7% 증가하였고, 향정 사범은 7.0% 증가하였다. 반면, 대마 사범은 20.3% 줄었다. 월별 현황을 보면, 점

_____

5) 본 논문에 포함된 표는 대부분 저자가 출처를 바탕으로 재구성하여 작성한 것이다.

유율은 6월(11.5%)이 가장 높으며 7월(11.4%), 5월(10.7%)이 뒤를 이어 높게 나타났다.

1995년 이후 증가추세에 있던 전체 마약류 사범은 1999년 처음으로 1만 명을 넘어서게 되고, 밀수 등 약물 공급조직들에 대한 강력한 단속이 시작되는 2002년까지 계속적인 증가세를 보인다. 강력한 단속의 결과로 2014년까지 사범 수는 1만 명 선 아래로 억제된다. 하지만 2015년부터 다시 수가 급증하게 되는데, 이러한 추세는 오늘날까지 이어지고 있다. 증가의 배경으로는 인터넷, SNS 등을 이용하여 일반인에게도 국내외 마약류 공급 접근성이 확대되면서 마약류 소비가 늘어난 것으로 볼 수 있다.

3. 도박 중독

도박의 경우, 당국이 여러 부처에 걸쳐서 사행성 산업의 허용과 운영을 규제하고 있다. 이런 분산된 규제 때문에 효율적인 규제가 어려운 상황이다. 경찰청이 지속해서 단속을 실시하고 있지만, 불법적으로 변환된 도박 장소 때문에 철저한 계획 준비가 필요하다. 따라서 도박으로 인한 중독의 실태 파악 역시 쉽지 않다. 도박 산업과 관련된 통계는 사행산업 통합 감독 위원회가 작성 및 제출한다. 해당 자료는 도박 중독 관련 통계를 반영하기 때문에 유용하다. 사행성 산업은 사람들의 투기심을 이용하고, 관련 제품과 서비스를 생산해 이익을 추구한다. 한 마디로 사행성 산업은 개인의 재산을 늘리고 줄이는 결과로 이어지는 행위로 정의할 수 있다. 국가 사행성 감독법 2조 1항에 따르면 카지노, 경마, 경륜, 보트 경주, 복권,

스포츠 배당, 투우가 사행성 산업에 속한다. 사행성 산업의 성장은 도박 중독의 증가와 관련이 있기 때문에, 산업의 상황을 관찰하는 것이 중요하다.

아래의 <표 3>은 '2015년 사행성 산업의 상황'을 나타낸 것으로, 최근 통계를 축적한 것이다. 관광 증진 특별법과 시행 명령 30조에 따라 카지노 총 매출은 순 매출로 추가되었다. 전체 사행성 산업 중 경마가 38%로 최고를 차지했으며, 복권(17.3%), 스포츠 배당(16.8%), 카지노(13.7%), 경륜(11.1%), 보트 경주(3.3%)가 그 뒤를 이었다.

<표 3> 2015년 사행성 산업 실태 (단위: 백만 원, %)

| 분류 | 카지노 | | 경마 | 경륜 | 모터 보트 경주 | 복권 | 스포츠 토토 | 투우 | 합계 |
	강원 랜드	외국인 전용							
총 매출 (비율)	15,604 (7.6)	12,433 (6.1)	77,322 (37.7)	22,731 (11.1)	6,730 (3.3)	35,551 (17.3)	34,494 (16.8)	177 (0.1)	205,042 (100)
순 매출 (비율)	15,604 (17.7)	12,433 (14.1)	20,767 (23.6)	6,359 (7.2)	1,879 (2.1)	17,307 (19.6)	13,722 (15.6)	50 (0.1)	88,121 (100)
방문자 수 (1천 명)	3,133	2,614	13,617	55.42	2,169	-	-	637	
방문자 1명당 평균 베팅 금액 (1만 원)	49.8	47.6	56.8	41.0	31.0	-	-	2.8	-
영업장 개수 (판매 대리인 외)	1	16	3 (30)	3 (20)	1 (17)	-	-	1	25 (67)

출처: 사행산업 통합 감독 위원회, 『2015년 사행성 산업 통계』, 2016, P9

2006년부터 2015년까지 산업은 계속해서 성장했다. 2006년 13 개였던 보트 경주 영업장 개수는 2012년 18개로 증가했다. 한편 카지노 방문자 수는 2006년에 278만 명이었으나 2014년에는 596만 명을 기록했다. 한 마디로 사행성 산업이 전반적으로 성장했다.

<표 4> 지난 10년간 비즈니스 성장 추이 (단위: 1천만 원, 1,000명, %)

산업 분류		2006	2007	2008	2009	2010	2011	2012	2013	2014	2015
카지노 비즈니스	영업장 개수	17	17	17	17	17	17	17	17	17	17
	매출 (강원랜드)	12,817 (8,021)	15,834 (9,705)	18,185 (10,657)	20,734 (11,538)	22,590 (12,534)	23,113 (11,857)	24,602 (12,092)	26,475 (12,790)	27,992 (14,220)	28,037 (15,604)
	방문자	2,782	3,628	4,192	4,721	5,037	5,084	5,409	5,775	5,969	5,747
경마	영업장 개수 (외부)	36 (33)	35 (32)	35 (32)	34 (31)	34 (31)	33 (30)	33 (30)	33 (30)	33 (30)	33 (30)
	매출	53,110	65,402	74,219	72,865	75,765	77,862	78,397	77,035	76,464	77,322
	방문자	19,444	21,684	21,233	21,676	21,812	19,518	16,138	15,917	15,296	13,617
경륜	영업장 개수 (외부)	22 (19)	23 (20)	24 (21)	24 (21)	24 (21)	24 (21)	24 (21)	24 (21)	23 (20)	23 (20)
	매출	15,894	21,173	20,524	22,238	24,421	25,006	24,808	22,976	22,019	22,731
	방문자	5,644	9,048	8,848	9,429	9,409	9,306	7,848	6,981	5,306	5,542
보트 경주	영업장 개수 (외부)	13 (12)	15 (14)	16 (15)	16 (15)	16 (15)	16 (15)	18 (17)	18 (17)	18 (17)	18 (17)
	매출	3,972	5,388	6,869	7,183	6,508	7,348	7,231	6,923	6,808	6,730
	방문자	1,968	2,626	3,432	3,500	3,286	3,387	2,896	2,781	2,358	2,169
복권	종류	12	12	12	12	12	12	12	12	12	12
	매출	25,940	23,809	23,940	24,712	25,255	30,805	31,854	32,340	32,827	35,551
스포츠 토토	종류	18	16	19	17	17	18	20	19	22	22
	매출	9,131	13,649	15,962	17,590	18,731	19,375	28,435	30,782	32,813	34,494
투우	영업장 개수	-	-	-	-	-	1	1	1	1	1
	매출						17	116	195	10	177
	방문자						92	340	1,017	34	637
합계	매출 (변화비율)	120,865 (+1.8)	145,255 (+20.2)	159,699 (+9.9)	165,322 (+3.5)	173,270 (+4.8)	183,526 (+5.9)	195,443 (+6.5)	196,726 (+0.7)	198,933 (+1.1)	205,042 (+3.1)

출처: 사행산업 통합 감독 위원회, 『2015년 사행성 산업 통계』, 2016, P11

<표 5>의 CPGI 비율은 8점 만점으로 측정된 것이다. 점수가 높을수록 도박 기회도 증가한다. 점수는 일반 대중에 적용되도록 고안되었으며, 12개월 동안의 유병률을 측정한 것이다. 도박에 대한 태도, 도박 행위, 결과, 도박 형태에 대한 태도 등을 고려해서 점수가 매겨졌으며, 일반 시민을 대상으로 비교 연구에서 가장 양호한 것으로 확인되었다. 또한, 도박 측정을 위한 표준인 정신장애 진단

및 통계 매뉴얼(DSM)에 의한 측정과 높은 상관관계를 보였다.

<표 5> 도박 중독의 유병률: CPGI 비율 기준 1

국가	발표기관/작성자	연도	측정도구	도박 중독 유병률 (%)			비고
				위험 1 도박	위험 2 도박	합계	
한국	사행산업 통합 감독 위원회	2014	CPGI	3.9	1.5	5.4	
	사행산업 통합 감독 위원회	2012		5.9	1.3	7.2	
	사행산업 통합 감독 위원회	2010		4.4	1.7	6.1	
	한국 마사회	2009		5.3	1.6	6.9	
	사행산업 통합 감독 위원회	2008		7.2	2.3	9.5	
	문화, 스포츠, 관광부	2006		4.9	1.6	6.5	
영국	도박 위원회/Wardle 등	2011		1.8	0.7	2.5	
		2007		1.4	0.5	1.9	
프랑스	Barometre sante	2011		0.9	0.4	1.3	
호주	생산성 위원회 (Productivity Commission)	2010		1.7	0.7	2.4	국가 유병률 평균
	퀸즐랜드 (Queensland) 주 정부	2010		1.6	0.37	1.97	퀸즐랜드

출처: 사행산업 통합 감독 위원회, 『2015년 사행성 산업 통계』, 2016, P22

<표 6>에서 보는 것처럼 한국 발표 기관에 따르면 도박 중독의 유병률은 5.4%에서 9.5%로 상승해, 다른 국가보다 월등히 높은 비율을 보여준다. 2위를 기록한 노르웨이의 유병률은 4.4%로, 한국과 상당한 차이를 보인다. 따라서 한국의 도박 중독은 심각하다고 할 수 있다.

<표 6> 도박 중독의 유병률: CPGI 비율 기준 2

| 국가 | 발표기관/작성자 | 연도 | 측정도구 | 도박 중독 유병률 (%) | | | 비고 |
				위험 1 도박	위험 2 도박	합계	
뉴질랜드	보건부 (Ministry of Health)	2009	CPGI	1.3	0.4	1.7	
미국	정부, M.E & Lutz, G.M.	2011		2.6	0.6	3.2	아이오와 (Iowa)
	Volberg, R.A & Bernhard B.	2006		2.2	0.6	2.8	뉴멕시코 (New Mexico)
캐나다	Kairouz.S 등	2011		1.3	0.7	2.0	퀘벡 (Quebec)
	캐나다 통계청 (Statistics Canada)	2008		1.5	0.2	1.7	서스캐처원 (Saskatchewan)
노르웨이	Pran.KR&Ukkeberg	2010		2.3	2.1	4.4	

출처: 사행산업 통합 감독 위원회, 『2015년 사행성 산업 통계』, 2016, P22

4. 미디어 콘텐츠 및 인터넷 중독

인터넷 중독의 경우, 여성가족부가 강제 셧다운을, 문화 스포츠 관광부가 부분 셧다운을 이행 혹은 실시했지만, 스마트폰이 셧다운에서 제외되면서 범위가 제한적이었다. 또한, 효율성에 대한 의문역시 한계로 작용했다. 위에서 언급한 것처럼 한국은 중독에 대한 접근이 용이할뿐 아니라, 문화적으로 허용되는 분위기이다(Kim 2013, Kang, Lee and Ha, 2016).

한국사회에서 PC와 스마트폰 등 편리한 모바일 기기의 사용이 늘면서 인터넷의 과도한 사용이 증가하고 있다. 2014년 한국 정보 사회 진흥원이 실시한 인터넷 중독 실태 조사 결과를 보면 아동, 청소년, 성인의 인터넷 중독은 각각 5.6%, 12.5%, 5.8% 증가했다.

10대 청소년 중 인터넷 중독 위험수위에 있는 비율은 3년 동안 꾸준히 증가했다. 따라서 여기에서는 청소년의 인터넷 중독을 집중적으로 다루려고 한다.

한국 방송통신위원회와 한국 인터넷진흥원이 공동으로 실시한 '2015년 인터넷 사용 실태 조사'에 따르면 전체 가정 중 42.9%가 하나 이상의 스마트 기기를 보유하고 있으며, 이미 PC 기반의 인터넷 사용 수준을 넘어선 것으로 확인되었다. 2011년 7월을 기준으로 3세 이상의 인구 중 78%가 인터넷을 사용하는 것으로 집계되었다. 10대의 인터넷 사용은 99.9%였다.

행정안전부와 한국 정보사회 진흥원이 실시한 인터넷 중독 실태 조사에서, 10대의 인터넷 중독은 12.4%로, 전체 평균인 8%를 크게 웃돌았다. 10대의 인터넷 중독은 5.8%를 기록한 성인의 중독률에 비해 월등히 높았다. 9세~12세까지의 중독 비율은 14%, 13~15세까지의 비율은 11.8%로, 모든 연령 그룹 중 가장 높은 수준을 기록했다. 10대의 인터넷 중독은 이들의 인터넷 사용 목적이 온라인 게임이라는 점에서 훨씬 심각한 사회문제로 대두되고 있다. 연구에서 확인한 모든 인터넷 사용 목적 중 온라인 게임은 65.2%로 가장 높은 비율을 차지한다. 중독과 관련된 인터넷 사용 목적 중에서 온라인 게임은 1위이며(73.2%), 다음은 검색이다(56.6%). 10대 인터넷 중독에서 게임의 비율을 전체 평균(41.6%) 혹은 성인의 비율(30.3%)과 비교했을 때, 10대가 인터넷에 중독되는 주된 이유가 게임이라는 사실은 설명이 필요치 않을 정도이다.

인터넷에 중독된 10대는 가상현실에 대한 편향, 금단 현상, 일상생활과 인내심 장애 등의 특징을 나타낸다. 인터넷 중독에는 우울증, 긴장, 자기 절제 약화, ADHD(Attention Deficit/Hyperactivity Disorder) 등이 포함되며, 10대의 정신 건강에 상당한 해가 되는 요인으로 작용한다. 그뿐만 아니라 현실감각이 사라지고, 현실과 가상세계를 혼동하면서 삶에 대한 생각과 열의가 줄며, 자살로 이어질 가능성도 있어서 매우 위험하다(Kang, Lee and Ha, 2016).

Ⅱ. 한국 중독문제 해결을 위한 모델 및 정책 동향

1. 의료모델과 회복모델 연구 동향

중독연구는 전통적으로 알코올, 마약류 중독을 물질중독, 도박과 인터넷 중독을 행위중독으로 구분하여 접근해 왔지만, 물질이든 반복되는 행위이든 모두 뇌에 영향을 주어 다양한 폐해를 유발한다는 점에서는 동일하다. 의료모델에서는 중독을 유전적 요인과 뇌의 문제로 설명한다. 중독을 유전의 문제로 연구자들은 초기에는 주로 알코올 중독에 관한 연구에 집중했다. 1960년대에는 쌍생아연구, 입양아연구, 알코올 중독자의 가족력 연구가 주를 이루었다. 그 후 1970년대에는 유전적 요인과 환경과의 상호작용에 관한 연구가 시도되었으며 중독 민감성이란 개념을 도출했다.

최근에는 유전학의 발달과 함께 유전자분석 기법을 공유하여 게놈(Genome) 연관 연구가 각광을 받고 있기도 하다. 유전영향 연구에 의하면 알코올 중독과 마약류 중독은 사용하는 물질의 차이만 있을 뿐 양상은 유사하게 나타난다. 연구의 결론은 부모가 물질중독이면 자녀 역시 중독이 될 수 있는 취약성이 있다. 연구에 의하면 유전적 요인이 중독에 영향을 주는 정도는 약 60%이다(이해국, 2012; Schuckit, 2014).

유전모델에 의하면 중독은 유전적 취약성을 지닌 개인과 환경과의 부정적 상호작용으로 인해 생성된 발현물이다. 환경을 통제하여 중독문제를 예방하는 데에는 통찰력을 제공했지만, 중독자들의 회복을 설명하고 이들의 탈중독을 지원할 수 있는 방안 마련에는 무력하다고 할 수 있을 것이다.

중독을 뇌의 문제로 보는 연구관점은 뇌의 보상 기제에 주목한다. 반복되는 물질의 투입과 도박과 같은 행동은 뇌의 보상회로와 도파민과 같은 행동은 신경전달 물질에 다양한 변화를 초래한다. 그 결과 더 많은 물질과 더 많은 충동적이고 강박적인 행동이 필요하다(손덕순·정선영, 2007; Bargnardi et al., 2001). 이러한 관점은 최근 뇌과학의 비약적 발전에 힘입어 중독문제는 물론 이상행동, 정서 등을 설명하는 유력한 패러다임으로 자리 잡고 있다.

의료모델에서는 중독을 도덕이나 의지의 문제로 보지 않고 질병으로 간주하기에 의사의 주도하에 수행되는 진단과 투약을 중요시한다. 이 같은 관점은 중독자를 환자로 보고 책임을 묻지 않는다. 중독자들 역시 낙인에서도 자유롭다. 하지만 모든 것이 의학적 관점에서만 이루어지기에 의료 권력이라는 새로운 권력을 탄생시켰다. 중독자들은 낙인을 벗어버리는 데에는 성공했지만, 의사의 권력에 예속되었다고 할 수 있다. 그뿐만 아니라 인간 실존의 구성요소이자 인간의 미학이라고 할 수 있는 의지, 자기 책임, 상호지지와 배려 등은 저평가될 수밖에 없다. 또한, 중독이 약물 처치로 치료가 가능하려면 A(addiction) - D(drug) = R(Recover)이라는 등식이 가능해야만 한다. 하지만 의료세팅에서 치료를 마친 중독자들의 높은 재발률은 의료모델이 능사가 아님과 회복과정에 대한 개입과 관리가 필요함을 시사한다고 할 수 있을 것이다.

회복모델은 의료모델의 대척점에서 출발했다. 1980년대에 등장한 회복의 개념은 정신질환을 극복하고 회복을 체험한 Deegan(1988)에 의하면 회복이란 손상된 자아와 낙인을 지닌 개인이 지역사회 구성원으로서 삶, 사랑, 일에 대한 열망을 지니고 자신의 장애를 뛰어넘는 도전이며 새로운 삶의 과정이다. Deegan 이후 연구자들에 의해 제기된 회복의 개념과 정향을 정리하면 회복은 균형상태로의 재귀환, 자아존중감의 제고와 자기 삶의 주체적 향유, 새로운 도전과 생산적 삶의 창조 등으로 정리할 수 있다(Henderson, 2004; Delaney and Lynch, 2008; Scott et al., 2007). 이와 같은 회복모델에서 가장 중요시되는 것이 전문가주의의 지양, 지역사회기반, 개인의 임파워먼트이다.

회복모델에서 전문가들은 조력자, 협력자의 위치에 서야 하고 회복의 궁극적인 주체는 당사자들이다(Fontaine, 2003; Noiseuz and Ricard, 2008). 또한, 회복의 장은 병원이나 격리된 장소가 아니라 지역사회이며 병원 치료는 최소한에 그쳐야 한다. 회복모델에 있어 지역사회는 중독을 지니고 있음에도 불구하고 생산적이고 충만한 삶을 영위할 수 있는 자기 실존의 장인 동시에 전문가와 지지자들의 상호협력이 일어나는 장이다. 이와 같은 전문가주의의 지양, 지역사회기반 실천은 중독자들의 임파워먼트와 연결되어 있다.

회복연구는 그간 중독자와 가족, 실천, 전문가들이 인식하는 회복의 의미, 회복에 영향을 미치는 요인, 회복모델 패러다임을 중심으로 이루어졌다(Mead and Copeland, 2000; King et al., 2014). 그럼에도 불구하고 회복모델이 의료모델의 틀 속에 갇혀 있는 원인은 철학적 기초의 부족과 함께 회복의 기전(mechanism)을 규명하는 데에 소홀했기 때문이라고 분석된다. 즉 대부분의 연구가 회복에 영향을 미치는 요인 분석에만 치중했을 뿐 어떠한 과정과 내용으로 회복에 이르는가는 많은 부분이 미지의 영역으로 남아 있다. 회복모델이 과학성과 함께 대중성을 획득하기 위해서는 회복 기전에 대한 설명이 축적되어야 할 것이다.

2. 정책 동향

최근 한국사회는 알코올, 마약, 도박, 미디어 콘텐츠의 네 가지 부문에서 중독문제에 직면하였고, 심각한 사회문제로 주목받고 있다. 본 논고는 현재 한국사회에서의 중독에 관한 주요 연구 결과를 바탕으로 "중독 예방, 관리, 치료를 위한 법안"에 집중해 정책안을 제시하는 바이다.

알코올 중독과 관련해 가장 긴급한 사안은 정부 차원에서 전반적인 계획을 수립하고 이행하는 것이다. 둘째로, 예방과 치료를 위한 서비스에 대한 접근성이 개선되어야 한다. 세 번째로는 현재 부족한 수준인 알코올 상담 센터를 확대하고, 의료 인력 등 관련 인적 자원을 배치해야 한다. 네 번째로 위의 방안을 위한 예산을 확대해야 한다. 마지막으로, 직업 재활 시설과 알코올 프로그램을 위한 활동적인 지원이 요구된다(Kim, 2013: 81).

약물 중독의 경우, 치료와 보호를 위한 시스템의 가동이 당장 필요하다. 둘째로는 사법 기관과 보건 및 의료 지원 시스템의 협력 및 교류가 강화되어야 한다. 세 번째로 근본적인 원인이라고 생각되는 국가 차원의 전반적인 예방이 여전히 부족하므로 관련 정부 조치를 수립하고 이행할 필요가 있다(Kim 2013: 82).

도박 중독에서는 치료와 재활을 위한 예산이 절대적으로 부족하므로 관련 예산을 늘려 적극적인 치료 서비스를 제공해야 한다. 둘째로 현재는 사행산업 통합 감독 위원회가 이행하는 치료 센터를 위한 전반적인 계획이 있을 뿐이다. 더욱 포괄적인 예방과 치료를 위한 정부 차원의 조치가 요구된다. 셋째, 전체 사행성 산업의 매출에 대한 제안이 법적 구속력이 약하기 때문에 개별법을 기반으로 이를 달성하기 위한 효율적인 법적 활동을 확보해야 한다(Kim, 2013: 83).

미디어 콘텐츠로 인한 인터넷 중독을 해결하기 위해서는 지금처럼 요청하는 학교에 대해서 뿐만 아니라 모든 학교에 대해서 의무적으로 예방 교육을 실시해야 한다. 둘째로 현재는 청소년을 위한 상담만 진행하고 있지만, 앞으로는 각 콘텐츠와 유아부터 아동, 성인 등 연령별 상담을 도입해야 한다. 셋째, 현재의 지원은 위험성이 높은 청소년에 집중되어 있다. 이제 다양한 수준의 중독과 종류를 위한 맞춤형 치료 모델을 개발하고 적용할 필요가 있다. 넷째, 현재 상황은 재활 치료를 받은 중독자들을 위한 추가 관리가 부족하다. 자립, 스폰서, 재취업을 위한 프로그램 등이 요구된다. 다섯째, 인터넷 중독에 대한 대응 기관 간의 협력이 제고되어야 한다. 마지막으로 지역 기반의 중독 대응 센터의 설립 및 활성화가 시급하다(과학기술정보통신부, 2013: 3; Kim, 2013: 85).

나가며

 알코올, 약물, 도박, 청소년의 인터넷 사용 등 네 가지 중독 유형의 심각성과 그 내용을 살펴보았다. 본 논고는 네 가지 중독의 거시적인 지표를 조명했지만, 해당 부류에 속하는 중독을 경험한 실질적인 사례를 포함하지 못했기 때문에 현실적인 조치는 제안하지 못했다. 하지만 다양한 제약에도 불구하고 네 가지 중독을 전반적으로 고려했으며, 최신 자료를 분석했다는 점에서 의미가 있다.

 현재 중독의 예방 및 치료 서비스 측면에서 접근성이 떨어지고 지원이 부족하며, 인프라가 충분하지 못하다. 2014년에 알코올과 도박 중독으로 의료기관의 치료를 받은 사람의 수는 각각 10만 명과 800명이었다. 이 수치는 전체 추정 환자의 7% 미만이다(보건복지부, 2015). 인터넷 중독의 경우, 현재 정확한 정의가 내려지지 않아서, 부처별로 정의와 조건이 다르다. 이 때문에 대상을 개별적으로 진단하기 어렵다. 또한, 정부 예산이 부족하다(사행산업 통합 감독 위원회, 2015). 정신건강특별법에서는 중독 관련 전문 인력 훈련을 위한 법적 기준이 없다. 일부에서 진행되는 커리큘럼은(한국 정신 건강 사회 아카데미 혹은 한국 중독 협회 등) 실질적으로 교육 수준을 확보하기 어렵다.

 도박 역시 산발적인 개입이나 단기적인 치료로 극복할 수 없으므로 지속적이면서 전문적이고 전체 부처를 아우르는 대응이 필요하다. 현재는 다양한 부처에서 음주, 마약, 도박, 인터넷 중독문제의 관리를 맡고 있어 효율성이 떨어진다(관련 규제가 분산되고, 서비스가 부족하거나 겹친다). 통합된 행정을 위한 부처 간 조율이 없다는 것이 한국 중독문제의 원인이기도 하다(Kim, 2013).

따라서 네 가지 중독에 대해 다음과 같은 제안으로 본 논고를 끝맺으려 한다. 알코올 중독은 예방과 치료 서비스에 대한 접근성을 개선하고, 관련 기관과 인력을 늘려야 한다. 전 부처 차원에서 직업적인 재활 모델 시설과 다양한 관련 프로그램을 위한 지원이 활성화되어야 한다. 약물 중독을 해결하기 위해서는 활발한 조치를 이행하고, 치료와 예방을 위한 예산을 늘려야 하며, 치료 서비스 강화를 위한 조치가 요구된다.

도박 중독 해결을 위해서는 예방 및 치료를 위한 국가 차원의 포괄적인 예방 조치와 총 매출 제한을 위한 효율적인 규제 확보를 제안한다. 인터넷 게임 등 콘텐츠 중독과 관련해서는 의무적인 예방 교육, 상담 시스템 도입, 모든 연령을 위한 상담 시스템을 도입하되, 청소년에 집중, 중독의 정도와 분류에 맞는 특정한 치료모델 개발 등을 제안한다.

한국에서 중독문제는 계속 증가하고 있으며, 중독의 악영향은 당사자뿐 아니라 사회 안전을 위협하는 심각한 사회문제가 되었다. 하지만 중독 및 그 악영향에 관한 대중의 인식은 낮고, 문제의 심각성과 비교했을 때 개입도 불충분한 상황이다. 따라서 먼저 중독관리 특별법을 이행해서 중독에 대한 역동적인 예방 환경의 기반을 마련하고, 예방, 선택, 치료, 재활을 위한 지침과 프로그램을 개발하여 시스템을 수립할 필요가 있다. 마지막으로 중독관리의 활성화를 위한 치료와 연구 인프라 및 중독관리를 위한 부처 간 거버넌스가 요구된다.

참고문헌

기광도. (2011). 알코올-범죄 관계에 대한 이론적 논의. 법학연구, 18(2), 193-220.

김동수, 김옥환, 이상헌, 정태연. (2011). 한국인의 소득 양극화 원인과 해결책에 대한 인식유형. 한국심리학회지: 문화 및 사회문제, 17(4), 461-483.

김영호. (2011). 대학생 문제도박의 성별 차이와 건강위험 행동과의 관련성. 보건교육·건강증진학회지, 28(5), 61-71.

김은혜, 이주경. (2014). 중독이 성범죄 재범에 미치는 영향에 관한 탐색연구. 정신보건과 사회사업, 42(1), 5-30.

대검찰청. (2016). 2015년 범죄백서. 대검찰청.

대검찰청. (2018). 2017년 마약류 범죄백서.

박진실. (2015). 마약류 중독자에 대한 치료현황 및 대책에 대한 연구. 법학논문집, 39, 201-236.

손덕순, 정선영. (2007). 도박중독자 실태 및 중독수준별 특성과 그 영향에 관한 연구. 정신보건과 사회사업, 26, 377-407.

신현주. (2016). 청소년기 후기 대학생의 도박 중독 실태와 대응방안에 관한 연구. 한국중독범죄학회보, 6(1), 19-37.

이명윤. (2015). 알코올 중독자의 장기간 단주 과정. 단국대학교 대학원 박사학위 논문.

이해국. (2012). 국가 중독 예방 관리 정책 및 서비스 전달체계 개발. 보건복지부.

중독포럼. (2013). 4대 중독 개입대책 개발 연구. 서울: 중독포럼.

통계청. (2017). 2016년 소득분배지표. 통계청.

Acevedo, A. (2012). Racial/Ethnic Disparities in Performance Measures for Outpatient Alcohol and Other Drug Abuse Treatment. Brandeis University, The Heller School for Social Policy and Management.

Adler, N., and Goleman, D., (1969), Gambling and alcoholism: Symtom substitution and functional equivalents, Quarterly Journal of Studies on Alcohol, 30: 733-736.

Bagnardi, V., Blangiardo, M., La Vecchia, C., & Corrao, G. (2001). A meta-analysis of alcohol drinking and cancer risk. British journal of cancer, 85(11), 1700~1705.

Creation of Future Science. (2013). Internet Addiction Survey 2012. Korean internet & security agency.

Deegan, P. E. (1988). Recovery: The lived experience of rehabilitation. Psychosocial Rehabilitation Journal, 11(4), 11.

Delaney, K. R., & Lynch, P. (2008). Magnet forces: A structure for a transformation in inpatient psychiatric nursing. Journal of the American Psychiatric Nurses Association, 14(5), 346-352.

Eversman, M. (2009). Harm reduction in outpatient drug-free substance abuse treatment settings. State University of New York at Albany.

Fontaine, K. L. (2003). Mental health nursing (5th ed.). New Jersey: Pearson Education.

Henderson, H. (2004). From depths of despair to heights of recovery. Psychiatric Rehabilitation Journal, 28(1), 83-87.

Kang, S., Lee, K., & Ha, M. (2016), A Study on Adolescents' Recovery Experiences from Internet Addiction: Giorgi's phenomenological approach, Journal of Youth Welfare. 18(1): 211~234.

Kim, O. (2013). 4 addiction diagnosis and policy improvements. Addiction Institute crime. 3(2): 74-88.

Kim, H., & Chong, H. (2016), Wholistic Ideation of the Experience of Women Alcoholics' Drinking and Recover. Ewha Journal of Social Sciences. 32(1): 191~234.

Kim, Y., & Park. J. (2009). A Study on the Sociocultural Factors Affecting to Gender Difference of the Prevalence of Men and Women Alcoholics. Mental Health & Social Work, 31: 100~135.

King, D. L., Delfabbro, P. H., Zwaans, T., & Kaptsis, D. (2014). Sleep interference effects of pathological electronic media use during adolescence. International Journal of Mental Health and Addiction, 12(1), 21-35.

Korea Information Society Agency (2014). Internet Addiction Survey. Korea Information Society.

Jang, S. (2016). Do Drinking Problems Predict Gambling Problems? -The

Association between Substance Abuse and Behavioral Addiction, Korean Academy of Social Welfare, 68(2) 5-25

Lee H., & Lee B. (2013). The Current Status and Cause of the Addiction Problem, Health and Welfare Forum, 200: 30-42.

Lorains, F. K., Cowlishaw, S., & Thomas, S. A. (2011). Prevalence of comorbid disorders in problem and pathological gambling: Systematic review and meta-analysis of population surveys. Addiction, 106(3), 490-498.

Mead, S., & Copeland, M. E. (2000). What recovery means to us: Consumers' perspectives. Community mental health journal, 36(3), 315-328.

Miller, L. N., & Mercer, S. L. Drugs of Abuse and Addiction: An integrated approach to teaching. Currents in Pharmacy Teaching and Learning.

National Assembly Health and Welfare Committee. (2013). Review Report bill for addiction prevention care and treatment, Ministry of Health and Welfare.

National Council for Community Behavioral Healthcare: 2012 National Council Survey. (2012). HIT Adoption and Readiness for Meaningful Use in Community Behavioral Health Report. The National Council for Community Behavioral Healthcare.

Noiseux, S., & Ricard, N. (2008). Recovery as perceived by people with schizophrenia, family members and health professionals: A grounded theory. International Journal of Nursing Studies, 45(8), 1148~1162.

Planzer, S. (2013). DSM-5: What's new?, European Journal of Risk Regulation: EJRR. 4: 531.

Seligman, M. E., Parks, A. C., & Steen, T. (2014). A balanced psychology and a full life. Philosophical Transactions-Royal Society of London Series B Biological Sciences, 1379-1382.

Schuckit, M. A. (2014). A brief history of research on the genetics of alcohol and other drug use disorders. Journal of Studies on Alcohol and Drugs, Supplement, (s17), 59-67.

Scott, C., White, W., & Dennis, M. (2007). Chronic addiction and recovery management. Counselor, 8(2), 22-27.

The Ministry of Health and Welfare(2011). Epidemiological survey for the assessment of the mental health of Korean people, Seoul National

University. 1-15.

The National Gambling Control Commission(2016), Statistics about Gambling Industry in 2015. The National Gambling Control Commission.

2015 Survey on the Use of Internet. (2016). the Korea Communications Commission : the Korea Internet & Security Agency

White, W. L. & McClellan, A. T. (2008). Addiction as a chronic disorder. The Magazine for Addiction Professionals. 8: 1-10.

:: 목차

제1부

물질중독 "의존의 장벽을 넘어 회복의 발판으로"

마약중독으로부터의 회복과 성장*

강선경(서강대학교 사회복지학과 교수)

I. 서론

마약은 국가의 붕괴를 초래하고 개인과 가족의 삶의 질을 완전히 망가뜨리는 심각하고 파괴적인 질병이다. 동양에서 가장 강성했던 나라인 청나라가 서양 강국에 굴복하였던 이유 중 하나 또한 당시 사회 전체에 만연하였던 아편의 흡연이었다. 이러한 역사적인 교훈을 통해 우리는 사회 성장의 원동력을 확보하고 사회 구성원의 평화로운 삶을 보장하기 위하여 마약퇴치를 사회적 과제로 삼아야 한다는 사실을 확인할 수 있다. 한국은 오랫동안 마약 없는 국가로 인식되었지만, 최근에는 마약류 범죄계수가 20을 초과하면서 더는 마약의 안전지대가 아니라는 사실이 분명해졌다.[1]

---

* 이 글은 생명연구 제49집(2018년 8월)에 실렸던 글을 수정·보완하여 수록하였다.

[1] 대검찰청. 마약범죄백서. 2013. 마약류 범죄계수(마약지수)는 10만 명당 마약 관련 범죄자 수를

마약의 사용을 증가시키는 요소로는 소득 양극화와 지속적인 경기 침체, 그리고 성인 유흥 산업의 성장을 들 수 있다.2) 이와 같은 맥락에서 한국사회에서도 시급한 대책이 필요한 실정이다. 일각에서는 가혹한 처벌을 통해 마약을 퇴치하여야 한다고 주장하지만, 그러한 정책으로는 효과를 보장하기 어렵다. 대검찰청의 통계에 따르면, 마약 사범의 수는 1990년 이래 통계 기준일까지 꾸준히 증가하였고, 재범 발생 중 마약 사범이 차지하는 비중은 40%를 넘어섰다. 이와 같은 경험적인 통계 수치는 마약퇴치 노력은 중독자 회복 노력과 동시에 이루어져야 한다는 것을 시사한다.

이러한 맥락에서 해외의 마약 연구는 마약중독에 대한 병리학적 원인을 밝히고자 하는 질병 모델에서 벗어나 회복의 패러다임으로 옮겨가고 있다.3) 국내 연구자들 또한 과거에는 마약 중독자와 알코올 중독자의 병리학적 및 음성적 증상과 마약 및 알코올 중독의 원인,4) 그리고 치료 프로그램의5) 개발 및 효과에 초점을 두었으나, 최근에는 마약 중독자들의 회복 경험을 바탕으로 치유 방법을 찾고

의미한다. 일반적으로 이 지수가 20이 넘으면 약물의 확산이 가속화되어 처벌과 치료만으로 마약을 퇴치하기가 더욱 어려워진다.

2) 박옥주. 마약 의존자의 마약에 대한 접근 및 의존 과정에 관한 연구. 석사학위 논문. 성균관대학교. 2002; 조성남. 마약류 중독의 치료 및 재활 정책. 정신 건강 정책포럼, 3, 3-20, 2009

3) Ashcroft, J., Daniels, D.J., and Hart, S.V. *Toward a Drug and Crime Research Agenda for the 21st Century.* Washington DC: National Institute of Justice. 2003; McAweeney, J., Zuker, A., Fitzgerald, E., Puttler, I., and Wong, M. "Individual and partner predictors of recovery from alcohol-use disorder over a nine-year internal: findings from a community sample of alcoholic married men." *Journal of Studies Alcohol.* 66(2). 220-228. White, W. "The mobilization of community resources to support long-term addiction recovery." *Journal of Substance Abuse Treatment.* 26. 146~158. 2009.

4) 김용석. 약물 남용의 재발 예방을 위한 인지행동 접근법의 효과성. 한국사회복지학, 48, 243-270, 2002; 박상규. 마약류 의존자의 심리적 특성. 상담학연구, 5(4), 899-910, 2004.

5) 김용진. 약물 중독자들의 재발 예방을 위한 단기집단 프로그램의 적용과 효과성에 관한 연구. 정신보건과 사회사업, 9, 25-53; 2000; 장진경. 약물 중독자를 위한 재발 예방 교육프로그램의 개발 및 효과성 연구. 한국가정관리학회 제27차 학술대회 논문집, 168-177, 2006.

자 하는 방향으로 선회하고 있다.[6] 이러한 연구 경향은 마약 중독자들의 회복 접근법 형성에 있어서 매우 고무적인 것으로 평가될 수 있다.

마약중독의 기제를 밝히고 재발 예방을 위한 효과적인 프로그램을 개발하는 작업은 중요하다. 그러나 이에 못지않게 중요한 것은 상세한 맥락은 물론, 마약 중독자가 실제로 경험하는 개별적인 회복과정을 밝힘으로써 이들이 회복의 과정을 밟아갈 방법을 찾는 노력이다. 이에 따라 본 연구는 마약 중독자들의 개인적인 회복 경험을 상세히 조사하고자 한다. 즉, 본 연구에서는 다양한 측면에서 다른 중독과 구별되는 회복 경험의 의미와 본질을 밝히고자 한다. 이러한 접근을 통해 이 연구에서 탐구하고자 하는 질문은 다음과 같다. "마약중독에서 벗어나고자 하는 중독자들은 구체적으로 어떠한 회복과 개인적 성장 과정을 겪는가?"

Ⅱ. 선행연구 검토

20세기를 지배했던 질병 모델을 대체하는 개념인 회복 또는 탄력성 모델은 개인이 자신의 상황에서 긍정적이고 발전적인 형태의 존재를 구축하게 되었음을 의미한다.[7] 회복을 과정의 결과로 볼 수 있

---

6) 최은미. N.A. 자조 모임을 통한 마약 의존자의 회복 경험 탐색. 석사학위 논문. 평택대학교. 2011; 윤현준. 약물 의존자 회복체험 연구. 박사학위 논문. 성균관대학교. 2013; 백형의, 한인영. 약물 중독자의 지역사회 내 회복 경험: 세상에서의 되살이 경험. 정신보건과 사회사업, 42(3), 151-177, 2014.

7) 이영애, 이선애. 여성 시각장애인의 승마프로그램 참여가 회복 탄력성에 미치는 영향, 재활복지, 19(1) 321-344, 2015; Jacobson, N., and Greenley, D. "What is recovery? A conceptual model and explication." *Psychiatric Services*. 52(4). 482~485. 2001; Mancini, A. "Self- determination

는가의 문제에 대해서는 매우 다양한 의견이 존재하지만, 회복이 과정의 일환이라는 점에 대해서 원칙적인 합의가 이루어지고 있다.[8] 회복을 과정으로 보는 연구자들은 주체적인 세계에서 개인이 발전해 가는 과정과 단계에 관심을 보인다.[9] 이러한 관점에는 양적인 방법보다는 질적 접근이 바람직하며, 연구자들은 자세한 맥락과 더불어 역학적 관계를 규명하는 데 집중하여야 한다. 이에 따라 회복모델은 질병 모델에서 개입의 실패로 간주하는 재발을 새로운 출발의 조건으로 이해하며, 또 다른 방법을 찾아볼 기회로 삼기도 한다.

마약 중독자의 회복을 돕는 요인으로는 안정적인 자아상의 확립, 마약중독에서 회복된 다른 사람들과 유대감 형성, 건강한 삶, 낮은 스트레스, 정신성 및 삶의 의미를 찾기 등 다양한 측면이 논의되어 왔다. Grant[10]는 마약중독에서 회복된 여성들을 대상으로 한 연구에서 마약중독이 정신적 붕괴뿐만 아니라 자기 이미지의 왜곡을 초래하지만, 회복의 길에 들어선 개인은 긍정적이고 안정된 자아상을 확립하고 이를 끊임없이 확인함으로써 회복을 유지한다고 밝혔다. 마약 및 알코올 중독에서 회복된 개인들을 연구한 Best와 그 동료[11]들은 이들의 회복을 유지하는 요인으로 건강한 삶의 지속과

---

theory: A framework for the recovery paradigm." *Advances in Psychiatric Treatment.* 14. 358~365. 2008.

8) 백형의, 한인영. 2014; Kang, S.K., Kim, H.J., and Shin, S.N. "A qualitative case study on recovery and personal growth in Korean drug Addicts." *Journal of Social Service Research.* 44(3). 1-12. 2018.

9) Brown, S. *Treating the Alcoholic: A Development Model of Recovery.* New York: Wiley. 1985; Mancini, 2008.

10) Grant, J. "Rural women's stories of recovery from addiction." *Addiction Research and Theory,* 15(5), 521-541, 2007.

11) Best, D., Gow, J., Knox, T., Taylor, A., Groshkova, T., & White, W. "Mapping the recovery stories of drinkers and drug in glasgow: quality of life and is associations with measures of recovery capital." *Drug and Alcohol Review,* 31, 334~341. 2012.

친구들과의 유대감 확립을 제시하였다. 그의 연구는 특히 중독에서 회복된 다른 사람들과의 유대감과 협력을 강조하였다. 이러한 관점은 알코올 중독자 모임(Alcoholic Anonymous)이나 마약 중독자 모임(Narcotic Anonymous)의 모델을 수용한 것으로 이해할 수 있다. Acevedo[12]는 마약 중독자와 알코올 중독자의 회복에 관한 연구에서 정신성과 삶의 의미를 찾는 것과 같은 실존적 요소의 중요성을 제시하였다. Acevedo는 마약과 알코올과 같은 중독성 물질로부터 회복하려면 기술적이고 도구적인 방법보다 자기 존재를 직면하고 중독으로부터 회복하는 것이 해결책이 될 수 있다고 보았다.

마약 중독자의 회복에서 가장 큰 스트레스에 영향을 미치는 것은 바로 사회적 지지이다. Farrell과 그 동료들은[13] 메타암페타민(methamphetamine, 필로폰) 중독자 연구에서 좌절감의 완화시키고 사고 및 실천을 위한 방법을 강화함으로써 가족과 사회적 지지를 통해 이들의 회복과 유지를 도울 수 있다고 지적하였다. 이러한 지지의 효과는 Rumpf의 연구에서도 확인된다.[14] 이 연구에 따르면, 타인의 친절하고 긍정적인 지원은 약물 중독에서 회복된 사람들과 사회적 자원의 적용 가능성을 개선하여 회복의 고립감과 낙인을 완화하는 효과를 보인다.

회복의 결과는 이전 상태로의 단순히 복귀하는 것에 그치지 않고,

12) Acevedo, A. *Racial/Ethnic Disparities in Performance Measures for Outpatient Alcohol and other Drug Abuse Treatment*. Doctoral Dissertation, Brandeis University. 2012.

13) Farrell, M., Marsden, J., Ali, R., and Ling, W. "Methamphetamine: drug use and psychoses becomes a major public health issue in the Asia Pacific region." *Addiction*. 97(7). 771-772. 2002.

14) Rumpf, J., Bischof, G., and Hapke, U. "The role of family and partnership in recovery from alcohol dependence: comparison of individuals remitting without formal help and with and without formal help." *European Addiction Research*. 8. 122-127. 2002.

중독 간 장애를 구별하지 않는 성장을 수반한다. Alexandre[15] 또한, 회복이 재발의 위험을 안고 있는 지루한 과정이지만, 마약 중독자는 이러한 과정을 통해 자신의 삶을 재구성하며 새로운 삶을 향해 성장해 갈 수 있다고 설명한다. 요양원에 입소한 중독자들의 회복을 대상으로 한 경험적 사례를 연구한 윤현준은[16] 마약중독에서 회복된 사람들이 지역사회 활동을 통하여 낙인과 절망감을 극복하며 강화된 정신으로 책임감을 지닌 새로운 주체로 성장한 과정을 보고하였다. 강의 수강 또는 치료 프로그램 참여 명령을 받은 경험이 있는 과거 마약 중독자들을 연구한 백형의와 한인영[17]의 설명에 따르면, 이들이 마약에 중독되었을 때는 낯선 세상에 들어선 것과 같았지만, 회복의 길로 들어선 후에는 긍정적인 감정과 학습을 경험하며 그 결과 의사소통 능력과 자기통제력을 개선할 수 있었다.

현재까지 선행연구에서, 회복은 중독으로부터의 공식적인 탈출이 아니라, 새로운 자아를 발전시키는 수준의 자아 재구성을 이끄는 과정으로 이해될 수 있다. 따라서 본 연구는 마약중독에서 회복된 사람들의 자아 구성 및 계획을 기술하는 데 초점을 두어 이러한 현상을 파악하고자 하였다.

---

15) Alexandre, B.L. "What does recovery mean to you? Lessons from the recovery experience for research and practice." *Journal of Substance Abuse Treatment*, 33(3), 243~256. 2007.

16) 윤현준 2013.

17) 백형의, 한인영 2014.

Ⅲ. 연구방법

1. 질적 연구 접근

본 연구는 이론보다 당사자들의 목소리를 통해 연구주제의 공통된 경험의 의미를 이해하고자 하는 질적 연구방법을 적용하였다. 다시 말해, 본 연구에서는 한 주제를 구성하는 공통적인 경험들과 특정한 현상에 기초한 경험을 통해 구출되는 의미를 검토하였다. 이러한 특징에 주목하며, 연구참여자들의 일상생활을 관찰함으로써 그들이 자신들의 삶에 어떠한 의미를 부여하는지 탐구하였다. 연구주제는 본 연구가 조사하고자 하는 현상에 대한 지식과 경험에 기초하며, 그들의 경험을 효과적으로 표현할 수 있어야 한다.

2. 연구절차

연구자는 세평적 사례 선택 방법(reputational case selection method)을 이용하여 연구참여자 집단을 구성하였다. 세평적 사례 선택 방법은 특정 분야에 종사하거나 현장 경험이 많은 사람들에게 연구 참여 또는 참여자 소개를 요청하는 방식이다. 이 방법을 적용하기 위해서는 사례 선택의 표준을 설정하여야 한다. 연구자는 다음과 같은 기준에 따라 연구참여자들을 선정하였다. 첫째, 마약류 관리에 관한 법률에서 명시한 메스암페타민 및 기타 마약류 약물을 남용한 중독경험이 있어야 한다. 둘째, 마약중독에서 회복된 후 경과된 시간이 3년 이상이어야 한다. 셋째, 마약중독으로부터 회복된 이후 각자 상황에 적합한 직업에 종사하고, 사회 활동에 참여하고 있어야 한다. 연구자는 마약 중독자 회복 공동체를 이끌고 있는 복지 운동가인 개신교 목사에게 연구참여자 소개를 요청하였고, 처음 소개받은 사람으로부터 또 다른 사람을 소개받는 스노우볼 샘플링(snowball sampling)방법을 통해 5명의 연구참여자를 모았다.

연구자가 마약중독으로부터 회복된 지 3년이 경과한 자로 조건을 한정한 이유는 선행연구 결과 마약 중독자 중 치료 과정 이후 1년 이내에 재발한 비율이 90% 이상으로 나타났기 때문이다.[18] 따라서 마약중독 회복과정을 검토하는 데에는 3년의 기간이 필요한 것으로 판단하였다. 또한, 회복에 영향을 미치는 다양한 사회적 조건을 검토하기 위하여, 직업 및 사회 활동을 하는 대상자에 한정하였다.

<표 1> 연구참여자들의 사회인구학적 정보

사례	성별	연령	교육 수준	약물 사용 기간	직업	가족 사항
1	남	47	고졸	9년	자동차 정비소	아내, 2남 1녀
2	여	39	고졸	8년	술집 운영	이혼, 1녀
3	남	51	대졸	11년	농업	아내, 1남 1녀
4	남	39	대졸	5년	식당	미혼
5	여	29	대졸	4년	미용사	미혼

---

18) Laudet, A., Morgen, K., and White, W. "The role of social supports, spirituality, religiousness, life meaning and affiliation with 12 step fellowships in quality of life satisfaction among individuals in recovery from alcohol and drug problems." *Alcohol Treat Q.*, 24(1~2). 33-73. 2006.

3. 데이터 수집 및 분석

연구자는 심층 면접을 통하여 데이터를 수집 및 분석하였다. 연구자는 참여자 한 명당 3회의 심층 면접을 시행하였다. 각 회는 1시간 30분 동안 진행되었고, 다섯 명의 참여자들에 대한 면접은 개별적으로 이루어졌다. 심층 면접을 시작하기 전에 연구자는 참여자들에게 이 연구의 목적과 의도를 다시 한번 설명하였다. 또한, 참여자들이 언제든지 면접을 중단할 수 있다는 점과 면접 내용 녹음에 대한 참여자의 동의를 얻었음을 공지하였다. 데이터는 사무실, 집, 커피숍 등 연구참여자들이 선호하거나 편안함을 느끼는 장소에서 수집되었다.

연구참여자들에게 주어진 질문은 다음과 같다. 첫째, 마약을 사용했을 때의 상황은 어떠했나? 둘째, 마약 사용을 중단하기로 한 이유는 무엇이며, 어떻게 진행되었나? 셋째, 마약 사용을 중단한 이후 다시 사용한 적이 있는가? 넷째, 마약을 중단한 후 직업과 사회 활동은 어떠했나? 다섯째, 마약중독 경험은 직업과 사회 활동에 어떠한 영향을 미쳤는가? 여섯째, 마약중독과 회복과정에서 특히 기억에 남는 사건이나 어려웠던 경험이 있었는가? 그렇다면, 그것은 무엇이었는가? 일곱째, 마약중독에서 벗어나기 위해 약물 사용을 중단하기 시작했을 때 가까운 사람들은 어떤 반응과 태도를 보였는가?

구체적인 데이터 분석 절차는 다음과 같다. 첫 번째 단계에서 연구자는 면담 내용을 면밀하게 반복적으로 정독하며, 중요하게 여겨지는 부분에는 밑줄을 그었다. 두 번째 단계에서 연구자는 마약중독 경험과 관련된 의미 있는 진술을 선택하고, 다른 주제의 진술과 비교하며 별도로 기록하였다. 세 번째 단계에서 연구자는 진술의 구체적인 의미를 파악하기 위하여 원본 자료를 반복적으로 확인하였다. 네 번째 단계에서는 이렇게 정리된 의미를 주제별로 분류하여 범주화하였다. 다섯 번째 단계에서는 공통적인 항목을 범주에 따라 분류하였다. 마지막으로 여섯 번째 단계에서 질적 연구 전문가인 두 명의 교수가 분석 결과의 유효성을 검토하고, 개별 주제의 원래 자료의 진술에 비추어 이러한 결과의 일관성을 확인하였다.

4. 윤리적 문제와 신뢰성

본 연구의 윤리적 승인은 연구자의 대학 기관 심사위원회에서 이루어졌다. 연구자는 참여자들에게 면담이 연구를 위한 것이고, 당사자들은 자발적으로 참여하는 것이며, 개인의 정보보호와 비밀보장을 위해 최선을 다할 것을 공지하였다. 또한, 연구자는 연구참여자들에게 발생할 수 있는 개인적 피해를 최소화하고자 하였다. 이와 더불어 연구자는 참여자들에게 언제든지 참여를 중단할 수 있고, 원할 때 언제든지 자신과 관련한 기록을 열람할 수 있는 권리가 있음을 알렸다. 더 나아가 연구자는 녹음된 자료는 문서화 후 삭제하고, 이 자료 또한 연구참여자들이 원한다면 연구가 종료된 후에 폐기할 것을 약속하였다.

또한, 연구의 엄격성을 확보하기 위해 연구자는 Lincoln과 Guba의 다양한 제안 중에서[19] 근거이론(grounded theory) 방법을 비롯한 기타 적절한 접근법을 선택하여 방법론을 구성하였다. 연구자는

---

19) Lincoln, S., and Guba, C. *Naturalistic inquiry*. Beverly Hills, CA: Sage. 1985.

질적 연구(근거이론에 기초한) 경험이 있는 교수 1명, 예방 의학 전문의 1명, 종교 지도자 2명이 참여하는 동료지원 그룹을 구성하였다. 이 그룹은 연구자의 개인적 편견의 영향을 받은 자의적인 판단 가능성을 줄이고 연구의 객관성을 확보하는 데 도움이 될 것으로 기대된다.

IV. 연구결과

1. 연구참여자 소개

1) 연구참여자 01

　　2015년 현재 만 47세의 남성으로 매스암페타민(필로폰)에 중독되었으나 단약한 후 9년이 경과되었다. 연구참여자는 서울에 있는 00 고등학교를 졸업한 후 5년간의 오랜 군 복무를 마치고 중사로 전역했다. 전역 후 곧바로 00 자동차 영업소에 자동차 판매사원으로 입사했다. 연구참여자는 초기에는 군 동료들의 지원을 받아 높은 실적을 올렸다. 영업소 내에서 에이스라는 칭호를 들었으며 판매왕에 오르기도 했다. 하지만 입사 초기의 상승세는 주춤했고 실적은 계속 하강세를 탔다. 연구참여자는 실적에 대한 강박관념에 빠져들었고, 높은 스트레스를 경험했다. 당시 연구참여자는 영업상 단골로 드나들던 술집이 있었는데 그곳 여종업원의 권유로 필로폰을 처음 접했다. 그 후 필로폰의 강렬한 유혹에 빠져들었고 점차 중독의 길로 들어섰다.

　　연구참여자는 자신에게 필로폰을 공급해 주었던 여종업원이 체포되는 바람에 초범임에도 불구하고 구속 수감되었다. 약 3개월간의 구금 생활을 거쳐 집행유예로 풀려난 후 한동안 단약에 성공했다. 하지만 단약 2년째 되던 해 다시 마약을 사용했고, 3개월 후 체포되었다. 연구참여자는 8개월의 실형 선고를 받고 복역 후 다시 단약에 도전했다.

연구참여자는 자동차 정비학원에 다녀 기능사 자격을 취득했고, 이를 기반으로 작은 카센터를 차렸다. 늘 작업복에 기름이 묻고 얼굴과 손이 더러워지는 직업이지만, 이러한 작은 일에서 보람을 찾는 일만이 마약에서 벗어나는 길이라고 여기고 있다. 카센터를 시작한 후 처음에는 월 200만 원의 수입도 올리지 못했으나 고향에 있는 부모에게 생활비와 용돈을 송금하기 시작했다. 이러한 일은 9년째 이어지고 있으며, 아무리 경제적으로 어렵고 궁핍해도 이를 중단하지 않았다고 했다.

또한, 연구참여자는 지역사회에 각종 봉사단체에서 활동하고 있다. 현재 청소년 보호 활동을 비롯하여 지역사회 방범 활동 등 4곳의 지역사회 봉사단체에서 활동하고 있기도 하다. 주변 사람들은 초기에는 그가 마약중독 전적이 있음을 알고 진정성을 의심하기도 했고, 또한 영업을 위한 것으로 오해하기도 했으나, 거의 10년 세월이 지난 지금은 지역사회 사람들로부터 신망을 얻고 있다고 구술했다.

2) 연구참여자 02

연구참여자 2는 2015년 현재 만 39세의 여성으로 메스암페타민(필로폰)에 중독되었다가 단약한 지 8년에 이르고 있다. 연구참여자는 고등학교를 졸업한 후 약 2년 동안 OO 백화점 명품관의 의류판매점에서 판매사원으로 일하기도 했다. 의류 명품매장을 방문하여 고가의 의류를 구입하는 여성들에게 심한 콤플렉스와 자괴감을 느꼈다고 했다. 자신의 한 달 월급으로는 블라우스 하나도 살 수 없는 수준이었다. 그래서 자발적으로 유흥업소에 들어가서 기대한 대로 많은 돈을 벌었고 부러워했던 명품을 손쉽게 살 수 있었다. 하지만 손님들로부터 받는 모멸감과 자기 비하감에서는 벗어날 수 없었다. 참여자는 유흥업소 매니저가 건네준

필로폰을 복용하기 시작했다. 처음에는 혈관주사보다는 술에 타서 먹었다. 매니저가 피로회복제라고 말한 것을 완전히 믿지는 않았지만, 점차 중독되어 갔다.

연구참여자는 마약을 공급해 주던 매니저가 체포되자 역시 같이 체포됐다. 초범임이 고려되어 잠깐의 구금 생활을 한 뒤 풀려났다. 연구참여자는 다시 술집에 나갔고 28세 때 10년 연상의 수출업자와 결혼을 했다. 당시 그는 고철을 수매하여 외국에 수출하는 사업을 하고 있었고 처음에는 참여자의 스폰서였다. 그의 사업은 곧 도산했고 33세 때 이혼을 했다. 연구참여자는 여러 가지 직업을 고려했으나 "송충이는 솔잎을 먹고 살아야 한다"는 그녀의 표현대로 유흥주점을 개업했다. 연구참여자에 의하면 유흥주점은 다시 마약을 할 수 있는 고도의 위험에 노출된 곳이었다. 연구참여자는 갈망을 이길 수 있는 구체적이고 상황적인 기술을 고안했고 이를 실천했다. 영업시간 중에도 명상과 요가를 틈틈이 함은 물론 고도의 스트레스를 받을 때는 무알코올성 맥주를 마시는 것으로 대체했다.

연구참여자는 유흥주점을 하고 있지만, 경제적으로는 부유하지 못하다. 그는 과거 명품을 쉽게 살 수 있는 부유한 여성에 대한 환상과 시샘이 유흥업소로 인도케 했고 결국 마약으로 이어졌음을 알고 있었다. 참여자는 높은 곳을 쳐다보기보다는 낮은 곳을 내려다보며 살자는 의식적 각성을 했다. 하지만 꿈과 가치만은 높은 곳을 향하고자 비록 정규대학은 아니지만, 기독교 신학을 가르치는 신학교에서 공부하고 있다. 그의 꿈은 경제적 안정과 딸의 교육이 끝난 후 선교사로 파송되는 것이다.

연구참여자 3은 2015년 현재 만 51세의 남성으로 대마초에 중독되었으나 11년째 이를 끊고 있다. 중학교를 졸업한 후 아버지를 도와 농사를 지었고 군대를 전역하고도 줄곧 같은 지역에서 농사를 짓고 있다. 참여자는 약 3000평의 논과 1000평의 밭을 경작하고 있으며 쌀농사와 특용작물을 재배하고 있다. 참여자는 32세 때 근처의 봉제 공장에 다니는 여공 출신의 여성과 결혼을 했다. 연구참여자는 농사를 지었지만 늘 가격폭락에 대한 우려로 불안 속에 살았다. 또한, 결혼한 부인은 시골 생활을 그만두고 서울로 이주하자고 매일 조르다시피 했다. 참여자는 심한 스트레스를 받았다. 연구참여자는 선천적으로 알코올 분해효소가 취약하여 술을 마시지 못한다. 동창회에서 억지로 소주 반병을 마셨다가 병원에 간 경험도 있다.

연구참여자가 있는 지역에는 야생 대마초가 많았다. 어릴 때부터 작물은 물론 산야의 식물에 대해 잘 알고 있었던 참여자는 야생 대마초를 건조하여 흡연하기 시작했다. 33세부터 39세까지 줄곧 대마초를 흡연하다가 체포되었다. 하지만 40세에 대마초를 끊었고, 10년 이상 단약을 유지하고 있다. 연구참여자는 단약을 하면서 자신의 직업인 농업에 대한 새로운 의미를 구성했다. 채소 농사를 주로하고 있는 참여자의 경우 병충해가 창궐할 때에는 농약을 살포하고 싶은 유혹에 빠지지만, 이때마다 대마초를 끊는 것과 생명을 살리는 일은 같은 일이라고 생각하고 채소 농사를 하고 있다. 연구참여자의 거주지는 약 30호의 가구가 모여 살고 있다. 주민 대부분이 7~80대의 고령이며 4~50대의 장년들은 그를 포함해 3가구에 불과하다. 참여자는 동네 이장 일을 맡아 노인들의 일상생활을 보살피고 있다. 보일러, 농기구 수리는 물론 집수리, 농사일 거들기 등을 하며 그의 표현처럼 동네의 상머슴이자 아들 역할을 하고 있기도 하다.

연구참여자는 대입 검정고시를 거쳐 학점은행제로 경영학 공부를 했다. 그리고 교육부 장관 명의의 학위를 취득하기도 했다. 참여자는 중졸 학력으로 인해 심한 콤플렉스가 있었으나, 콤플렉스는 정면으로 돌파하는 것만이 능사라고 느끼고 대학과정을 공부했다. 연구참여자는 1년 이상 무단으로 가출한 아내를 용서했다. 늘 서울행을 고집했던 부인은 참여자가 43세에 무단으로 가출을 했고, 동네에서는 별별 흉흉한 소문이 다 돌았다. 하지만 참여자는 수소문하여 노래방 도우미로 일하고 있던 부인을 찾았고 집으로 데리고 왔다. 그에게 있어 부인은 흠 있는 존재이다. 하지만 자신 역시 흠 있는 존재이다. 흠 있는 존재는 서로가 서로를 용서하고 받아들일 때 흠 없는 존재로 바뀔 수 있다고 믿고 있기도 하다. 연구참여자는 자신의 단약에 가장 큰 영향을 준 것은 용서하는 마음이라고 구술하기도 했다.

4) 연구참여자 04

연구참여자 4는 2015년 현재 만 39세의 남성으로 매스암페타민에 중독되었으나 5년째 단약을 유지하고 있다. 연구참여자는 지방소재 00 대학에서 영어학을 전공한 후 필리핀으로 어학연수를 갔다. 필리핀에서 체류하며 마약을 접했다. 유흥주점은 물론 다운타운 뒷골목에서도 마약을 쉽게 구할 수 있는 필리핀은 그야말로 마약의 천국이었다. 마약의 값도 역시 저렴했다. 30세 때 귀국했지만 취업을 하지는 못했고 집에서 바라는 대학원에 진학하지도 못했다. 그는 줄곧 마약에 취해있었고 32세 때 체포되어 집행유예로 풀려나기도 했다.

연구참여자의 아버지는 중견기업을 경영했고 상당한 부동산을 보유한 재력가이다. 연구참여자는 32세 때 단약을 결심하자 그의 부모는 그에게 재정적 지원을 하고자 했다. 하지만 연구참여자는 이를 거부했고 중국요리 학원에 다녀 조리사 자격증을 취득해 곧바로 중국음식점 주방보조로 들어가 3년 만에 조리실장이 되었다. 그 후 35세 때 자기가 모은 돈으로 조그만 중국음식점을 차렸고 그의 음식점은 지역사회에서 상당히 알려졌다.

불교 신자인 연구참여자는 자신의 사주에 살이 많이 끼었다고 믿고 있다. 이 살을 없애기 위해서는 남을 돕는 일을 해야만 한다고 믿고 있다. 종교인이나 사회복지사가 하고 싶었지만, 현실적으로 이는 불가능했고, 대신 식당업을 사람을 살리는 활인업(活人業)이라고 생각하고 음식 만들기에 정성을 쏟는다고 했다. 참여자는 지역사회의 보육원이나 노인시설을 휴일마다 방문한다. 그리고 자기의 재능을 살려 중국 음식을 만들어 제공하고 있다. 연구참여자는 마약을 했다는 죄책감과 자기연민을 벗어나기 위해 자신을 적극적으로 개방하기도 한다.

현재 부모의 도움을 받기는 했지만 38평형 아파트와 60평 정도의 자기 소유 식당 그리고 약 5000만 원의 동산을 보유하고 있기도 하다. 결혼조건으로는 괜찮은 조건이라고 할 수 있을 것이다. 하지만 연구참여자는 4번의 맞선을 보았지만, 번번이 여자로부터 거절을 당했다. 연구참여자는 맞선을 볼 때마다 자신이 과거 마약에 중독되었음과 처벌받은 전력이 있음을 이야기했다. 연구참여자는 현재 5명의 종업원을 고용하고 있는데 식당업치고는 드물게 모든 종업원에게 4대 보험을 가입시켰다. 그에게 있어서 마약은 욕망뿐만 아니라 과도한 욕심과 이기심 때문에 더 빠져들 수 있다고 믿고 있다.

5) 연구참여자 05

연구참여자 5는 2015년 현재 만 29세의 여성으로 코카인과 엑스터시에 중독되었으나 단약한 지 4년에 이르고 있다. 참여자는 서울 소재 2년제 대학을 졸업하고, 23세 때 미국으로 건너가 미용학교를 다녔다. 열심히 어학 공부를 하고 미용 공부를 하였으나 2년제 대학 출신이라는 콤플렉스는 늘 따라다녔다. 참여자 역시 별다른 취미나 소질도 없는 미용 전공 유학은 자신의 학력 콤플렉스를 극복하기 위한 하나의 방편이라고 이야기하였다. 참여자는 서울의 명문 4년제 대학을 다니고 남들이 부러워하는 직장에 취직하고 혹은 대학원에 진학하는 친구들을 부러워했다.

연구참여자는 미국에서 코카인과 엑스터시를 했을 뿐만 아니라 귀국 후, 엑스터시를 반입했다. 참여자는 자기가 복용함은 물론 클럽파티나 친구들에게 엑스터시를 공급하며 자기의 우월감을 과시하려고 했다. 연구참여자는 25세 때 체포되었고, 치료 조건부 기소유예로 풀려났다. 단약을 결심한 후 연구참여자는 서울 주변 중소도시 미용실에 취업했다. 다시 유학을 갈 수도 있고 경력을 쌓을 수도 있지만 낮은 자리에서 다시 시작하기로 마음먹었다. 연구참여자는 과거와의 모든 고리를 끊었다. 클럽에서 어울리던 친구는 물론 즐겨 했던 담배, 술까지 끊었다.

현재 노인시설 폐쇄병원 호스피스 병동 등에 정기적으로 미용봉사를 하고 있다. 참여자에 의하면 마약을 하는 사람들은 자기에 대한 사랑은 물론, 남들에 대한 사랑이 없기 때문이라고 믿고 있다. 타인에 대한 사랑은 말치레가 아니라 자기의 소유를 나누는 것에서부터 있다고 믿고 있다. 연구참여자는 자신의 마약중독 극복 경험을 교회나 청소년 단체 등에서 공유하고 있다. 참여자는 특히 청소년들 약물 예방사업에 관심을 기울이고 있다. 그에게 있어 마약을 끊는 길은 자기 혼자 가는 것이 아니라 함께 가는 길이다.

2. 주제 분석

본 연구의 중심적인 질문은 다음과 같다. "마약중독에서 회복된 사람들의 회복 및 개인적 성장의 과정과 구체적인 상황은 어떠한가?" 5명의 참여자와 심층 면접을 마친 후, 면담 내용은 여러 차례에 걸쳐 검토되었다. 이 과정에서 4개의 주요 주제와 19개의 하위 주제가 도출되었다. 주요 주제에는 "현실과 접촉을 회복하기", "자신의 존재 형태를 포용하기", "사회관계에서 자아를 재구성하기", "자기 자신을 사랑하기"가 포함되었다.

<표 2> 주요 주제와 하위 주제

주요 주제	하위 주제
현실과 접촉을 회복하기	① 큰 성공의 환상에서 벗어나 현실에서 작은 것을 성취하기 ② 욕망을 극복하는 상황별 대리 기법을 개발하기 ③ 낮은 곳에서부터 시작하기 ④ 더 낮은 곳에 서서 더 높은 곳을 향하기 ⑤ 약물의존에서 벗어나 독립하기
자신의 존재 형태를 포용하기	① 책임 있는 존재로 다시 태어나기 ② 용서와 화해를 통해 자아를 드러내기 ③ 농사를 생명과 땅이 살게 하는 긍정적인 노동으로 해석하기 ④ 결함이 있는 존재임을 받아들임으로써 완벽한 존재로 다시 태어나기 ⑤ 적극적인 자기 계발을 통해 죄책감과 자기 연민으로부터 벗어나기
사회적 관계에서 자아를 재구성하기	① 사회적 고립으로부터 탈출하고 관계를 확장하기 ② 내가 가진 것을 나누며 사랑을 실천하기 ③ 극복의 경험을 공유하고 이를 적극적으로 확산시키기 ④ 성장의 결실을 나누기 ⑤ 타인을 돌보는 활동을 통해 자신을 돌보기 ⑥ 사람들을 살게 하는 프로젝트에 집중하기
자기 자신을 사랑하기	① 자기 연민으로부터 벗어나기 ② 자기 계발을 통해 자신을 사랑하기 ③ 과거에서 벗어나 새로운 출발을 하기

1) 현실과 회복을 접촉하기

현실과 접촉을 회복하는 과정에서 연구참여자들은 큰 성공의 환상에서 벗어나 현실에서 작은 것부터 성취하고, 욕망을 극복하는 상황 대리 기술을 개발하며, 더 낮은 곳에 서서 더 높은 곳을 향하고, 약물의존에서 벗어나 독립하는 경험을 하였다. 이러한 현상은 연구참여자들이 마약중독에서 벗어난 후 과거의 무의미한 생각과 무모한 탐욕을 버리고 현실 속에서 자아를 새롭게 구성한 경험으로 설명되었다. 과거에 무의미한 생각을 버리고 약물 중독에서 벗어난 무모한 탐욕을 버림으로써 실제로 연구참여자를 새로 구성한 경험으로 설명되었다.

다시 말해, 연구참여자들은 마약에 중독되었을 때 현실이 아닌 환상의 세계에서 살고 있었다고 해석할 수 있다. 연구참여자들은 다양한 기회에 마약 사용을 중단하게 되면서 덕분에 환상이 아닌 차가운 현실을 직면하여야 했다. 이 단계에서 많은 경우는 현실에 적응하지 못하고 마약의 유혹을 이기지 못했지만, 연구참여자들은 현실을 직시하는 가운데 중독의 원인을 찾기 시작하였다. 연구참여자 1은 큰 성공의 환상을 떨쳐내었고, 연구참여자 2는 자신의 욕망을 극복할 수 있는 기술을 구축하고 이를 실천하였다. 연구참여자 1과 마찬가지로 참여자 5는 과거의 왜곡된 우월감에서 탈출하여 미용사로서 다시 시작하였다. 특히, 연구참여자 4는 마약중독의 원인이 자신의 의존성과 나태함에 있다고 파악하고, 독립성을 키우는 데 중점을 두었다. 이처럼 현실과 접촉을 회복하는 과정에서 연구참여자들은 자신의 존재를 있는 그대로 받아들일 수 있었다.

2) 자신의 존재 형태를 포용하기

이 주제에 속한 하위 주제들은 책임 있는 존재로 다시 태어나고, 용서와 화해를 통해 자신의 존재를 드러내며, 농사를 생명과 땅이 살게 하는 긍정적인 노동으로 해석하며, 결점이 있는 존재임을 인정함으로써 완벽한 존재로 다시 태어나고, 죄책감과 자기 연민에서 벗어나 자신을 적극적으로 발전시키는 연구참여자들의 경험을 통해 관찰되었다. 이러한 경험을 통해 연구참여자들은 자신들에게 주어진 책임감을 포용하고, 자신들이 하는 일을 긍정적으로 해석하며, 용서와 화해를 통해 새로운 자아정체성을 확립하게 되는 것으로 해석된다.

과거에 연구참여자들은 자신들의 사회적 위치와 지위를 계속해서 부인하였다. 연구참여자 1은 언제나 일확천금을 꿈꾸었고, 연구참여자 2는 부유한 여성들을 향한 질투심과 복잡한 심경으로 가득하였다. 연구참여자 3은 자신의 직업에 대해 부끄럽게 여겼다. 연구참여자 4는 부유한 집안에서 태어나 여유로운 삶을 살았다. 연구참여자 5는 좋은 대학이나 좋은 회사에 들어간 친구들을 시샘하였다. 이처럼 끊임없이 자신들의 현재를 거부했던 연구참여자들은 마약에 손을 대었고, 중독자가 되었다. 그러나 현실과 접촉을 회복하는 과정에서 이들은 자신들이 안고 있는 문제를 직시하게 되었다.

연구참여자들은 자신의 존재를 있는 그대로 받아들이는 경험을 하였다. 이러한 과정을 통해 연구참여자 1은 책임 있는 주체로서 다시 태어났다. 연구참여자 2 또한 남편과 자신을 용서하게 되었고, 연구참여자 3은 과거에 하찮게 여겼던 자신의 직업에서 새로운 의미를 찾게 되었다. 연구참여자들은 사회적 존재로서 자신을 거부하지 않고 수용함으로써 책임감과 긍정적인 사고, 독립성을 갖게 되었다. 이러한 기회를 통해, 이들은 고립된 세계에서 벗어나 사회로 다시 진입할 수 있었다.

3) 사회적 관계에서 자아를 재구성하기

사회적 고립에서 벗어나 관계를 확장하고, 공유를 통해 사랑을 실천하며, 극복의 경험을 적극적으로 확산시키며, 성장의 결실을 나누고, 타인을 돌보는 과정에서 자신을 돕고, 생활을 가능하게 하는 활동에 집중한 연구참여자들의 개별적인 사례로부터 수집된 하위 주제들은 개인과 가족의 수준에서 벗어나 사회적 관계 속에서 새로운 정체성의 재건이라는 공통된 주제로 분류되었다.

연구참여자들은 마약에 중독되었던 시기에는 오로지 이기적인 자아만을 갖고 있었다. 그들은 부모와 가족을 외면하였고, 자신들이 사회적 존재라는 사실을 망각하였다. 이후에 연구참여자들은 나중에 자신들의 존재 형태를 있는 그대로 인정하였고, 부모와 가족에 대한 책임감을 지니게 되었으며, 자신이 가진 것을 나누며 사회적 관계 속에서 자신을 계발하고, 이웃을 위한 사랑을 실천하였다. 이러한 사례들은 연구참여자 5의 자원봉사 활동, 연구참여자 3의 노인 돌봄 활동, 연구참여자 1의 지역사회 봉사 활동, 그리고 자신의 직원들과 운영 이익을 공유한 연구참여자 4의 경험에서 발견된다. 연구참여자 2의 경우에는 구체적인 자원봉사 활동 경험은 없었으나, 앞으로 선교사가 되어 자원봉사 활동에 참여할 계획이다. 이와 같은 자아의 재구성을 통해 연구참여자들은 자신들이 소중한 존재였음을 인식할 수 있게 되고, 이러한 자각은 자기 사랑으로 이어졌다.

4) 자기 자신을 사랑하기

자기 연민으로부터 벗어나 자기 계발을 통해 자신을 사랑하고, 과거와 관계를 단절하며, 새롭게 출발하는 연구참여자들의 경험을 통해 드러나는 주제들은 과거에 무시되고 버려졌던 자신을 스스로 돌보고 사랑하는 경험으로 해석된다. 이러한 경험의 공통적인 주제는 바로 '자기 자신을 사랑하기'이다.

마약중독은 한 개인을 자학과 자살에 이르게 할 수 있다. 또한, 마약중독은 신체는 물론 정신적인 질환을 유발한다. 이러한 상황에서는 스스로에 대한 사랑이 존재할 수 없다. 그러나 연구참여자들은 마침내 자애의 단계에 이를 수 있었다. 연구참여자들은 또한 자애가 중독에서 영구적으로 벗어나는 유일한 길임을 인정하였다. 연구참여자 2는 자애를 통해 스스로 쓸모없고 비루한 존재로 여기던 자기 연민으로부터 벗어날 수 있었다. 연구참여자 3의 경우에 자애는 자기 계발의 형태로 나타났다. 연구참여자 1과 4의 사례에서는 자애가 분명히 드러나지 않았지만, 의존과 나태함에서 벗어나 현실을 직시하는 형태로 발현되었다고 볼 수 있다. 이러한 자애는 회복의 최종적인 결과이자 보상으로 간주할 수 있다.

V. 결론 및 논의

연구참여자들은 현실 도피를 위해 극단적인 쾌락을 추구하고, 왜곡된 우월감을 가지며, 각자의 상황에서 경멸감에서 벗어나려다 마약의 유혹에 빠졌다. 참여자들은 이러한 행위를 자신들이 살아가는 삶의 방식으로 수긍하였고, 그 결과 오랫동안 마약중독에서 스스로 헤어 나오지 못하였다. 연구참여자들은 또한 중독에서 벗어나고자 하는 의지를 갖고 마약을 끊기 위해 다양한 방식으로 노력하였다. 그러나 이들의 회복과정에는 일정한 경향이 관찰되었다. 먼저, 참여자들은 현실과 접촉을 회복하여 자신의 존재 형태를 그대로 받아들이는 단계를 경험하였다. 이와 더불어, 참여자들은 폐쇄적인 마약 중독자의 세계를 벗어나 사회적 관계를 다시 구축하기 시작하였다. 이러한 관계를 바탕으로 이들은 이타적인 활동을 하면서 자아를 재구성하였다. 이러한 과정은 또한 존재의 수준에서 자애의 형성이라는 긍정적인 보상으로 이어졌다.

연구결과를 통해 제시된 네 가지 주요 주제는 연구참여자들의 성장임과 동시에 회복을 위한 보상으로 이해할 수 있다. 이러한 결과는 마약중독으로부터 회복이 단순히 마약을 끊는 과정과 결과가 아니라, 성장을 향해 발전해 가는 재건의 결과라고 본 해외 선행연구들의 견해와 일치한다.[20] 그러나 이러한 성장 과정은 많은 위험 요소를 안고 있다. 마약중독은 1년 안에 80%에서 90%의 재발률을 보이며,[21] 회복은 길고 외로운 과정의 연속이다. 사회적 지원은 바로 이처럼 반복되는 과정에 가장 긍정적인 영향을 미치는 것으로 나타났다.[22]

본 연구에서 사회적 지지는 연구참여자의 회복과 유지에 상당히 긍정적인 영향을 미치는 것으로 밝혀졌다. 연구참여자 1은 가족과 사회적 관계에서 가장이나 아들로서, 그리고 지역사회에서 책임 있는 일원으로서, 제 역할을 하였다. 이 과정에서 그는 자연스럽게 사회적 지원을 경험할 수 있었다. 연구참여자 2와 4는 종교 생활을 통해 자기 계발을 하였고, 이를 통해 종교적인 사람들로부터 지원을 받을 수 있었다. 연구참여자 3의 경우에는 마을의 대표로서 고

---

20) Dawson, S. A., Grant, B.F., Stinson, F.S., Chou, P.S., Huang, B. & Ruan, W.J. "Recovery from DSM-IV alcohol dependent: United States, 2001-2002." *Addiction*, 100(3), 281~292, 2005; Jacobson and Greenley, 2001; Mancini, 2008.

21) Laudet et al., 2006,

22) 황보옥, 박영준. 여성 지체장애인의 사회적 지지, 사회통합 및 삶의 질과의 인과관계 연구. 재활복지, 14(3), 299-324, 2010; Farrell et al, 2002; Rumpf et al, 2002; Alexandre, 2007.

령자들을 돌보는 활동을 하며 그에 대한 보상으로 사회적 지원을 경험하였다. 즉, 연구참여자들이 고립된 상황에서 아무런 활동도 하지 않았던 때에는 사회적 지원이 발생하지 않았으나, 참여자들이 자신의 삶을 적극적으로 이끌기 시작하자 동시에 사회적 자원 또한 뒤따랐다. 따라서 마약중독으로부터 회복한 사람들은 적극적인 사회 활동을 시작하고 그로 인해 지원을 받을 필요가 있다.

이러한 연구결과 및 논의에 따라 마약 중독자의 지원체계 구축을 위하여 다음과 같은 제안을 하고자 한다. 첫째, 존재에 관한 프로그램을 구성 및 시행하여 마약 중독자들이 자신의 삶을 반추해볼 기회를 제공할 필요가 있다. 현재 시행 중인 회복 프로그램은 대부분 인식에 초점을 두고 있다. 분명한 사실은 인식이 대상으로 삼는 것은 사람들이라는 점이다. 단순히 사고 체계를 다루는 것보다 존재를 통해 자신의 삶을 구체화하고 의미를 부여하며 발전시킬 수 있는 프로그램을 개발하는 것이 더욱 중요할 것으로 보인다. 존재에 관한 프로그램은 관념에 그치지 않고 실천적이어야 한다. 본 연구에서 검토한 바와 같이, 자원봉사 또는 자신이 가진 것을 타인과 공유하는 활동은 존재를 가장 궁극적이고 현실적인 방식으로 실천하는 것이다. 이와 같은 맥락에서 마약중독으로부터 회복된 사람들이나 회복하고자 하는 사람들에게 초점을 둔 자원봉사 활동 프로그램을 구성하는 방안도 고려해볼 수 있다.

둘째, 개인의 상황 특성과 구조에 맞게 실질적으로 대처할 수 있는 기술을 개발 및 제공하여야 한다. 회복 프로그램의 경우, 많은 접근법은 각 개인의 특성보다 마약 중독자들의 범죄적 특징에 기초한 일반적인 프로그램으로 이루어져 있다. 그러나 이런 종류의 프로그램은 극도로 이데올로기적이고 추상적이어서 현실에 적용될 수 없다. 연구참여자 2의 경우에서 분명히 확인할 수 있듯이, 대처 기술은 개인적인 상황에 적합하여야 한다. 연구참여자 2는 중독 재발의 위험에 노출될 가능성이 큰 유흥 시설을 직접 운영하고 있었지만, 마약중독으로부터 회복 노력을 지속하고 있다. 참여자 2가 이렇게 있었던 이유는 자신의 상황에 알맞은 대처 기술을 구축하였기 때문으로 보인다. 개별적인 상황에 적합한 대처 기술을 구축하고 이를 교육하기 위해서는 집단을 대상으로 하는 프로그램보다 각 개인을 위한 프로그램을 강화하고, 대처 기술에 대한 더 많은 연구를 축적하여야 한다.

셋째, 마약중독에서 회복된 사람들을 마약중독 예방 및 치료의 준전문가로서 활용하는 방안을 제안한다. 이들의 회복 경험은 사회와 공유 및 확산되어야 한다. 이들은 또한 이러한 활동을 통해 사회적 자원을 활용하는 한편, 지원을 받을 수 있다. 연구결과를 통해 검토한 바와 같이, 사회적 지원은 연구참여자들이 사회 및 이웃과 계속해서 가까워질 때 더욱 활성화되었다. 이와 같은 활동을 지원하는 프로그램은 사회적 지지를 통해 마약중독으로부터 회복된 사람들의 자긍심을 높일 수 있다. 또한, 스스로 마약 중독자들의 역할 모델이 됨으로써 타인에게 좋은 본보기가 될 수 있다. 선행연구에서 명확히 알 수 있듯이, 회복은 혼자 갈 수 있는 길이 아니다. 마약중독에서 회복된 사람들, 현재 마약 중독자들, 그리고 일반 대중이 함께 가야 할 길이다. 이러한 사회적 연대와 상호 지원은 마약중독에 대한 인식을 높이고 회복의 가능성을 확인하는 기회가 될 수 있을 것이다.

참고문헌

김용석 (2002). 약물 남용의 재발 예방을 위한 인지행동 접근법의 효과성. 한국사회복지학, 48, 243~270.

김용진 (2000). 약물 중독자들의 재발 예방을 위한 단기집단 프로그램의 적용과 효과에 관한 연구. 정신보건과 사회사업, 9, 25~53.

대검찰청 (2013). 마약범죄 백서.

박상규 (2004). 마약류 의존자의 심리적 특성. 상담학연구, 5(4), 899~910.

박옥주 (2002). 마약 의존자의 마약에 대한 접근 및 의존 과정에 관한 연구, 석사학위 논문, 성균관대학교.

백형의, 한인영 (2014). 약물 중독자의 지역사회 내 회복 경험: 세상에서의 되살이 경험, 정신보건과 사회사업, 42(3), 151~177.

윤현준 (2013). 약물 의존자 회복체험 연구, 박사학위 논문, 성균관대학교.

이영애, 이선애 (2015). 여성 시각장애인의 승마프로그램 참여가 회복 탄력성에 미치는 영향, 재활복지, 19(1), 321~344.

장진경 (2006). 약물 중독자를 위한 재발 예방 교육프로그램의 개발 및 효과성 연구, 한국가정관리학회 제27차 학술대회, 168~177.

조성남 (2009). 마약류 중독의 치료 및 재활 정책, 정신 건강 정책포럼, 3, 3~20.

최은미 (2011). N.A. 자조 모임을 통한 마약 의존자의 회복 경험 탐색, 석사학위 논문, 평택대학교.

황보옥, 박영준 (2010). 여성 지체장애인의 사회적 지지, 사회통합 및 삶의 질과의 인과관계 연구, 재활복지, 14(3), 299~324.

Acevedo, A. (2012). Racial/Ethnic Disparities in Performance Measures for Outpatient Alcohol and other Drug Abuse Treatment. Doctoral Dissertation, Brandeis University.

Alexandre, B.L. (2007). "What does recovery mean to you? Lessons from the recovery experience for research and practice." Journal of Substance Abuse Treatment, 33(3), 243-256.

Ashcroft, J., Daniels, D.J., and Hart, S.V., (2003). Toward a Drugs and Crime Research Agenda for the 21st Century. Washington DC: National Institute of Justice.

Best, D., Gow, J., Knox, T., Taylor, A., Groshkova, T., & White, W. (2012).

"Mapping the recovery stories of drinkers and drug in glasgow: quality of life and is associations with measures of recovery capital." Drug and Alcohol Review, 31, 334-341.

Brown, S. (1985). Treating the Alcoholic: A Developmental Model of Recovery. New York: Wiley.

Dawson, S. A., Grant, B.F., Stinson, F.S., Chou, P.S., Huang, B. & Ruan, W.J. (2005). "Recovery from DSM-IV alcohol dependent: United States, 2001-2002." Addiction, 100(3), 281-292.

Farrell, M., Marsden, J., Ali, R., & Ling, W. (2002). "Methamphetamine: drug use and psychoses becomes a major public health issue in the Asia Pacific region." Addiction, 97(7), 771-772.

Grant, J. (2007). "Rural women's stories of recovery from addiction." Addiction Research and Theory, 15(5), 521-541.

Jacobson, N., & Greenley, D. (2001). "What is recovery? A conceptual model and explication." Psychiatric Services, 52(4), 482-485.

Kang, S.K., Kim, H.J., and Shin, S.N. (2018). "A qualitative case study on recovery and personal growth in Korean drug Addicts." Journal of Social Service Research. 44(3). 1-12. 2018.

Laudet, A., Morgen, K., and White, W. (2006). "The role of social supports, spirituality, religiousness, life meaning and affiliation with 12 step fellowships in quality of life satisfaction among individuals in recovery from alcohol and drug problems." Alcohol Treat Q., 24(1~2), 33~73.

Lincoln, S., & Guba, C. (1985). Naturalistic inquiry. Beverly Hills, CA: Sage.

McAweeney, J., Zuker, A., Fitzgerald, E., Puttler, I., and Wong, M., (2005). "Individual and partner predictors of recovery from alcohol-use disorder over a nine-year internal: findings from a community sample of alcoholic married men.", Journal of Studies Alcohol, 66(2), 220-228.

Mancini, A. (2008). "Self-determination theory: A Framework for the recovery paradigm.", Advances in Psychiatric Treatment, 14, 358-365.

Rumpf, J., Bischof, G., & Hapke, U. (2002). "The role of family and partnership in recovery from alcohol dependence: comparison of individuals remitting without formal help and with and without formal help." European Addiction Research, 8, 122-127.

White, W., (2009). "The mobilization of community resources to support long-term addiction recovery." Journal of Substance Abuse Treatment, 26, 146-158.

내 속에 있는 다른 타자를 찾아서[*]

상종열(서강대학교 생명문화연구소 전임연구원)

I. 낯선 그대 이름은 '타자'

어느 가정이고 술 문제가 없는 곳이 있을까? 술김에 한 행동에 대해 오랫동안 관대한 문화를 가지고 있는 한국사회에서, 마약이나 도박과 같은 중독성 행위와는 다르게 술에 대한 문제는 여전히 풀기 어려운 과제인 듯하다. 50 중반을 살아오는 동안 필자 역시 술 문제를 가진 사람들을 많이 만나왔다. 이들은 나의 삶의 주변에서 크고 작은 문제를 일으켰고, 지금도 문제를 일으키고 있다. 그들 중에는 중독이라 할 만큼 심각한 경우도 적지 않아서, 본인뿐만 아니라 주변 사람까지도 고통을 받고 있다. 물론, 필자도 그로 인해 고통받는 주변 사람 중 한 사람이다.

---

[*] 이 글은 생명연구 제49집(2018년 8월)에 실렸던 글을 수정·보완하여 수록하였다.

알코올 중독 내지는 의존 수준에 이른 사람들에 대해서는 한국에서도 그 심각성을 충분히 인식하고 있다. 2010년도 통계청이 작성한 사망원인 통계표에 따르면 알코올 중독으로 인한 사망자가 4천6백여 명에 육박하고 있는데, 이에 정부에서도 과도한 알코올 음용에 따른 신체적, 정신적인 문제를 치료하고 예방하고자 노력하고 있다. 국가나 사회 차원에서 취하는 조치 중 하나는 술을 끊게 하는 것이다. 더는 술을 마시지 않도록 알코올 의존자에게 단주하는 방법이나 기술을 연습시켜, 일상의 삶으로 복귀하도록 하는 것이 정부 또는 민간 차원에서 해 왔던 노력이었다. 하지만 이 같은 시도는 그다지 성공적이지 않았다. 그 이유는 술을 끊었던 사람들이 다시 술을 마시는 일이 빈번하게 일어났기 때문인데, 그러다 보니 단주와 음주를 반복하는 알코올 의존자에게는 술을 끊게 만드는 기술만으로는 충분한 처방이 되지 못하였다.

이 과정에서 회복이라는 차별적 개념이 등장하였다. 여기서 회복은 정교하게 이해될 필요가 있다. 예를 들어보자. 환자가 몸이 아파서 고생하다가 낫는다는 것은 회복일까? 그럴 수도 있을 것이다. '이제 많이 회복됐어!'라는 말을 한다는 점에서, 우리의 일상 언어로 회복은 '원래 상태로 되돌아온다.'라는 의미를 담고 있다. 하지만, 철학적으로 개념화된 회복은 이와는 다른 면이 있다. 하이데거는 회복을 좀 다르게 정의한다. 그는 숙명적으로 죽음을 피할 수 없는 유한한 존재인 인간은 세상 속에 던져진 자신을 통해 자신을 통찰할 수 있는 존재로 본다. 이 과정에서 인간은 '자신의 본래적 가능성을 회복'하게 되는데, 이때 회복이란 지나간 것을 도로 가져오는 것도 아니고, 현재를 한물간 것으로 붙잡아 매는 것도 아니다.

하이데거가 말하는 회복은 불안 속에서도 자신을 통찰할 수 있는 인간 스스로가 의지를 바탕으로 자신의 삶을 개척해나가는 것을 의미한다. 단순화시키면, 자신의 삶 속 어딘가에 존재해 있는 나를 발견하지 못하면 회복이라 볼 수 없다는 점에서, 회복은 아팠던 환자가 신체적으로 정서적으로 호전된 상태만을 의미하는 것이 아니라고 할 수 있다.

이 같은 '회복' 패러다임이 우리 사회에서도 의미 있는 대안으로 수용되고 있다. 술 마시는 사람들을 단순히 병원에 입원시킨다고 해서 치료될 문제가 아니라는 시각이 팽배해지면서, 당사자가 처해 있는 상황을 직시하게 하고 그곳에서 새로운 출발을 하게 해야 한다는 인식이 형성되기 시작한 것이다. '처음엔 사람이 술을 마시지만, 나중에는 술이 술을 마신다.'라는 말이 있다. 술에 관한 한 인간이 주체적으로 행동하지 못하는 상황이 오게 된다는 것인데, 철학적으로 말하면 술이 술을 마시는 사람의 내면에 존재하는 자기를 회복하지 않으면 술독에서 빠져나오지 못한다는 말이 된다. 술이 술을 마시는 상태에 놓여 있는 사람이 술을 끊고 일상의 삶으로 돌아오는 다시 말해서, 그야말로 회복으로 이르는 과정은 생활세계에서 마주치는 다양한 문제들을 극복해나가야 하는 험난한 여정이다. 이들은 회복과정에서 술이라는 대상에 대해 자기조절을 해야 할 뿐만 아니라, 일상생활 속에서도 일과 관계를 통해 삶을 유지해야 한다.

이 점에서 우리는 타자(others)라는 개념에 주목할 필요가 있다. 타자 개념은 오랫동안 철학 분야에서 다루어져 왔으며, 특히, 현대 철학에서 타자는 '자아에 영향을 미치는 자기 외의 사람이나 다른 것'으로 자아의 상대적인 개념으로 제시되었다. 이런 관점에서 볼 때 술은 알코올 의존자에게 커다란 영향을 미치는 타자일 수 있다. 술과 관계를 맺는 과정에서 알코올 의존으로 빠져들게 한다는 점에서, 알코올 의존자에게 타자는 단주 이전의 삶을 이해하는데 핵심적인 개념이라 할 수 있다.

타자 개념은 회복패러다임을 확장하는 데 유용한 개념이다. 하이데거(M. Heidegger)에서 시작하여 들뢰즈(G. Deleuze)로 이어지는 현대철학자들에게 타자는 삶의 주체가 끊임없이 자신의 삶을 정립(또는 생성)해 갈 수 있도록 자극하는 존재들이다. 들뢰즈는 '타자가 가능 세계라면 나는 과거의 한 세계이다.'라고 한다. 달리 표현하면, 삶의 주체는 타자가 존재할 때 비로소 자신의 지난 삶을 자각하게 되며, 그 타자를 자신의 삶 속에 배치함으로써 새로운 가능세계로서 미래를 도모하게 된다는 것이다. 다시 말해서 삶의 주체는 생활세계에 존재하는 대상을 자신의 삶 속에서 계속해서 의미화하고, 이를 통해 자아를 확장 내지는 통합시키고자 한다는 것인데, 이는 단주 이후 타자의 배치를 통해 새로운 삶을 도모하려는 알코올 의존자의 능동적 행위를 이해하는데 있어서 도움이 된다.

지금부터는 단주 중인 알코올 의존자가 생활세계에서 마주친 대상들을 타자로 설정하고, 이를 통해 회복을 모색하는 사람들을 살펴볼 것이다. 그리고 단주 중인 알코올 의존자들이 일상생활을 통해 만나는 타자가 회복과정에서 어떤 의미가 있는가? 하는 점을 이해하고자 한다.

1) 술로 인해 무너지는 일상생활

알코올 중독 상담센터에서는 일반적으로 알코올 의존자들에게 나타나는 증상이나 특성을 다음과 같이 제시한다. 첫째, 알코올에 대한 갈망이다. 알코올 의존자들은 수시로 술을 마시고 싶은 충동을 느낀다. 또한, 자제력이 상실된 탓에 한번 술을 마시기 시작하면 멈추지 못한다. 술을 마시지 않으면 금단 현상이 일어나 구토, 식은 땀, 손 떨림, 안절부절 등을 경험하고 심하면 헛것이 보이거나 헛소리를 듣기도 한다. 반면에 술을 마시면 이 같은 증상들은 사라지게 된다. 둘째, 술에 의존해 있는 자신에 대한 인지적인 왜곡이 나타난다. 알코올 의존자들은 대부분 스스로는 아무 문제가 없다고 여기므로 술을 마시게 되는데, 이 때문에 치료기관에 올 시점에는 심각한 상태로 진행된 경우가 많다.

술로 인해 나타나는 문제는 손가락으로 셀 수 없을 정도이지만, 그중에 몇 가지를 꼽아보면 다음과 같은 것들이다. 술에 의존해 생활하는 동안에 알코올 의존자들은 가정 및 사회생활에서 수행해야 할 역할을 다하지 못하게 된다. 알코올 중독으로 인해 가정경제 파탄이나 가정폭력이 일어나고, 이는 가정해체로 이어지기도 한다. 술독에 빠진 사람은 직장생활이나 사회생활에서도 문제가 나타난다. 맡겨진 역할이나 임무에 소홀하게 되는 것이 다반사로 일어나고, 이에 따라 직장을 잃거나 친구들과 멀어지기도 한다. 할 일이 없고 만날 사람이 없게 되면, 술이 그 자리를 차지하기도 한다. 특히, 이 과정에서 가정이 해체되는 경우에는 노숙의 길로 빠져들기도 하는데, 이는 건강에도 악영향을 미친다는 점에서 '빈곤의 악순환'과 같이 '건강의 악순환'의 고리가 된다.

2) 회복의 디딤돌, 타인의 지지

모든 알코올 의존자가 단주와 재발을 반복하는 것도 아니고, 그 말로가 노숙인 것도 아니다. 그중에는 회복으로 접어드는 사람들도 적지 않다. 그런데 이들에게 나타나는 공통점은 가족이나 친구, 동료들이 있다는 것이다. 가족은 술독에 빠진 사람들에게 안정감을 준다는 점에서 정서적인 지지자가 된다. 특히, 이들이 다시 술독에 빠질 수 있는 상황에서 적절히 대처할 수 있는 경험과 지식을 가지고 있다는 점에서, 가족은 단주를 유지하도록 감시하고 유도하는 데에도 큰 힘이 된다.

같은 경험을 한 사람들도 회복으로 가는 데 도움이 된다. 앞서 말한 것처럼, 회복으로 가는 길은 그 길에서 다양한 문제들을 극복해나가야 하는 험난한 여정이다. 그 길을 혼자 가는 것보다, 동행자가 있으면 도움이 될 수 있다. 적어도 같은 목표를 가지고 있다는 점에서, 이들은 각자가 각자에게 지지자이자 감시자의 역할을 할 수 있기 때문이다.

교육 내지는 예술치료 프로그램도 도움이 된다. 이는 좋은 음악이나 철학 강의 같은 것들이 알코올 의존자에게 자신의 내면을 성찰하도록 만들기 때문이다. 이 과정에서 알코올 의존자들은 술로 점철된 지난 삶을 되돌아보면서 자기를 통찰하고 나아가 새로운 삶에 대한 꿈을 꾸기도 한다. 이외에도 사회복지사와 같은 사람들이 힘이 되기도 한다. 열정적으로 헌신적으로 자신을 보살펴주는 사람들을 통해 새로운 삶을 살아야겠다는 동기가 생기기도 하는 것이다.

3) '타인'이 아니라 왜 '타자'일까?

술을 끊고자 하는 사람에게 가족이나 친구, 동료 등 주변에서 도와주는 사람들은 절대적으로 필요하다. 그런데 왜 군이 '타인'이 아니라 '타자'를 제시하고자 했을까? 이를 이해하기 위해서는 다시 철학적인 사유가 필요하다.

사전적으로 타자는 '자기 외의 사람 또는 다른 것'으로, 일상생활 속에서 마주치는 수많은 사람이나 사물들을 말한다. 하지만 철학적 의미에서 타자는 자기동일성을 나타내는 것인 일자에 대립되는 개념으로, 철학자들은 오래전부터 이러한 일자와 타자와의 관계를 문제 삼아 왔다. 특히, 20세기 초 철학적 사유로서 현상학이 등장하고, 이후에 현상학적 인식론이 영향력을 발휘하면서 타자는 점차 주체와 상호작용 속에서 주체에 영향을 미치는 존재로 인식되기 시작하였다.

예를 들어, 주체와 상호작용하는 타자라는 점에서 술과 사람과의 관계를 살펴보자. 어떤 사람에게는 술은 건강에 도움이 되는 약일 수 있다. 때문에, 이들의 삶에서 술은 커다란 문제가 되지 않는다. 반면에, 어떤 사람에게는 술은 자신을 죽음으로 내모는 독이 될 수도 있다. 이들에게 술은 일상의 모든 것을 무너뜨리는 파괴자가 되기도 한다. 이렇게, 술 마시는 사람은 술이라는 사물을 대상으로 상호작용을 한다. 알코올 의존자와 술의 관계는 필자가 컴퓨터와 상호작용을 하는 것과도 유사한 것이다. 필자는 이 글을 쓰는 동안 컴퓨터와 상호작용을 한다. 글을 쓰는 동안 컴퓨터는 필자의 일부가 되지만, 글을 다 쓰고 나면 컴퓨터와 분리된다. 컴퓨터 작업을 하는 동안에 갑자기 전기가 나가거나 고장이 나서, 원고를 다 잃게 되면 컴퓨터는 나에게 원망의 대상이 되기도 하지만, 이를 다시 복구하게 되면 원망은 사라지고 고마움의 대상이 된다. 이 글을 제출하든 하지 못하든 간에 컴퓨터는 연구자로서의 나의 삶에 영향을 미치는 존재가 되는 것이다.

다시 돌아가 이 같은 생각을 좀 더 밀고 나가보면, '술이 술을 마시는 상태'를 다르게 볼 수 있다. 즉, 내가 술을 마시는 것이 아니라, 술이 술을 마시는 것은 주체가 사라지고 타자와 타자가 상호작용을 하는 것으로 볼 수 있다는 것이다. 육체를 가지고 술을 마시는 행위의 주체는 존재하는데, 그 행위의 주체는 정작 왜 술을 마셔야 하며, 자신이 마시는 술이 어떤 영향을 미칠 것인가를 판단할 수 없는 상태가 된다면, 술을 마시는 사람은 주체일까? 타자일까? 술에 의존하는 과정에서 가족이 외면하고, 주변 사람들이 손가락질한다는 것을 의식하지 못하는 상황에서 술 마신다는 것은, 결국 자기가 자기의 타자가 되는 셈인데 이 같은 주체의 분열은 특정한 상황에서 자신을 낯설게 느껴지도록 만들기도 한다.

정리해보면 20세기 이후 철학적 의미에서 타자는 삶의 주체인 인간에게 영향을 미치는 존재이며, 삶의 주체인 인간은 타자를 자신의 삶 속에 배치하고 이를 통해 자신의 삶을 새롭게 정립(내지는 생성)해가는 존재라고 할 수 있다. 단주 중인 알코올 의존자의 삶도 이와 다르지 않을 것이다. 즉, 단주 이전에 알코올 의존자가 술이라는 타자를 자신의 삶 중심에 배치한 결과가 알코올 중독의 삶이었다면, 술이 아닌 다른 타자들을 새롭게 배치하면서 자신의 가능 세계를 확장시켜 나가는 것이 단주와 회복과정에서의 삶이라고 할 수 있을 것이다.

II. 술이라는 '타자'에 빠져 있던 사람들

필자는 이처럼 철학에서 제시된 '타자'라는 개념을 통해 한때 '술이 술을 마시는 사태'에 빠져 있었지만, 지금은 술을 끊고 일상으로 복귀하려는 사람들을 통해 '타자'의 의미를 살펴보고자 했다. 그리고 이를 위해 첫째, 알코올로 인하여 가족이 해체되거나, 건강을 잃었던 적이 있고, 둘째, 건강을 회복하기 위해 일시적으로 사회복지(내지는 의료)기관에서 머물렀던 적이 있으며, 셋째, 교육을 통해 자신이 알코올에서 벗어나기 위한 자기조절을 시도하면서, 넷째, 단주 및 회복과정에서 다시 사회로 나와 일을 하면서 새롭게 사람들과 관계를 맺고 있는 사람들과 인터뷰를 하였으며, 그들이 구술한 이야기를 통해 그들에게 타자는 어떤 의미인지를 드러내고자 했다. 필자와 인터뷰를 했던 사람들의 일반적인 특성은 다음과 같다.

1) 인터뷰 참여자 01

63세의 기혼 남성이다. 경상도 매화시에서 태어나 중학교를 졸업하고 서울로 왔으며, 이후 결혼하여 두 명의 자녀를 두었다. 고등학교 시절인 10대부터 술을 가까이하기 시작했으며, 30대 중반부터는 알코올 중독으로 인해 일상생활에 문제가 나타나기 시작했으며, 이후에는 자녀 저금통을 깨서 술을 먹을 정도로 알코올에 의존하였다. 40대 중반에 가정이 해체되었으며, 이후 혼자 살면서 알코올 치료병원과 노숙을 반복하는 삶을 살았다. 40대 후반에 알코올 치료 센터와 생활공동체를 통해 단주를 시작하였으며, 일상으로 복귀한 이후부터는 A.A.에 적극적으로 참여하였다. 50대 초반부터는 사회복지사로 활동하면서 서울역을 중심으로 노숙 생활을 하는 알코올 중독자를 지원하는 활동을 하였다. 50대 후반에 참여자는 가족들과 재결합하였으며, 이후 지금까지 아내 및 자녀와 함께 생활하고 있다. 인터뷰 시점에 참여자는 지방 소재 알코올 중독자 치료병원에서 중독전문 사회복지사로 활동하고 있다. 단주를 시작한 지약 15년 되었으며 단주 이후 아직 재발한 적은 없다.

2) 인터뷰 참여자 02

61세의 미혼 남성이다. 경상도 국화시에서 태어나 고등학교를 졸업하고 서울로 왔으며, 이후 십여 개의 직종을 전전하면서 생활하였다. 고등학교 시절인 10대 후반부터 술을 많이 마시기 시작했으며, 사업에 실패한 시기인 40대에는 부모나 형제자매들과도 단절된 채 알코올에 의존하는 삶을 살았다. 40대 후반부터는 노숙자로 생활하였으며, 50대 초반부터 신체적인 이상이 생기면서 병원 치료를 시작하였다. 병원 치료를 마친 후에는 서울시에서 운영하는 치료공동체에서 단주를 유지하였으나 직장생활을 하는 과정에서 재발하였다. 50대 중반 이후부터는 단주와 재발이 반복되는 삶을 살고 있다. 인터뷰 시점에 참여자는 국민 기초수급자로 혼자 살아가고 있으며, 주말마다 아르바이트를 하면서 경제활동 및 사회생활을 유지하고 있다.

3) 인터뷰 참여자 03

63세의 기혼 남성이다. 강원도 목련시에서 태어나 고등학교를 졸업하고 서울로 왔으며, 이후 결혼하여 자녀 1명을 두었다. 30~40대에는 직장생활과 사업을 통해 남부럽지 않을 정도로 부를 축적하기도 하였다. 30대 초반부터 술로 인해 병원에 다니기 시작했으며, 40대에는 사회 활동을 모두 접고 술에 의존하는 삶을 살았다. 이 과정에서 가정이 해체되었으며, 이 과정에서 부인과 자녀도 각자 떨어져 살게 되었다. 이혼 이후 참여자는 50대 후반까지 고향 인근 도시에서 모친과 함께 생활하였는데, 이 시기에도 술에 의존하는 생활을 했다. 하지만 이후 건강에 이상이 생겨 알코올 치료병원에 입소하면서 단주를 시작하였다. 재활 치료 이후 약 3년 동안 단주 친목 모임에 참여하면서 단주를 유지하고 있다. 또한, 단주 후에는 다시 자녀와 만남을 유지하고 있지만, 배우자와는 연락을 하지 않고 있다. 인터뷰 시점에 참여자는 국민 기초수급자로 혼자 살아가고 있다.

III. 단주 이전의 삶 속의 '타자들'

1) 삶의 중심에 배치한 타자: 술

알코올 치료병원에 입소하고 단주를 시작하기 전까지 인터뷰에 응한 모든 사람의 삶에 중요하게 배치되는 타자는 술이다. 이들은 청소년기부터 술을 가까이하고 지냈으며, 술로 인한 소소한 문제들을 드러내었다. 20~30대로 접어들면서 술에 대한 의존이 커지기 시작했으며, 술에 대한 갈망이 최고조에 이르게 되면 그야말로 '술의 노예'가 되는 상황에 이르게 된다.

■ (누가) 와서 보면 온 방에 똥칠이고, 술병이고. 너무 막 술 먹고 그래가 있는 거, 우리 누나는 큰누나, 형수들이 이불을 몇십 채 사다가 버리고. 이불을 빨 수가 없는 거예요. 그냥 뭉쳐다 버리고, 새것 사다 놓고. 또 며칠 있다, 오면 또 그래서. (참여자 1)

■ 알코올 중독자들은 무계획이라 그리고 술을 먹어갖고 편안하고 힘들고 고통스럽고 남한테 피해 주고 이런 것들은 머리에서 싹 날아가고 없어요. 그냥 없고 한 잔만 한 병만 오로지 거기 꽂혀있는 거라. 그러고 나갔고 술을 입에 대기 시작하면 오로지 술만 찾는 거야. (참여자 2)

■ 한 병 따면 딱 넘어가서 꼬르륵 넘어가고, 내리면 확 쏟아지는 거야. 집어넣으면 쏟아지고, 집어넣으면 쏟아지고. 그렇게 보면 이만한 쓰레기통 큰 거 높은 거를 갖다 놔서 거기다 토하고. 그냥 뭐 말도 못 했어요. 그때는 똥도 그냥 막 싸고. 오줌도 싸고. 이불에다가. 자빠져서 대가리 터져가지고 대가리는 곪아가지고 베개에 피가 범벅이 되고. (참여자 3)

2) 삶의 주변으로 밀려난 타자: 가족

술이 인터뷰에 응한 사람의 삶의 중심에 배치되는 과정에서 가족들은 주변부로 밀려나게 된다. 이 시기에 가족들은 눈을 맞추고 인격적인 대화를 하는 존재들이 아니다. 인터뷰 참여자에게 가족은 자신의 술의 갈망을 해소하기 위한 수단이자 이에 따른 신체적, 정신적 질환을 치료하는 데 있어 도움이 되는 대상일 뿐이다.

> ▣ 우리 딸내미가 돼지저금통에 큰아빠네 갔다 오고 나면 용돈 얻으면 그거까지 훔쳐다 술을 사 먹었으니까. 그걸 가져가는, 딸내미가 내 가랑이를 붙들고 못 가져가게. 붙들고 늘어지는 걸 차버리고 나가서 그걸 갖고 갔었어요. 술 사 먹으러. 그래서 우리 집사람이 "저런 게 인간이냐" 그런 소리를 나한테 막 했었어요. (참여자1)

> ▣ "엄마, 천 원만 줘." 통사정하고 붙잡고 그러면 "이번 한 병만 먹고 먹지 마." "예 알았습니다." "내가 한 병 사다 주마, 나오지 마." 그러면 "알았어요." 그러고서 그냥 기다리는 게 아니라 어머니가 술 사러 간다고 안 사 오고 도망갈까 봐 살살 쫓아가요. 가서 이렇게 지켜보고. (참여자3)

삶의 주변부로 밀려난 가족들은 인터뷰 참여자들이 자신의 모습을 알아차릴 수 있도록 다양한 신호를 보낸다. 하지만 술의 노예로 살고 있는 참여자들은 자신의 삶의 중심부에 배치해놓은 술을 빼려 하지 않는다. 그보다는 참여자의 삶에서 술을 제거하려는 가족들을 불신하고 원망한다. 이런 상황에서 가족들은 인터뷰 참여자를 더 이상 가족의 일원으로 두지 않으려고 하게 된다. 이 과정에서 가정의 해체가 발생하기도 하는데, 참여자는 이마저도 인정하지 않으려고 한다.

> ▣ 술을 너무 먹으니까 거기 가면 정신 차릴까 싶어 (가족들이 알코올 치료병원에) 보냈는데 나 자신이 알코올 중독자라는 걸 안 받아들이고 나가기만 하면 때려죽인다 그러고. 이빨만 부득부득 갈고 (참여자2)

▣ 술만 퍼먹다가 도저히 안 되겠어서 고향이 목련이라 큰형
네 집으로 왔지. 뭐 죽이지는 못하고. 큰형이. 큰형이 굉장히 잘
하시거든. 말 한마디 안 하고 그러는 분인데 날 보더니 "야, 나가
서 차라리 목매 뒤져라." 나보고 딱. "가라." 거기에 또 화가 나는
거야. (참여자3)

▣ 우리 큰애가 판사 앞에서 하는 얘기가. 그 중학교 1학년짜
리가. 내가 아빠가 그렇게 살고, 엄마가 그렇게 사는데 집에 보탬
이 되고자 해서 신문 배달소에 가 봐도 나이 어리다고 안 시켜주
고. 주유소에 알바를 해봐도 안 시켜주고. 그래서 안 되겠다 싶어
서 자기는 모든 걸 포기하고 공부하기로 하고. 일단 엄마, 아빠가
헤어져야 만이 우리가 살 수가 있겠다고. …(중략)… '너, 이놈의
새끼야. 누가 시켜서 그렇게 얘기를 하냐?' 누가 시키기는 누가
시켜. 그러면서 너 이 새끼야, 족보를 파낸다…. 이미 이혼 돼서
헤어져서 잘려나가는 주제에 내가 그런 얘기를 했던 기억이 나요.
(참여자1)

가족으로부터 외면당한 후에도 인터뷰 참여자들은 여전히 술을
삶의 중심에 놓고 있으며, 이 시기에 참여자들의 주변에는 술친구
인 노숙자나, 자녀를 버리지 못하는 어머니나, 자신에게 술 사 먹을
돈을 주는 이웃이 주변인으로 남기도 한다.

▣ 서울역에 있는 같은 노숙하는 사람들하고 먹고 집에 와서
자고. 이렇게 되다 보니까 주인이 그냥. 그래서 인자, 집도 그냥
길거리 누웠다가 (참여자1)

> ▣ 나 때문에 어머니가 여기다 방을 얻고 오신 거야. 어머니가 이제 큰집에 계셨는데 피해서 나온 거야. 어머니가 여기 와서 구멍만 한 방에 계실 이유가 하나도 없는데. 나오셨어. (참여자3)

> ▣ 한겨울에 슬리퍼 신고 슈퍼 불 켜진 데면 슈퍼서부터 술집서부터 가게, 교회, 뭐 일반 집 할 것 없이 무조건 돈 천 원만 달라고 무조건 들어가는 거야. 한 번은 거의 다 줬던 것 같아. 그럼 그 돈 받아서 술 사 먹고. (참여자3)

IV. 단주 이후의 삶 속의 '타자들'

1) 단주에 도움이 되는 타자들

알코올 치료병원에 입소하기 직전에 이르면 대다수의 알코올 의존자들은 신체적으로 정신적으로 더 이상 버틸 수 없는 상태에 이르게 된다. 특히 노숙 생활을 오래 한 경우에는 취약한 거주환경에 의한 질환으로 시달리게 된다. 그 때문에 이 시기에 인터뷰 참여자는 가장 크게 위기의식을 느끼며, 가장 절박한 심정으로 타자에게 의존하고자 한다.

> ▣ 한강 변에서 보면요, 운봉산이 하나 있어요. 거기에 보면 항상 봄에 노랗게 개나리꽃이 핍니다. 술 마실 때 그 개나리 꽃피는 걸 보면서 먹었거든요. 그런데 내가 정신을 차려보고 창가를 내려다보는데 (병원이) 찔레동이니까 아차산에 단풍이 지고 있는 거예요. 내 기억 속에는 그 중간이 아무 기억이 안 나. …(중략)…

> ■ 그러면서 어느 날 창을 내다보는데 내가 이러다가 끝나는 것 같다! 하는 위기의식이 이런 것들이 들면서. (참여자1)

> ■ 나 자신은 술을 누가 끊게만 해 준다 그러면 모든 걸 다 해결할 수 있다는 이런 생각도 계속 들면서 혼자서는 어찌할 수 없더라고요, 그게요. 그런 가운데 저, 구세군이라는데 한번 갔었어요. (참여자2)

> ■ 매일 어머니가 한 자루씩 끌어내기 시작하는데 어머니가 들지 못해, 빈 병을. 그렇게 하다가 도저히 안 되겠더라고. 내 입으로 그때서부터 병원에 데려다 달라고. (참여자3)

(1) 가족

가장 절박한 상황에서 인터뷰 참여자들은 자신이 가장 신뢰할 수 있는 사람들을 의지해서 그동안 삶의 중심에 배치했던 술을 떼어내고자 한다. 그리고 이 과정에서 참여자들이 먼저 찾게 되는 사람들은 가족이다. 가족은 한때 참여자들에 의해 주변으로 밀려나 있었지만, 회복 가능성을 열어두고 지켜보던 사람들이다.

> ■ 나하고 세 살 차이(형)가. 그래도 죽었는지, 살았는지 확인은 해 봐야 안 되겠나? 그래서 와서 보니까 그래가 있더래요. 그래서 자기 친구한테 '어쩌면 좋겠냐?' 하니까 빨리 병원에 입원시켜라. 그래서 병원에 입원시키는 것도 정신과 병원이니까 쉽지가 않잖아요. 그래서 하여튼 여러 가지 상황들로 해서 저를 입원시킨 게. (참여자1)

> ■ (어머니가) 동사무소에 가서 우리 애 좀 살려달라고. 가서 얘기를 했나 봐요. 동사무소에서 한번 찾아왔더라고. (참여자3)

(2) 병원 및 사회복지 시설 종사자

알코올 중독 전문기관에서 근무하는 치료사들이나 사회복지 종사자들도 참여자들이 의존하는 타자들이다. 이들은 인터뷰 참여자들이 병원과 생활공동체에 거주하면서 단주를 유지하는 초기과정에 개입하여 큰 도움을 준다.

> ■ 물푸레나무(생활공동체) 거기 있는 사회복지사들 천사들이다. 아까 제가 말한 민들레 그분은 내가 첫 사례거든요. …(중략)… 그 양반이 내 담당했던 분이야. 그 양반 잊을 수 없을 거예요. 그 양반 나 때문에 울기도 많이 울었을 거야. (참여자1)

> ■ 나를 잡아준 사람은 (알코올 치료) 센터의 동백꽃 선생이… 그 사람도 동생을 알코올로 잃었어. 여동생을 잃고 그래서 알코올로 인해서 상록수에서 교육을 받고 2년인가 인턴 생활을 했어요. 그러다가 직원이 돼서 지금 직원으로 있다가 우울증 같은 게 와서 잠시 쉬다가 지금은 나오는데. 동백꽃 선생의 영향을 받았어요. 뭔가 모르게… (참여자2)

사회복지 종사자들도 단주를 유지함에 있어 중요한 타자가 된다. 알코올 의존자의 경우 신체적, 정신적 질환을 치료해야 하는데, 이때 사회복지사종사자들의 도움과 지지가 필요하게 된다. 만약 이 과정에서 사회복지 종사자들이 서비스의 제공자와 수혜자라는 비대

칭적인 관계를 넘어 상호인격적인 관계로 다가설 경우, 인터뷰 참여자가 느끼는 고마움은 커질 수밖에 없다.

> ■ 나 도와주시는 시청 복지과 선생님한테 딱 1년에 한 번씩. 전화도 안 해요. 연락 없이 내가 찾아가요. 찾아가서 "선생님, 저 왔습니다." "아저씨 어떻게 된 거예요? 그렇게 단주 생활 잘 하시면서 그 전에는 왜 안 됐냐고." 그걸 내가 어떻게…. (웃음) 커피 한 잔 얻어먹고 왔는데. (참여자3)

(3) 인문학 강사

인터뷰 참여자는 생활공동체에 있는 동안 인문학 교육프로그램에 참여하기도 하는데, 이 과정에 만나는 인문학 강사들도 중요한 타자가 된다. 대학교수 내지는 각 분야의 전문가로 구성된 인문학 강사들은 이들에게 낯선 세계에서 온 사람들이다. 하지만 인문학 강사들은 자신이 지닌 지식을 이들에게 일방적으로 제공하거나, 특정한 이론이나 삶의 방식을 따르도록 강요하지 않는다. 그보다는 각자가 살아온 삶의 경험에 기초한 다양한 관점을 제시함으로써 그들 스스로 자신의 삶에 대해 생각해볼 수 있도록 한다.

> ■ 치열한 삶에 부딪히죠. 진짜 피 터지는 치열한 삶. 술 한 잔 먹으면 혹자들은 교수님들에게 '씨발 놈' 이렇게 한단 말이에요. 대놓고 나중에 술 깨면 '교수님!!' 하고. "네가 교수냐!" 술 한 잔 먹고 이렇게 한단 말이에요. 그래 피 터지고 주고받는 인문학이니까 저는 정감이 가는 거예요. (참여자1)

> ▣ 욕심 없이 편안하게 사시는 (강사) 분들 그런 분 볼 때. 그런 분들이 자꾸 눈에 보이는 거예요. 그때는 바보 같은 생각이고 돈 몇 푼 있으면 쓰고 술 마시고 그런 것들이 올바른 삶인 줄 알았는데. 그런 것들이 아니더란 얘기죠. (참여자2)

(4) 단주 친목 모임 동료

병원이나 생활공동체에서 단주 중인 알코올 의존자들이 마주치는 타자 중에는 같은 문제를 지닌 동료들이 있다. 이들 중에는 단주 친목 모임에 참여하는 사람들이 있는데, 이 모임에 참석하는 과정에 인터뷰 참여자들은 자신이 그동안 어떻게 살아왔는지를 깨닫기도 한다.

> ▣ AA라는데 들어가 보니까 엉뚱한 데예요. 종교단체도 아니고 알코올 중독자들이 모여 가지고 "알코올 중독자 누굽니다" 하면서 하나님 사칭, 뭐 여기는 사이비 종교단체인가. 그래 가지고 가서 들어보니까 구구절절이 이 양반들이 어쩌면 내 뒷조사를 댕겼나 내 얘기를 하고 앉아있는 거예요. 그 AA 모임에. 그러면서 어느 날 눈물이 툭 터지는 거예요. 그냥 그 많은 사람 앞에서. (참여자1)

> ▣ 그 사람들 경험담 얘기하는 게 내 얘기야, 내 얘기. 내 얘기를 하는 거야. 그런데 나는 자신이 없어서 내 얘기 못 하는데. 대신 그 사람들이 내 얘기를 그 많은 사람 앞에서 해주니까 후련하더라고. 그러면서 나도 털어놔야 되겠구나. 쫓아다니면서 남의 말 듣고 남 말 하는 거 볼 게 아니라, 나도 하고 싶은 생각이 들더라고요. 그래서 가서 내가 가서 내 경험담을 하기 시작했어요. 내 속에 있는 것 풀어놓고. (참여자3)

> ▣ "내 본 모습은 내 모습이 거울에 비친 모습이 내 모습이 아니다." 내가 생각하고 있는 모습이 내 모습이 아니라는 얘깁니다. 주위에서 돌아보는 (단주 친목 모임) 동료들이 보는 눈이 내 진실한 모습이라는 얘기에요. 그 말은 절대적으로 내가 좀 신뢰하고 싶어요. 그 말에 대해서는. 아무리 생각해도 그 말이 맞는 거예요. 내가 걸음을 걷는데 나는 똑바로 걷는다고 생각하지만 옆의 동료들이 볼 땐 팔자걸음으로 걷고 있으면 나는 팔자걸음으로 걷고 있는 거예요. (참여자2)

2) 단주에 장애가 되는 타자들

(1) 돈

인터뷰 참여자들이 병원에서 나와 새로운 삶을 도모하는 데 있어 걸림돌로 작용하는 타자는 돈이다. 경제적으로 여유가 있는 경우가 아니라면 알코올 의존자들도 재활 치료 이후에 경제활동을 해야 하는데 이 과정에서 다양한 스트레스를 받게 된다. 이는 알코올 의존자로 하여금 다시 술에 의존하고자 하는 욕구를 불러일으키게 되고, 이는 재발로 이어지기도 한다.

> ▣ 해바라기라고 반도체 공장에 취업을 했어요. 어쩌다가요. 그런데 하루 8시간 근무하고 했었는데 보수도 한 160 정도 되고. 그나마 내 나이에 비해 갖고는 괜찮은 직장이었는데… 임대에서 인제 혼자 있는 그런 공간을 가지고 있을 적에 옆에 사람이 있었는데도 그 일종의 교만이죠. 하늘도 땅도 모르게 반병. 그럼 반병이 한 병이 되고 두 병이 되고 세 병이 되고. (참여자2)

(2) 직장동료나 고객

인터뷰 참여자의 단주 유지에 장애가 되는 요인 중 타자는 직장 동료이다. 신체적으로 내지는 심리적으로 완전한 회복이 되지 않는 상태에서 이들이 일반 노동시장에서 일반인들처럼 경쟁력을 갖기가 쉽지만은 않다. 그런데 이윤추구를 우선시하는 곳에서 일을 해야 하는 인터뷰 참여자에게 직장동료나 고객들이 보이는 자세와 태도 는 참여자로 하여금 스트레스를 받게 한다.

> ◼ 팀장이 입원시키고 모시고 나와서 씻기고 하는데 저보다도 나이가 한참 어리고 그런데 "샘 그냥 마치고 들어가세요." 하더라 고요. 그러니까 바로 올라오는 게 "저놈 새끼 '고생하셨습니다.' 한마디 안 하고…" 이런 것들이 바로 올라와. 이게 엄청나게 느껴 요. (참여자1)

> ◼ 주차인데 이게 아무것도 아닌 것 같아도 스트레스 많이 받 아요. 왜 그런가 하냐면, 일종의 갑질이라고 해야 하나? 자기는 손님이 왕이다! 이런 식으로 해서. (참여자2)

> ◼ 인력사무소를 나갔어요. 3일 나갔다가 차라리 죽는 게 낫겠 다. 그건 정말 못 하겠더라고요. 안 해본 거라. 거기도 막 욕하지. 못 한다고. "그러려면, 에이" 인격 모독을 하니까. 다른 건 좋은 데. "그따위로 일을 하려면 가라." 남의 돈 거저먹으러 왔느니 별 소리 다 하니까. (참여자3)

(3) 가족

가족도 스트레스 요인이다. 회복 이전에 주변부로 밀려났던 가족들은 인터뷰 참여자들과 관계를 복원한 이후에 지난날의 크고 작은 상처를 드러내게 된다. 지난 기억을 완전히 지울 수 없는 상태에서 가족들이 드러내는 상처들은 참여자들에게 적지 않은 스트레스 요인이 된다.

▣ 컵이 탁 떨어져서 깨졌어요. 기술 있는 사람들은 조각 주워서 붙여놨어. 그런데 그 속에서 붙여놓은 것뿐이지 앙금은 있잖아요. 영원히 그거는 있어요. 딱 결합했다고 해서 다 되는 건 아니죠. 순간순간 탁 아버지가 뭐 그런 소리를 하지는 않는데… 우리는 필이라는 게 있잖아요. 느낌. 약간 말 한마디 속에서 나오는 (참여자1)

▣ 내 바람이지만 어느 정도 되면 또다시 (집사람이) 챙겨주지 않으면 또 원 상태보다 더 나빠질 수 있겠구나 하는 게 있어요. 왜 그러냐면 지금 외롭고 힘들다는 걸 참고, 참고 있는데. 사실 그렇잖아요. 고름이 계속 곪다가 언젠간 터진단 말이에요, 틀림없이. 그래서 그런 것에 대한 두려움이 엄청나게 있어요. 터지면 안 되는데. (참여자3)

V. '타자'의 재배치를 통해 새로운 삶을 모색

나는 길을 걸어갑니다. / 보도 위에 깊은 구멍이 있습니다. / 나는 그 구멍에 빠집니다. / 길을 잃고 맙니다.… 무기력한 나 / 내 잘못은 아닙니다. / 밖으로 나오는 길을 찾는데 영원처럼 긴 시간이 걸립니다.

나는 똑같은 길을 걸어갑니다. / 보도 위에 깊은 구멍이 있습니다. / 나는 못 본 척합니다. / 다시 그 구멍에 빠집니다. / 깊은 곳에 다시 빠져 있다는 것이 믿기지 않습니다. / 하지만 내 잘못이 아닙니다. / 밖으로 나오는데 여전히 긴 시간이 걸립니다.

나는 똑같은 길을 걸어갑니다. / 보도 위에 깊은 구멍이 있습니다. / 나는 그 구멍을 봅니다. / 나는 다시 그 구멍에 빠집니다.… 습관이 되어서… 하지만 / 두 눈을 뜨고 있습니다. / 내가 어디에 와 있는지 알고 있습니다. / 내 잘못입니다. / 나는 얼른 빠져나 옵니다.

나는 똑같은 길을 걸어갑니다. / 보도 위에 깊은 구멍이 있습니다. / 나는 그 길을 돌아갑니다.

나는 다른 길로 걸어갑니다.

5개의 짧은 장으로 된 자서전
(Autobiography in Five Short Chapters)

위의 작품은 가수이자 작가로 활동했던 넬슨(P. Nelson)의 자서전적인 시이다. 이 시는 알코올 의존자의 단주 친목 모임에서도 자주 인용되는데, 그 이유는 한 인간이 삶의 여정에서 겪는 고통과 그것으로부터 벗어나려는 의식의 지향이 알코올 의존자들이 재발로부터 빠져나와 회복으로 나가려는 것과 닮아있기 때문이다. 이 시의 주인공처럼 단주의 길로 들어선 알코올 의존자가 완전한 회복으로 가는 것은 결코 쉽지만은 않다. 오랜 기간 단주했어도 술을 입에 대는 순간 하루아침에 무너지는 것이 단주이기 때문이다. 설사 단주를 유지하더라도 그 과정이나 단계가 모두 같을 수 없다. 술에 대한 갈망이 사라지기 전까지는 살얼음판을 걷듯이 해야 하는 것이 단주이기 때문에, 단주자로서는 재발하지 않기 위해 긴장의 끈을 늦추지 않아야 한다.

> ▣ 술을 끊고 나서 1, 2, 3년 동안 거의 생 단주라고 봐야 하거든요. 변화가 일어나는 시기가 아니기 때문에. (참여자1)

> ▣ 술을 어느 정도 제어할 수 있다. 힘이 돌아온 게 2년 넘어서부터 오기 시작한 것 같아요. 지금도 불안하지만, 그때는 더 했고. 처음에는 여기서(집에서) 냅다 뛰어요. 왜 뛰는지도 모르고. 그게 술 사러 가는 거야. (그렇지만 가게로 가지 않기 위해) 저 앞에 전봇대 붙잡고. 몇 번 그랬어요. 그냥 여기서 튀어나가. 한 병만 먹고 말아야지. 그럼 세상만사가 콱 될 것 같으니까. 좋아질 것 같으니까. (참여자3)

실제로 필자와의 인터뷰에 참여했던 분들의 단주 과정이나 단계는 사뭇 달랐다. 단주 14년 차인 인터뷰 참여자 1은 마지막 단계인 '다른 길'로 접어든 상태였다. 그에게는 알코올 의존 이전과는 다른 새로운 삶의 목표가 있었으며 이를 이루기 위해 생활세계의 영역을 넓히고 있었다. 가정이나 직장에서 받는 스트레스는 존재했지만, 참여자 1은 자신만의 방식으로 이를 조절하고 있었다. 반면에 인터뷰 참여자 2는 일상생활이나 직장생활을 통해 받는 스트레스를 잘 조절하지 못했으며, 재발도 주기적으로 나타나고 있었다. 하지만 위의 시의 3단계에 있던 화자처럼 참여자 2는 재발이 되는 이유를 알고 있었으며 그 신호도 감지하고 있었다. 또한, 인터뷰 시점에서 참여자 2는 4단계로 진입하기 위해 필사적인 노력을 기울이고 있었다. 단주 기간이 3년이 된 인터뷰 참여자 3은 4단계로 진입한 상태였다. 그는 단주 친목 모임인 A.A.를 중심으로 활동하였으며, 이는 일상의 삶을 영위하는 데 있어 큰 활력이 되고 있었다. 단주 이후 경제활동은 하지 않았다. 대신 수급비를 바탕으로 하는 최소한의 삶을 기꺼이 받아들이고 있었다.

▣ 이십 대 때 대학 나온 사람들에게는 대단히 좋은 자격증인데 저한테는 사실 그렇게 유용하게 써먹을 것은 아니에요. 단지 저 가치관에 봐서는 기준으로 봐서는 그렇게까지는 공부할 필요가 있고 그래야 정신과 중독을 가지고 어디 가서 프로그램 한 시간을 하더라도 일반 사회복지사 자격증보다는 정신보건 사회복지사이면서 중독전문가가 되어서 프로그램을 하게 되면 좀 더… (참여자1)

▣ 전에는 그런 걸 몰랐는데 이제는 내 몸이 조금은 알겠어요, 이제. 좀 답답하거나 그러면 '왜 답답하지?' 그러면 빨리 멈추고 답답한 그 순간에 '왜 답답하지?' 자꾸 시간마다 되짚어 봐요. 왜 그랬지? 그러면 내가 기분이 좋아서 활달하게 움직일 때 나빠질 때부터 더듬어 보거든요. 이런 일이 있고, 이런 일이 있고, 이런 일이 있었는데 이런 일들은 아무것도 아닌데 내가 만들어내서 내가 힘들어하는구나. 자꾸 알아가는 중이죠, 이제. (참여자2)

> ▣ 다른 세계를 사는 거예요. 예전에는 돌아도 안 받던 거를. 예전에 좋아했던 거를 버리고. 그 생활(단주 친목 모임)을 하고 있는 거죠. 정말 내 의식조차 없던 거를 지금 나는 하고 있는 거라서. 삶을. 정말 꿈에서도 생각 안 했던 삶을 지금 살고 있는 거라서. 가끔가다 모임에 가면 그런 얘기 해요. "나 미친 것 같아. 나 지금 미쳤어."(참여자3)

이 같은 차이 속에서도 인터뷰 참여자의 의식에서 공통적으로 발견되는 것은 알코올에서 벗어나 자유로운 삶을 살고 싶다는 것이었으며, 이 같은 의식의 지향은 타자의 재배치를 통해 새로운 삶을 모색하려는 시도로 나타났다.

VI. 새로운 삶에 '디딤돌'이 되는 '타자들'

타자의 재배치를 통해 새로운 삶을 모색하려는 시도는 두 가지로 나타났는데, 이는 '내 밖의 타자 구별 짓기'와 '내 안의 타자 조절하기'로 드러났다.

1) 내 밖의 타자 구별 짓기

(1) 단주에 도움이 되지 않는 타자와 거리 두기

단주 유지를 위해 인터뷰 참여자들이 가장 먼저 시도한 것은 타자를 재배치하는 것이었다. 그 첫 번째는 술과 관련되어 있던 사람이었다. 단주 유지를 위해 참여자들은 술과 관련되어 있던 사람들로부터 일정한 거리를 두고자 했다.

> ▣ 옛날 나와바리가 영등포니까 둘러보니까 아는 애들은 한 서너 명이 있는데 이쪽이 한 무더기, 이쪽이 한 무더기 막 건져서 소주 놓고 앉아가지고 땅바닥에 술이나. 그 사이에는 들어가고 싶지는 않더라고요. (참여자2)

> ▣ (병원 알코올 치료) 센터를 안 가죠. 왜 그러냐면 센터는 말이 많아. 그리고 (치료 중에 있는 알코올 중독자들이) 흠을 자꾸 잡고. 단주가 약하니까 자꾸 남을 되씹고, 욕하고, 비아냥거리고, 이러니까. 그럼 그 사람이랑 부딪치면 싸워야 하잖아요. 싸우면 화가 나야 하고, 화가 되면 나만 손해가 되니까, 일단 피하는 거죠. 도피. 그런 상태가 되더라고요. (참여자3)

돈과 관련된 사람들과도 거리를 두고자 했다. 단주 이후 생계를 위해 직장에 나가더라도 인터뷰 참여자들은 자신만의 기준을 세워 사람들과 관계를 맺고자 했다. 그런 기준을 지키지 못할 상황에 처할 경우엔 돈 버는 일을 포기하였으며, 줄어든 수입은 생활의 규모를 줄이면서 해결하고자 했다.

> ▣ 사회에 나가니까 해결할 수 없는 부분들이 너무 많아. 봐서는 눈에 보이는 데, 안 봐야 되는. 못 본 척해야 하는 부분들이 너무 많고. 옛날에는 술 먹고 그걸 보고 들이받고 싸우고 이래 했던 것들이 참 맞는 건지는 모르겠는데 어쩌면 또. 어쩌면 비겁한 삶일 수 있는데, 그 비겁한 삶도 내 또 받아들이면서 살아야 하는 게 인생, 삶인가보다. (참여자1)

■ 지금도 뭐 조치원 같은 데서 내려오게 되면 140 준다, 150 준다, 내려와 있으라 그러는데 거기 내려가 갖고 또 얼마나 시달릴 건데. 뭐 매출이 적게 올랐으니까 돈 나가는 것도 힘들다. 뭐 세금 털어야 된다, 뭐 관리세 나가야 된다, 어쩌고 뭐 이상한 소리들 듣는 거. 그렇게 되면 내가 생활이 또 안 될 거라는 얘기야. 돈 내가 단지 몇십만 원 더 받는다 그래갖고 그건 아니더란 얘기에요. (참여자2)

■ 이거(수급비) 가지고 못 산다고 난리 치는데 그만큼 돈 나오면 충분히 살 수 있어요. 못 산다는 건 난 새빨간 거짓말. 남 처먹는 거 다 처먹고, 하는 거 다 하고. 그렇게 어떻게 살아. 지가 경제활동을 하든, 어디 가서 사기를 치든. 등짐을 지든 벌지 않으면. (그런데 난) 그 돈 가지고 살 수 있는데 (참여자3)

인터뷰 참여자들은 생활세계에서 마주치는 일반 사람들과도 거리를 두고자 했다. 이들에게 일반인들은 자신의 현재 상태를 이해시켜야 하는 사람들이었다. 그런데, 이 과정에서 참여자들은 상처를 입곤 하였다. 이런 경험은 일반인과의 관계를 맺는 것을 피하게 만들었다.

■ 어떻게 보면 딱딱할 수 있고. 어떤 면은 냉정하다고 얘기할 수 있을까요? 그런 부분들이 좀 있어요. 그래서 그것이 어떤 분들은 좋게 받아들일 수도 있고, 어떤 분들은 안 좋게 받아들일 수도 있는데… (참여자1)

> ▣ 일반 사람들하고 이야기하게 되면 이해도 해주지도 못하고. '그게 뭔데?' 멀쩡한 사람이 왜? 오히려 스트레스를 주는 상황이 돼. 잘못하면. 그런 것들이 조심스러운데. 그런 것들이 관계 형성을 하려고 하는 게 아니고 일반 대화하고 이야기하고 이런 것들은 관계없어요. 그런데 깊이 들어오려고 하면 나는 견제를 하지. 상처받기 싫으니까. 그렇잖아요. 알코올 중독에다가, 노숙자에다가 저 뭐야, 수급받고 있고. 지금 그런 덩어리를 안고 있는데 그 사람들이 와서 나를 탁 건드리게 되면 상처받을 건 뻔해요. (참여자2)

(2) 단주에 도움이 되는 타자와 가까이하기

반면에 단주에 도움이 되는 타자들은 삶의 중심에 두고자 하였다. 그 대상 중에는 가족이 있었으며, 사회복지 종사자, 병원 치료사, 단주 친목 모임 동료 등도 인터뷰 참여자들이 가까이하고자 하는 사람들이었다. 특히 단주 친목 모임의 동료는 이들이 단주를 유지하는데 핵심적인 요소로 자리 잡고 있었다.

> ▣ 너무 떨어져서 (지내서) 잔잔한 것이 없다는 게. 제 생각일지는 모르겠는데, 그런 거는 적기는 한데. 또 환갑이라고 이렇게 어버이날이라고 용돈 하고 이런 것들을 챙기는 걸 보면 "인정은 하고 있기는 있구나!"라는 생각이 들기도 하고. 한편으로는 뿌듯하기도 하고 든든하기도 하고. (참여자1)

> ▣ 아이가 31살 됐는데 지금도 아이가 아빠하고 목욕하고 싶다고 와요. 같이 목욕하고. 등 밀고. 지금도 내가 불안해지면 불안해하지 말라고 그래요. (참여자3)

> ▣ 모란꽃 선생이라고 백일몽대학교 교수더만요. 나이를 몇 살 됐는지 몰라. (그분하고) 친구처럼 뭐. 그런데 그 교수님이 얘기하는 것들은 귀에 많이 들어와. 교환을 많이 해. 눈빛 교환도 많이 하고. 어떨 때는 새 모이도 갖다 주고 그러더라고. 그런 상황이고. (알코올 치료 센터) 원장님도 그렇고 거기 있는 사람들하고는 그런 식으로 형성이 되어 있고. (참여자2)

> ▣ 자기들(AA 동료들) 생활도 넉넉지 않은데도. 처음에 여기 와서 이불도 없이 홑이불 하나 하고 살았는데 침대도 사다 놔주고. TV도 사다 놔주고. 돈 60만 원 받아서 이런 거 할 수가 없어요. 냉장고도 이만한 거 새것은 아니고 중고도 사다 놔주시고. 뭐라도 있으면 자꾸 넣어놓고. 꺼내 먹어야지 없는 사람이 사다 먹지는 못하니까. 해서 살고 있어요. 사실 멤버들이 없으면 AA 멤버들이 없으면 죽을 것 같아, 이제. 정말요. (참여자3)

단순히 거리감을 좁히는 것을 넘어서 그들과 확장된 관계를 유지하기 위한 의식의 지향도 나타났다. 가족과의 관계 속에서는 단절되었던 관계를 복원하고 다시 구성원의 일원으로 복귀하려고 하였으며, 단주 친목 모임에서 만난 동료와의 관계에서는 자신이 단주를 유지하는 과정에서 동료들에게 도움을 주고자 했다.

> ▣ 경조사가 있어. 제사가 있다든지 작은 아버님이 돌아가신다든지 아니면 뭐 이렇게 하면 우리 형제들 간끼리 돈을 얼마씩 각출해서 뭘 하자 하잖아요, 그러면 제가 이렇게 뭐 하면 야 너는 가만히 있어 가만히 있는 게 도와주는 거야. 사실 그랬던 저였거든요. 이제는 그런데 제가 이야기하면 들어줄 수 있는 사람이 있다는 게 참 행복하다는 거예요. (참여자1)

> ◾ (처가에) 매년 일 년에 한 번씩 가요. (여전히 사위로 대우해 주세요?) 그럼요. 오는데 어떡할 거야. "아우, 저놈의 새끼, 술만 안 처먹으면 제일 예쁜 놈이." 우리 장모님 그러시지. (참여자3)

> ◾ (단주 친목 모임) 리더로서 같이 가자. 끌어주기도 하고, 당겨주기도 하고 밀어주기도 하는 역할들을 하고 싶은 거죠. 모든 걸 떠나서 중독이고 뭐고 그런 걸 떠나서 진짜 한 인간으로서 내 삶을 스스로 계속 들여다보면서… (참여자1)

> ◾ 내 경험을 바탕으로 해서 그 사람들(단주 친목 모임 동료)에게 얘기를 했을 적에 반응이 바로바로 올 때는 뿌듯하거나 그런 건 안 느끼겠지만 거기 있을 가치가 있다는 생각을 느끼긴 느끼죠. (참여자2)

2) 내 안에 있는 타자 조절하기

> 내 속엔 내가 너무도 많아 / 당신의 쉴 곳 없네.
> 내 속엔 헛된 바램들도 / 당신의 편할 곳 없네.
> 내 속엔 내가 어쩔 수 없는 어둠 / 당신의 쉴 자리를 뺏고
> 내 속엔 내가 이길 수 없는 슬픔 / 무성한 가시나무 숲 같네.
> 바람만 불면 그 메마른 가지 / 서로 부대끼며 울어대고
> 쉴 곳을 찾아 / 지쳐 날아온 어린 새들도 / 가시에 찔려 날아가고
> 바람만 불면 외롭고 또 괴로워
> 슬픈 노래를 부르던 날이 많았는데
> 내 속엔 내가 너무도 많아서 / 당신의 쉴 곳 없네.
>
> -가시나무 새-

위의 노래는 '시인과 촌장'이 부른 가시나무 새라는 노래이다. 노랫말에는 자신의 내면에 존재하는 다면적인 내가 존재하고 있으며, 이로 인해 힘들고 지친 화자를 발견할 수 있다. 또한, 다면적인 자신으로 인해 메말라버린 마음과 그로 인해 생기는 경계선이 화자로 하여금 안타까움을 느끼게 한다. 이 노랫말 속에 작동되는 주인공의 의식은 알코올 의존에서 벗어나고자 하는 인터뷰 참여자의 의식과 닮아 있다. 특히, 일상에서 자신의 내면에 여전히 술을 원하는 또 다른 내가 있다는 사실은 참여자들로 하여금 편하게 쉴 자리를 빼앗는 이유가 된다.

> ▣ 냉장고 열어 보니까 먹다 남은 술이 냉장고에 들어 있더라고요. 그거 탁 쳐다보면서 이게 참 오감이 있잖아요. 이 좋은 걸 나는 못 먹는다. 여러 가지 막 이런 것. (참여자1)

> ▣ 가슴이 답답하고 머리 윙 소리만 나는데 아무것도 하기 싫고 그냥 이러다 또 술병도 있었어요. '이러다 저리 가는 거 아냐?' 싶은 게, 덜컥 그냥 이건 아니다 싶은 게 '빨리 잠을 자자.' 이 생각이 벌컥 들더라고요. (참여자2)

> ▣ 방심하는 순간에 나도 모르게 먹고 물 한 병 사서 먹으려고 들어갔다가 나올 때는 물병이 아니고 벌써 술병이 들려있는 거야. (참여자3)

(1) 긴장감을 가지고 살아가기

이처럼 자신의 내면에 남아서 여전히 술을 갈망하는 또 다른 나를 통제하기 위해 인터뷰 참여자들은 긴장감과 경각심을 늦추지 않았다. 이 같은 모습은 언제든지 나를 무너뜨릴 수 있는 또 다른 나에 대한 두려움이었으며, 이는 평생을 가지고 가야 할 짐이기도 했다.

> ▣ 약간의 강박증을 갖고는 있을 필요가 있다고 생각을 하고 있고. 그래서 다른 사람들이 생각하고. 일반인들이 생각하는 있는 사고방식대로 같이 살면 나는 무너질 수 있다는 걸 갖고 있거든요. (참여자1)

> ▣ 계속 긴장하면서 살아야 되요. 그래야지 술 또 먹었다, 그러면 더 힘들어져 이제는 나이 문제도 있고 회복 문제도 있고 더 힘들어져요, 그걸 항시 머리에 얹고 살아야 되요, 이제는 (참여자2)

> ▣ 나같이 진정한 알코올 중독자는 영원히 그 생각을 놓는 순간에 무너질 수 있지 않나! 그런 생각을 해요. 순간 나도 모르는데. 나도 내가 왜 술을 먹었는지, 왜 샀는지도 모르는 상태에서 먹고 나서 큰일 났다고 하거든요. 그런 경각심이 없는 삶은 실패할 수 있지 않나. (참여자3)

(2) 평정심을 유지하며 살아가기

내 속에 있는 또 다른 나를 통제하기 위한 방법은 평정심을 유지하는 것이었다. 또한, 평정심을 유지하기 위해서 이들은 일상의 스트레스로부터 자신을 분리시키고자 했다. 설사 어쩔 수 없이 스트레스에 노출되더라도 술을 갈망하는 내가 자신을 지배하지 못하도록 조절하고자 했다.

> ■ (가족들과는) 묵은 감정이 있잖아요. 그걸 어떻게 할 수는 없어. 그러다 보니까 이런 부분들이 완전히 이렇게 됐다는 건 할 수 없습니다. 그럼에도 불구하고 저는 뭐냐 그러냐면, 서운하면 옥탑 위에 올라가든지 아침에 출근하면서 담배 한 대 피우고 하늘 한 번 쳐다보고, 웃고. '아이~씨' 한번 하고. 그래 하고 가요. (참여자1)

> ■ 제가 병원을 자주 가니까 스틸록스라고 수면유도제가 있어요. 어느 책에 보니까 화가 나거나 뭐 했을 때 바로 이야기하지 말고 한잠 자고, 다시 명상을 하든가 생각하고 하라는 이런 게 귀에 걸리더라고요. 그래서 명상이고 나발이고 아니고 우선 한잠 자자. (참여자2)

> ■ TV에 술 먹고 그런 장면 나오면 안 봐요. 술 얘기만 나오면 아직도 내 침이 먼저 넘어가니까. 최대한 주의를 하는 거죠. (참여자3)

VII. '회복'으로 가는 여정 속 '타자들'

이처럼 인터뷰 참여자들은 생활세계에서 마주치는 외부의 타자들을 단주에 도움이 되지 않는 타자와 도움이 되는 타자로 구분했으며, 도움이 되지 않는 타자는 거리를 두었고 도움이 되는 타자는 가까이하고자 했다. 도움이 되지 않는 타자는 술이나 술친구들, 직장동료, 일반인 등이었다. 연구참여자에게 이들은 스트레스를 주는 존재들로서 단주 유지에 필요한 평정심을 흔들어대는 타자였다. 반면에 인터뷰 참여자가 처한 상황을 온전히 수용해주는 사람들은 단주 의지를 강화시키는 타자였다. 가족, 사회복지사, 의료진, 인문학 강사, 단주 친목 모임 동료 중에는 인간의 얼굴을 하고 다가오는 사람들이 있었다. 인터뷰 참여자들은 이처럼 일상의 삶 속에 자신에게 도움을 주는 타자들을 생활의 중심에 배치하는 방식으로 삶의 영역을 구축하고자 했다.

인터뷰 참여자의 내면에도 '술에 무의식적으로 반응하는 나'라는 타자가 존재했으며, 참여자들은 이를 인지하고 조절하는 방식으로 내면의 타자를 조절하고자 했다. 이들은 내면의 타자에 의해 자신이 회복 불가능한 상태로 빠질 수도 있다는 위기의식을 가지고 있었다. 그 때문에 참여자들은 의식적으로 긴장감을 유지하고자 했으며, 스트레스 상황에서도 평정심을 유지하기 위해 노력하였다. 하지만 내면의 타자에 대해 긴장감과 평정심을 유지하는 방식과 조절 능력에 있어서는 차이가 존재했다. 특히 인터뷰 참여자 2는 긴장감을 가지고 있었음에도 평정심을 유지하지 못해 재발이 지속해서 나타났는데, 이는 단주 중인 알코올 의존자에게 있어 내면의 타자를 조절하는 것이 단주 유지에 있어 중요하다는 것을 보여주는 사례였다.

필자가 보기에 이 같은 타자와의 마주침 속에서도 인터뷰 참여자들이 단주를 유지할 수 있었던 원동력은 새로운 삶에 대한 희구였다. 더 이상 물러설 곳이 없다는 인터뷰 참여자들의 절박함은 그들로 하여금 자신의 삶의 테두리 내에 존재하는 타자들을 적극적으로 재배치하도록 만들었으며, 이를 통해 술로부터 자유로운 삶을 도모하도록 만들었다.

또한, 필자는 이들과의 인터뷰를 통해, 인간은 누구나 각자의 삶의 여정에서 알코올과 같은 타자를 만날 수도 있지만, 동시에 인간의 얼굴을 하고 다가서는 타자를 통해 알코올에 빠져 있는 자신을 성찰하고 더 나아가 미래를 기획할 수도 있음을 이해하게 되었다. 미래를 기획한다는 것은 '회복'으로 가는 여정에 나침판을 가지고 간다는 것을 의미하는 것이고 또한 주체의 능동성을 담지하고 있다는 점에서, 회복의 여정에 '구멍'이 있어도 빠지지 않고 '돌아갈 것'이라는 기대를 가질 수도 있었다.

> ■ 중독자들은 술만 중독으로 되어 있을 뿐이지. 이 사람(사회복지 종사자)들은 중독자가 아님에도 불구하고 그러면 중독자인 이 사람들보다도 더 나은 삶을 살고 있냐? 저는 그런 걸 보거든요. 그런데 그렇게 사는 사람이 저는 사실 별로 못 봤어요. (참여자1)

이는 인터뷰 말미에 참여자 1이 필자에게 건넨 말이다. '더 나은 삶'이라는 말에 함축되어 있는 의미는 각자 다르게 해석할 수 있겠지만, 필자는 이를 통해 부버나 레비나스의 메시지를 통해 독해했다. 그리고 이 말은 알코올 의존자를 위한 사회복지 종사자의 개입은 점점 많아지고 있지만, 사회복지 실천현장에서 과연 그들이 얼마나 인간의 얼굴로 알코올 의존자에게 다가서고 있는가? 하는 생각으로 이어졌다.

참고문헌

강신주, 『철학 VS 철학』, 그린비, 2010.

강선경, 이종진, 상종열, 『인문학 교육을 수강한 사회적 약자의 행복감에 대한 연구 : 일상 속 일과 관계가 지닌 의미를 중심으로』, 경제·인문사회연구회, 2016.

김선민, 「초기 단주자들의 가족체험: 내 자리를 찾아서 가는 길」, 『스트레스研究』, 18권 2호, 2010.

김선진, 「단주 중인 알코올 중독자와 가족들이 경험한 가족 기능 회복과정」, 『한국 사회복지 질적 연구』, 3권 1호, 2009.

김혜자, 정혜숙, 「여성 알코올 중독자의 음주와 회복 경험의 총체적 형상화」, 『사회과학 연구논총』, 32권 1호, 2016.

박찬국, 『들길의 사상가 하이데거』, 그린비, 2013.

배은지, 성희자, 「알코올 중독자의 성인 애착, 사회적 지지, 재발 위험성의 관계」, 『사회과학연구』, 25권 4호, 2014.

상종열, 「자활참여자의 인문교육 체험에 대한 현상학적 이해」, 『성공회대학교 박사 논문』, 2013.

송진아, 강경화, 「여성의 알코올 의존에 이르게 되는 과정에 관한 현상학적 사례연구」, 『사회복지연구』, 44권 3호, 2013.

신경애, 곽의향, 강희숙, 「단주 중인 알코올 중독자의 사이코드라마에 의한 회복 경험」, 『한국사이코드라마학회지』, 17권 2호, 2014.

유재순, 이종은, 박우영, 「익명의 알코올 중독자(AA) 모임 참여자의 삶의 질에 영향을 미치는 요인」, 『대한간호학회지』, 46권, 2호, 2016.

이근무, 김진숙, 「자살자 가족들의 경험에 대한 현상학적 사례 연구」, 『한국사회복지학』, 62권, 2호, 2010.

이봉재, 「지역사회 단주 친목 모임 참여자들이 지각하는 사회적 지지의 유형별, 출처별 특성에 관한 연구」, 『한국지역사회복지학』, 35권, 2010.

정정호, 「사르트르, 부버, 레비나스의 타자론: 주변부 타자 문학론을 위한 시론」, 『새한 영어영문학회 학술발표회 논문집』, 2001.

주영준, 「한국사회학회 사회학대회 논문집」, 『한국사회학회』, 2009.

홍정남, 이영호, 「가족 탄력성이 알코올 중독자의 회복에 미치는 영향에 관한 연구」, 『교류분석과 심리사회치료 연구』, 6권 2호, 2009.

반 매년 저, 신경림 역, 『체험연구: 해석학적 현상학의 인간 과학 연구방법론』, 현문사, 2000.

Howard. S, How A.A. works; An exploratory study on the therapeutic action in AA. published doctoral dissertation, MSPP, Dedham, MA. 1988.

Portia Nelson, There's a Hole in My Sidewalk: The Romance of Self-Discovery, Popular Library, 1977.

Smilkstein G. The family APGAR: A proposal for a family function test and its use by physicians. The Journal of Family Practice. Vol 6, No. 6, 1978.

서울대학교철학사상연구소 http://philinst.snu.ac.kr/
알코올중독상담센터 http://www.alcohol114.com/
익명의 알코올 중독자들(A.A.) http://www.aakorea.org/index.html
통계청 국가통계 포털(KOSIS) http://kosis.kr/search/search.do

제2부

행위중독 "모든 인간의
흥미로운 접점을 찾아내다"

회복 중인 단도박자의 선행(善行) 체험*

강준혁(을지대학교 중독재활복지학과 교수)

I. 서론

한국사회의 도박문제는 심각하다. '사행산업 이용실태 조사'[1]에 따르면 한국인의 도박 중독 유병률은 5.1%로, 성인 100명 중 5명이 도박중독자로 추정된다. 이 수치는 호주(2.3%), 체코(2.3%), 뉴질랜드(1.3%), 스웨덴(1.4%) 등 외국과 비교해도 낮은 수치가 아니다. 특히, 이 조사에서는 응답자 7,000명 중 절반 이상(57.1%)이 사행산업으로 인한 사회문제가 심각하다고 응답했다.

더욱이 도박은 언제나 돈을 수단이자 목적으로 삼기 때문에 개인만을 파괴하는 것이 아니라 개인을 둘러싼 환경체계에까지 영향을

---

* 이 글은 생명연구 제48집(2018년 5월)에 실렸던 글을 수정·보완하여 수록하였다.
1) 사행산업통합감독위원회, 『사행산업 이용실태』, 2016, 사행산업통합감독위원회.

미친다. 그래서 도박에 빠진 개인은 가족, 친구, 이웃에게 경제적 손실을 입히게 되고 심지어는 횡령, 절도 등의 범죄를 저질러 이차 적인 사회문제를 일으키게 된다.2)3)

이렇듯 도박 중독의 문제는 개인을 넘어 그가 속한 사회에까지 부정적인 영향을 미치기 때문에 이것을 해결하기 위한 사회적 관심 과 노력이 필요하다.

도박문제 해결방안을 마련하기 위해 그간 학계에서도 다양한 연 구를 수행해 왔다. 특히, 도박중독자의 회복과 관련된 다양한 연구 들이 수행되었다.4)5)6)7)8)

기존 연구들은 도박중독자의 회복에 영향을 미치는 다양한 요인 들을 설명해 내고, 회복을 위해 어떤 개입이 필요한지를 말해준다. 그러나 기존 연구들은 회복 중인 단도박자를 도움을 받는 대상으로 만 보려는 경향이 있다. 많은 경우 단도박자들은 회복과정에서 자 조 모임과 지역사회에서 타인을 돕는 활동을 한다. 이 과정에서 그 들은 종종 다음의 사례처럼 자신을 돌아보는 체험을 한다.

---

2) 안상원·한상철, 「도박중독자의 2차 범죄화 예방방안에 관한 연구: 치료 프로그램 중심으로」, 『한국중독범죄학회보』, 3권 1호, 2013, 90~114쪽.

3) Alex Blaszczynski, Neil McConaghy, and Anna Frankova "A Crime, Antisocial Personality and Pathological Gambling", *Journal of Gambling Behavior*, Vol. 5, No. 2, 1989, pp. 137-152.

4) 김영훈·이영호, 「병적 도박자의 단도박에 영향을 미치는 심리적 요인」, 『한국심리학회지: 임상』, 25권 3호, 2006, 697~710쪽.

5) 윤명숙·채완순, 「도박중독자의 회복과정: 수렁에서 빠져나오기」, 『한국사회복지학』, 62권 3호, 2010, 271~297쪽.

6) 채정아, 『단도박자의 회복유지 과정에 대한 연구』, 숭실대학교 박사학위 논문, 2013.

7) David C. Hodgins, and Nady el-Guebaly, "Natural and Treatment-Assisted Recovery From Gambling Problems: A Comparison of Resolved and Active Gamblers", *Addiction,* Vol. 95 No. 5, 2000, pp. 777-789.

8) Simon Anderson, Fiona Dobbie, and Gerda Reith, *Recovery From Problem Gambling: a Qualitative Study,* Scottish Centre for Social Research for the Gambling Commission, 2009.

"그저 밥을 얻어먹을 수 있고, 사람들이 모르는 곳에 숨어 있을 수 있다는 일말의 희망에 꽃동네 봉사자로 가게 되었다… 정신질환으로 힘든 환우들과 생활하면서 그들의 뒷바라지를 하다 보니 석 달 정도는 정신없이 흘러갔다. 그들은 나의 작은 힘을 필요로 하는 사람들이었다. 내가 조금만 노력하면 그들에게 기쁨을 줄 수 있었다… 사실 그들의 눈빛은 변함이 없었다. 내가 그들의 눈을 볼 수 있는 마음의 눈을 뜨게 된 것이었다. 멀쩡한 정신과 건강한 신체를 가지고도 제대로 살지 못하는 내가 문제지, 그 환우들은 오히려 나보다 나은 사람들이었다. 그때부터 내 생활은 확 바뀌었다. 세상의 모든 것을 보는 눈이 달라졌다."[9]

이미 여러 연구에서도 봉사 활동과 같은 선행체험이 삶에 긍정적인 영향을 미친다는 연구결과를 내놓고 있다.[10][11][12] 그럼에도 불구하고 아직까지 회복 중인 단도박자의 선행체험[13]에 대한 연구가 이루어지지 못하고 있기 때문에 이에 관한 연구가 필요하다. 이에

---

9) 김호진·조철희,『삶을 베팅하는 사람들』, 시그마북스, 2013.

10) 최명민,「정신 장애인 자원봉사 프로그램의 임파워먼트 효과」,『한국사회복지학』, 56권 3호, 2004, 89~112쪽.

11) 문재우·유연웅,「자원봉사 활동이 건강과 삶의 만족도에 미치는 영향」,『보건과 사회과학』, 34권, 2013, 87~107쪽.

12) 정은희·강상경,「자원봉사와 우울 궤적의 종단적 관계: 세 연령집단 간 다집단 비교」,『사회복지연구』, 45권 1호, 2014, 203~230쪽.

13) 연구자가 일반적으로 사용하는 봉사 활동이 아닌 선행체험이라는 용어를 사용한 이유는 두 용어의 뜻이 다르기 때문이다. 봉사(奉仕)의 경우 '남을 위하여 자신을 돌보지 않고 애쓴다.'라는 사전적 의미를 갖지만 선행(善行)은 덕행의 유의어로 착하고 어진 행실 그 자체를 뜻한다. 중독으로부터의 회복이라는 것은 자신을 돌보는 행위까지 포함하기 때문에 연구자는 연구참여자들의 체험을 표현하는 용어로 선행이 더 적합하다고 판단하였다. 특히, 참여자들의 체험은 사회복지관, 요양원 등에서 하는 일반적인 봉사 활동을 넘어 자조 모임이나 중독관리센터에서 자신과 유사한 문제를 겪은 사람들을 도와주는 것까지 포함하기 때문에 선행이 참여자들의 체험을 더 잘 보여줄 수 있을 것이라 본다.

본 연구에서는 회복 중인 단도박자들의 선행체험을 들여다봄으로써 그것이 회복과 어떤 관련성이 있는지를 탐구해보고자 한다.

II. 연구 방법

1. 연구참여자 선정

연구자는 연구주제와 부합하는 연구참여자를 선정하기 위해 세평적 사례 선택(reputational case selection)방법[14]을 활용했다. 이 방법은 특정 분야에서 오랜 경험과 지식을 쌓은 전문가 집단의 도움을 얻어 연구참여자를 선정하는 방법이다. 연구자는 참여자 선정을 위해 중독관리센터와 단도박 모임에 연구 취지를 설명하고 소속 전문가들로부터 연구주제에 맞는 참여자를 소개받았다.

연구자는 연구참여자 의뢰에 앞서 다음과 같은 선정기준을 만들었다. 선정기준은 첫째, 현재 회복 중인 단도박자일 것, 둘째, 자조모임이나 지역사회에서 1년 이상 지속적인 선행을 하고 있을 것으로 정했다. 1년으로 기준을 정한 이유는 회복과 선행체험의 관련성을 보여주기에 12개월 이하는 짧다고 판단했기 때문이다. 연구자는 전문가 집단과 상의한 후 이 기준에 부합하는 총 8명의 참여자를 선정했다. 선정된 참여자들의 기초 정보는 다음의 <표 1>과 같다.

---

14) Lisa M. Miller, and Carol L. Carpenter, "Altruistic leadership strategies in coaching: A case study of Jim Tressel of the Ohio State University", *A Journal for Physical and Sport Educators,* Vol. 22, No. 4, 2009, pp. 9-12.

<표 1> 연구참여자들의 기초 정보

구분	성별	연령	도박종류	선행 장소	선행 대상
참여자 1	남	78	카지노	카지노 주변	도박자
참여자 2	남	71	카지노	카지노 주변	도박자
참여자 3	여	64	카지노	카지노 주변	도박자
참여자 4	여	61	카지노	요양원	노인
참여자 5	여	61	카지노	요양원	노인
참여자 6	남	45	스포츠 토토	단도박 모임	도박자
참여자 7	남	46	주식	단도박 모임	도박자
참여자 8	남	41	경마	단도박 모임	도박자

2. 자료수집

분석에 활용된 자료는 2018년 1월부터 동년 3월까지 일대일 심층 면담을 통해 수집했다. 면담은 연구참여자당 2회 실시했으며, 평균 면담 시간은 90분이었다. 연구자는 원활한 면담 진행을 위해 '선행 계기', '선행을 통해 느끼거나 배운 점', '선행을 계속하는 이유' 등으로 구성된 질문지를 작성하였다.

면담 장소는 카지노 및 참여자의 거주지 주변 카페, 참여자의 사무실 등 참여자가 원하는 곳으로 정했다. 참여자가 원하는 장소가 없는 경우에는 연구자의 소속 대학 내 상담실에서 면담이 이루어졌다. 면담 내용은 모두 녹음했고 녹음자료는 분석을 위해 모두 전사하여 원자료(raw data)로 만들었다.

3. 자료 분석

수집된 자료는 Giorgi[15)16)]가 제안한 현상학적 연구 방법을 활용해 분석했다. 분석과정은 다음과 같다. 첫째, 전체 인식 단계이다. 연구자는 전체 진술에 대한 일반적인 인식을 얻기 위해서 원자료를 전체적으로 읽으면서 맥락을 파악했다. 둘째, 의미 단위 확인 단계이다. 연구자는 의미 단위(meaning units)를 확인하기 위해 연구되고 있는 현상 즉, '회복 중인 단도박자의 선행체험'에 초점을 두고 텍스트를 다시 읽었다. 셋째, 학술적 언어로 변형하는 단계이다. 연구자는 참여자의 일상 언어로 애매모호하게 표현된 진술 내용을 반성(reflection)과 상상적 변형(imaginative variation) 과정을 거쳐 학술적 언어(disciplinary language)로 변형시켰다. 넷째, 체험의 본질적 구조를 작성하는 단계이다. 연구자는 선행체험의 본질과 구조를 파악하기 위해 변형된 의미 단위나 주제들을 일반적 진술(final general description)로 통합했다. 마지막으로 본질적 구조를 활용하는 단계이다. 연구자는 자료를 제대로 해석하기 위해 이 구조를 활용했다.

4. 연구의 윤리적 문제 고려와 엄격성 확보 전략

1) 연구의 윤리적 문제 고려

연구자는 혹시 발생할지 모를 윤리적 문제를 예방하기 위해 소속 기관 생명윤리위원회(IRB)의 사전승인을 받아 조사를 실시했다. 조

---

15) Amedeo Giorgi, "The theory, practice, and evaluation of the phenomenological method as a qualitative research procedure", *Journal of phenomenological psychology*, Vol. 28, No. 2, 1997, pp. 235-260.

16) Amedeo Giorgi, "The descriptive phenomenological psychological method", *Journal of Phenomenological psychology*, Vol. 43, No. 1, 2012, pp. 3-12.

사 실시 전 연구자가 직접 참여자에게 연구의 취지에 대해 설명했으며 동의를 구했다. 그 밖에도 자체 윤리규정을 만들고 이를 준수했다. 첫째, 윤리적 민감성 향상이다. 연구자는 연구수행에 앞서 윤리적 민감성 향상 차원에서 공공기관에서 실시하는 윤리교육을 이수했다. 둘째, 참여자의 사생활 보호 및 비밀보장이다. 연구자는 참여자의 사생활 보호를 위해 전사 후 녹음자료를 모두 파기했으며, 자료에 있는 이름, 거주지 등의 직접적인 정보는 모두 익명으로 처리했다.

2) 엄격성 확보 전략

엄격성은 연구결과의 신뢰성과 관련되는데,[17] 연구자는 연구의 신뢰성을 확보하기 위해 다음과 같은 전략을 세우고 이를 실천했다. 첫째, 장기간에 걸친 관계 형성이다. 연구자는 본격적인 조사 이전에 참여자들과 사전 만남을 가졌으며, 지속적인 만남을 통해 연구 취지에 대해 충분히 설명하려고 노력했다. 둘째, 다원화 전략이다. 연구자는 다양한 자료출처를 확보하기 위해 참여자가 작성한 수기, 메모 등을 확인했으며 이를 분석에 활용했다. 셋째, 동료집단의 조언 및 지지이다. 연구자는 중독재활 전문가 1인과 질적 연구를 수행한 경험이 있는 연구자 1인을 동료집단으로 구성하고 이들로부터 연구 전반에 대한 조언을 얻었다.

---

17) Deborah K. Padgett, *Qualitative Methods in Social Work Research: Challenges and Rewards*, California: Sage, 1998.

Ⅲ. 연구결과

연구자는 수집된 자료를 분석한 결과 여러 개의 의미 단위를 확인할 수 있었으며, 확인된 여러 의미 단위 중 중복되는 것을 통합하여 11개의 하위 주제로 재구성했다. 이후 연구자는 하위 주제들 간의 관련성을 검토하여 총 5개의 새로운 주제를 추출했다.

연구자는 연구참여자들의 체험을 상황적 구조기술과 일반적 구조기술로 나누어 제시했다. 먼저 상황적 구조기술에서는 참여자들의 개별 체험이 하위 주제를 통해 드러나도록 했으며, 일반적 구조기술에서는 주제를 중심으로 참여자들이 체험에 부여한 의미의 공통점들을 하나의 일반적 진술문으로 통합했다. 도출된 분석 결과는 다음의 <표 2>와 같다.

<표 2> 주제목록

주제	하위 주제
선행 가치 발견	뭔가 뜻있는 일을 하고 싶음 봉사하며 사는 동료의 모습을 닮고 싶음
선한 본성 발현	원래 남을 돕고 싶은 마음은 있었음 좋은 일을 하면서 보람을 느낌
자기반성	봉사 활동 대상을 통해 내 삶을 돌아봄 다른 도박자를 보며 현재를 감사하게 여김 그들의 모습이 미래의 내 모습일까 걱정됨
책임감 생성	조금이라도 더 도와주고 싶은 마음이 생겨남 도박자들을 보면 안타까운 마음이 듦
새 역할 발견	도박중독자를 돕는 일을 하고 싶음 좋은 회복모델이 되고자 노력함

1. 상황적 구조기술

1) 뭔가 뜻있는 일을 하고 싶음

모든 연구참여자는 단도박을 하고 도박이 아닌 다른 일을 해서 돈을 벌었지만, 그것이 다가 아니라 여겼다. 참여자들은 뭔가 뜻있는 일을 하고자 했다. 그래서 그들은 중독관리센터, 단도박 모임 등에서 다른 도박중독자를 돕거나 요양원에서 봉사 활동을 했다. 물론 어느 정도 활동비를 받는 참여자들(참여자 1, 3)도 있었지만 대부분 무급으로 활동을 하고 있었다.

> "그냥 일만 하고 사는 것보다 사람이 뭔가 뜻있는 일을 하면서 살아야 하지 않을까 해서 봉사 활동을 시작했어요. 카지노 다닐 때는 못했지만 이제라도 다른 사람도 돕고 그렇게 살고 싶어요 (참여자 4)."

2) 봉사하며 사는 동료의 모습을 닮고 싶음

봉사하며 사는 동료 회복자의 모습 역시 선행의 동기로 작용하고 있었다. 모든 연구참여자는 열심히 살면서 선행을 베푸는 동료 회복자들의 모습을 보면서 닮고 싶다는 생각을 했다. 특히, 자조 모임에서 활동하는 참여자들(참여자 2, 3, 4, 5, 6, 7, 8)은 남을 도우며 성실히 살아가는 동료들의 모습을 보면서 감동을 받았다고 한다. 이를 통해 보고 배울 수 있는 역할 모델이 얼마나 중요한지 알 수 있다.

"우리 모임에 나오시는 선생님들 보면, 정말 대단하다는 생각이 들어요. 다들 바쁘게 열심히 사시는데, 매번 모임에 나오셔서 다른 사람들을 위해서 이것저것 준비하시고, 안내도 해주시고 티도 안 내면서 조용히 솔선수범하시는 모습 보면 아~ 봉사는 저렇게 하는 거구나! 나도 배워야겠다는 생각이 저절로 들어요(참여자 7)."

3) 원래 남을 돕고 싶은 마음은 있었음

성선설에 따르면 사람의 성품은 본래 선한 것이다. 반대의 주장 역시 존재하지만 적어도 이 연구의 참여자들(참여자 1, 3, 4, 5)은 선한 마음을 가지고 있었다. 그들은 어린 시절부터 서로 돕고 살아야 한다는 생각을 했다고 한다. 상부상조의 문화가 영향을 미친 것인지 모르겠지만 참여자들이 가진 이러한 성향이 선행을 가능하게 했다고 해석할 수 있다.

"내가 여유가 없어서 그렇지, 원래 봉사 활동 같은 것도 하면서 살아야겠다는 마음은 옛날부터 했어요. 그런데 얼마 전부터 봉사 활동 모임이 만들어져서 기회가 생긴 거지. 그래서 즐겁게 하고 있어요(참여자 5)."

4) 좋은 일을 하면서 보람을 느낌

모든 연구참여자는 남을 도우면서 보람을 느끼고 있었다. 참여자들은 부족하지만 남을 도우면서 보람 있게 사는 것이 도박을 하면서 사는 것보다 행복하다고 언급했다. 특히, 봉사 활동 같은 선행을 평소 고려하지 않았던 참여자들(참여자 2, 5, 6, 7)은 남을 돕는 것이 보람 있는 일이라는 것을 새롭게 깨달았다고 한다.

참여자들이 느끼는 보람은 선행의 결과가 긍정적일 때 강해졌다. 가령 자신이 도와준 도박중독자가 단도박을 시작하거나 상대방이 고마움을 표현할 때 참여자들은 보람을 더 크게 느끼고 있었다.

> "GA 모임(단도박 모임)에서 일을 하다 보면 보람이 있어요. 옛날에는 뭐 봉사 활동 같은 걸 할 생각도 못 했죠. 맨날 도박에만 빠져 살았으니까요. 도박 끊고 막상 해보니까 보람 있더라고요. 다른 사람들에게 도움도 줄 수 있고(참여자 6)."

5) 봉사 활동 대상을 통해 내 삶을 돌아봄

모든 연구참여자는 봉사 활동 대상을 보며 자신의 삶을 돌아봤다. 요양원 봉사 활동을 하고 있는 참여자들(참여자 4, 5)은 요양원에 있는 어르신들을 보면서 도박에 빠져 허송세월 보낸 지난날을 후회했으며, 다른 도박자들을 돕고 있는 참여자들(참여자 1, 2, 3, 6, 7, 8)은 현재도 도박에 빠져 사는 사람들의 모습에서 과거 자신의 모습을 봤다고 한다. 대상이 누구든 타자를 통해 참여자들은 자신들의 삶을 돌아봤다. 이것은 선행체험의 순기능이라 해석할 수 있다.

> "자꾸 이야기해도 거기(카지노)에서 빠져나오지 못하는 사람들 보면, 얼마 전에도 몇 사람 그런 사람 봤는데, 답답하면서 아~ 나도 옛날엔 저랬지… 휴(한숨) 하면서 옛날 한창 카지노에서 살 때, 그때 내 모습이 보이더라고요(참여자 3)."

6) 다른 도박자를 보며 현재를 감사하게 여김

타자는 나를 비추는 거울이다. 많은 경우 사람들은 자신보다 못한 처지에 있는 사람을 위안으로 삼는다. 연구참여자들(참여자 1, 2, 3, 6, 7, 8) 역시 자신보다 못한 처지에 있는 사람들을 보면서 위안을 얻었다. 그들은 도박으로 인해 많은 것을 잃은 자신의 처지를 비관할 때도 있었지만 여전히 도박에 빠져 사는 사람들을 보면서 현재를 감사하게 생각했다.

> "노름에 미쳐서 헤매는 사람들 지금도 많아요. 매일 돈 빌리러 다니고, 거짓말하고 이런 삶을 사는 거야. 가족도 잃고 친구도 잃고 아무것도 없이 그냥 그렇게 사는 거야. 혼자서. 그런 사람들 만나다 보면 나는 오히려 행복하다는 생각이 들어. 돈 빌리러 안 다녀도 되고, 거짓말 안 해도 되고 스트레스도 안 받고(참여자 1)."

7) 그들의 모습이 미래의 내 모습일까 걱정됨

연구참여자들(참여자 4, 5)은 요양원 봉사 활동을 하면서 자신들의 미래를 생각했다. 요양원에 거주하는 어르신들을 보면서 자신에게 닥칠 노년기를 생각한 것이다. 사회심리학에서는 미래에 개인이 꿈꾸거나 두려워하는 자기에 대한 상을 '가능한 자기(possible selves)'라고 하는데, 부정적이든 긍정적이든 이 '가능한 자기'는 삶을 이끌어 가는 동기로 작용한다.[18] 참여자들 역시 요양원에 거주

---

18) David G. Myers, *Social Psychology(11th edition)*, McGraw-Hill, 2013.

하는 어르신들을 보면서 미래 자신의 모습을 상상했으며, 좀 더 나은 노후를 위해 열심히 살아야겠다는 생각을 했다.

> "요양원에서 봉사 활동을 하는데, 거기 계신 어르신들 보면서 아~ 저 모습이 내 모습일 수 있겠구나. 까딱 잘못했다가는 나도 저렇게 살 수밖에 없겠구나 하는 생각이 드는 거야. 그래서 앞으로 더 열심히 살아야겠다는 생각이 들더라고요(참여자 4)."

8) 조금이라도 더 도와주고 싶은 마음이 생겨남

모든 연구참여자는 남을 돕는 과정에서 만남을 계속할수록 더 이상 남이 아니라는 것을 느꼈다. 참여자들은 도움이 필요한 대상과의 관계 형성 과정에서 조금이라도 더 도와주고 싶다는 생각을 했다고 한다. 그래서 참여자들은 그들에게 지속해서 관심을 기울였다. 도박자들을 도와줬던 참여자들(참여자 1, 2, 3, 6, 7, 8)은 중독관리센터나 단도박 모임에 먼저 나가 그들을 기다렸으며, 요양원에 방문했던 참여자들(참여자 4, 5)은 어르신들의 얼굴이 자꾸 떠올라 봉사 활동에 참여하지 않을 수 없었다고 한다. 이렇게 볼 때 선행 체험을 통해 만난 타인의 얼굴은 레비나스(Levinas)[19][20]가 언급한 것처럼 상대방에 대해 도덕적으로 책임을 다하는 윤리적 주체로서 거듭나게 해주는 힘을 가졌다고 해석할 수 있다.

---

19) Emmanuel Levinas, 서동욱 옮김, (2003). 『존재에서 존재자로』, 민음사, 2003.

20) Emmanuel Levinas, trans. Hand, S. *Difficult Freedom*. Baltimore: The Johns Hopkins University Press, 1999.

> "참 신기한 게, 요양원 다녀와서 며칠 동안 내가 만났던 그 어르신 얼굴이 잊히지 않아. 계속 떠오르는데, 신기하게도. 그래서 아휴~ 계속 가게 되더라고. 힘들어도 계속 생각이 나니까(참여자 5)."

9) 도박자들을 보면 안타까운 마음이 듦

맹자(孟子)는 사람은 누구나 남을 불쌍히 여기는 마음인 측은지심(惻隱之心)을 가진다고 보았다. 연구참여자들(참여자 1, 2, 3, 5, 6, 7, 8)은 옆에서 조언을 해줘도 도박을 끊지 못하는 사람들을 보면서 측은한 마음을 느꼈다. 참여자들은 포기하고 싶지만, 자꾸 안타까운 마음이 들어 계속 조언을 해주고 안내를 해준다고 한다. 특히, 참여자들은 자신들이 과거에 같은 고통을 겪어 봤기 때문에 더 안타까운 마음이 든다고 구술했다. 도박중독자의 고통을 누구보다 잘 알기 때문에 책임을 더 강하게 느끼는 것으로 보인다.

> "참 저도 겪어봐서 잘 알지예… 쉽지 않은 것도 잘 안다 아입니까. 그래도 안타까워서 도와줄라고 이 지역에 단도박 모임까지 만들어서 운영했는데, 그때 무진장 애 많이 썼습니다(참여자 2)."

10) 도박중독자를 돕는 일을 하고 싶음

다른 도박중독자를 돕는 과정에서 연구참여자들(참여자 3, 5, 6)은 새로운 삶의 길을 발견했다. 참여자들은 도박에 빠진 사람들을 제대로 돕기 위해 상담사 준비를 하거나(참여자 3, 6), 사회적 기업 같은 자활단체(참여자 5)를 만들었다. 이를 통해 선행체험이 고통스러운 경험으로부터 오는 부정적인 감정을 새로운 삶의 동기로 승화시킬 수 있는 기회를 제공했다고 해석할 수 있다.

> "가능하면 전문가가 되고 싶어요. 지금도 많이 부족해서 계속 공부를 하고 있지만 좀 더 노력해서 저 같은 사람들을 도와주고 싶어요. 그것도 그냥 도와주는 게 아니라 전문적으로 뭔가 실질적으로 도움을 주고 싶은 거죠(참여자 6)."

11) 좋은 회복모델이 되고자 노력함

반드시 도박 중독 재활과 관련된 직업을 갖지 않더라도 연구참여자들(참여자 1, 2, 4, 6, 7, 8)은 좋은 회복모델이 되고자 노력했다. 여기에서의 좋은 회복모델이라는 것은 단도박을 같이 하거나 고민 중인 사람들에게 모범이 되는 사람을 말한다. 무엇보다 참여자들(참여자 1, 2, 6, 7, 8)은 자신에게 도움을 받은 사람들이 실망하지 않도록 회복을 위해 더 노력했다. 이는 관계의 문제로 이해할 수 있다. 타자의 시선에 대한 인식이 회복 동기로 작용한 것이다. 타인의 지지가 도박중독자의 회복에 도움이 된다는 기존 연구결과들[21][22]을 고려할 때 무리한 해석은 아니라고 본다.

---

21) 양정남·최은정·이명호·소영, 「청소년의 우울, 충동성, 가족의 전반적인 건강성이 청소년의 비합리적 도박신념과 도박 행동에 미치는 영향」, 『청소년학연구』, 18권 5호, 2011, 357~383쪽.
22) 한영옥·정준용·김한우, 「병적 도박자 가족개입 프로그램 개발을 위한 예비 연구」, 『한국심리학회지: 건강』, 16권 2호, 2011, 263~277쪽.

"모범적으로 살아야 하지 않을까 생각해요. 그래야 다른 선생님들도 열심히 저 보면서 노력하죠. 내가 개차반처럼 사는데 어떻게 다른 사람한테 똑바로 살라고 말할 수 있겠어요. 그래서 더 열심히 GA(단도박 모임) 활동도 하고 봉사도 하고 그러는 거죠 (참여자 8)."

2. 일반적 구조진술

Giorgi[23][24] 방법의 마지막 절차는 '일반적 구조기술'과 이를 활용한 해석이다. 이 단계는 변형된 의미 단위 속에 포함된 통찰을 참여자의 체험에 대한 일관적 진술로 통합하는 단계이다. 이 과정을 통해 연구자는 '회복 중인 단도박자의 선행체험'의 본질적 구조를 드러내고자 했다.

본질적 주제를 파악하기에 앞서 연구자는 참여자들의 체험에 대한 하위 주제들을 '선행 가치 발견', '선한 본성 발현', '자기반성', '책임감 생성', '새 역할 발견'으로 통합했는데, 이를 구체적으로 제시하면 다음과 같다.

먼저 참여자들은 뭔가 뜻있는 일을 하고 싶어 했고, 봉사하며 사는 동료 회복자들의 모습을 닮고 싶어 했다. 이러한 상황은 선행의 동기로 작용했기 때문에 연구자는 이를 '선행 가치 발견'으로 명명했다.

선행의 가치를 발견한 참여자들은 타인을 돕기 시작했는데, 그들은 선행을 통해 본래 가졌던 남을 돕고자 하는 마음을 실현할 수 있

---

23) Amedeo Giorgi, 1997.

24) Amedeo Giorgi, 2012.

었으며, 남을 돕고자 하는 마음이 없었다 하더라도 좋을 일을 하면서 보람을 느꼈다. 연구자는 이를 '선한 본성 발현'으로 통합했다.

선한 본성의 발현뿐만 아니라 선행체험은 자기반성의 기회로 작용했다. 연구참여자들은 남을 돕는 과정에서 자신의 삶을 돌아봤으며, 자신보다 어려운 처지에 있는 도박자들을 보면서 현재를 감사하게 여겼고, 요양원에 있는 어르신들을 보면서 자신의 미래를 걱정했다. 연구자는 이러한 체험들을 통합하여 '자기반성'으로 명명했다.

선행체험은 자기반성만을 가능하게 하는 것은 아니었다. 참여자들은 선행 과정에서 관계 형성을 통해 다른 사람을 조금이라도 더 도와주고 싶은 마음이 생겨남을 느꼈으며, 도박을 끊지 못하는 사람들을 보면서 안타까워했다. 연구자는 이를 '책임감 생성'으로 재구성했다.

생성된 책임감을 바탕으로 참여자들은 도박중독자를 돕는 일을 하고 싶어 했으며, 다른 회복자나 중독자에게 모범이 되는 회복모델이 되고자 했다. 연구자는 이를 '새 역할 발견'으로 명명했다.

지금까지 서술한 연구참여자들의 선행체험을 종합해 볼 때 이들의 체험은 결국 '자기반성을 통해 타자를 책임지는 주체로 거듭나기'로 명명할 수 있다. 이를 그림으로 구조화하면 다음과 같다.

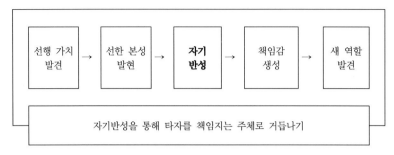

<그림 1> 일반적 구조진술

Ⅳ. 논의 및 결론

이 연구의 목적은 회복 중인 단도박자들의 선행체험을 들여다봄으로써 그것이 회복과 어떤 관련성이 있는지를 탐구하는 데 있다. 연구결과 참여자들은 선행체험을 통해 선한 자기 본성을 확인했고 자기반성을 했으며 이 과정에서 타자를 책임지는 주체로 거듭났다.

이러한 연구결과를 바탕으로 단도박자의 회복에 도움이 될 만한 이론적, 실천적 함의를 제시하면 다음과 같다.

먼저 이론적 함의이다. 서론에서 언급했듯이 기존 연구들에서는 회복 중인 단도박자를 도움을 받는 대상으로 한정 지어 보려는 경향이 있다. 치료의 대상, 개입의 대상으로 보는 것이다. 하지만 연구결과 참여자들은 타인을 돕는 행위를 통해 자기반성을 했으며, 도움을 받는 대상에서 도움을 주는 주체로 거듭나고 있었다. 따라서 단도박자를 바라볼 때 단순히 도움이 필요한 대상으로 보기보다는 누군가에게 도움을 줄 수 있는 주체로 여길 필요가 있다.

다음은 실천적 함의이다. 첫째, 선행활동 지원에 관한 논의이다. 연구결과 참여자들은 단도박을 하고 일을 해서 경제적으로 회복되는 것이 다가 아님을 알고 있었다. 그들은 뭔가 뜻있는 일을 하고자 했으며, 남을 돕는 과정에서 보람을 느끼고 있었다. 이에 실천가들은 단도박자의 회복 의지 생성과 경제적 어려움 극복에 관심을 갖는 것도 중요하지만 타자와의 관계 속에서 뭔가 의미 있는 일을 할 수 있도록 지원할 필요가 있다. 의미 있는 일이라고 했을 때 그것이 반드시 공식적인 자원봉사 활동일 필요는 없다. 자조 모임에서 힘들어하는 동료 단도박자의 이야기를 들어주는 것도 의미 있는 일이다. 중요한 것은 관심을 자기 안에서 밖으로 돌릴 수 있게 돕고 선행을 통해 자신을 돌아볼 수 있게 돕는 것이다.

둘째, 역할 모델에 관한 논의이다. 연구결과 참여자들은 선행을 실천하며 살아가는 동료 회복자들의 모습에서 선행의 가치를 발견했으며, 자신들 또한 좋은 회복모델이 되고자 노력했다. 이에 실천가들은 회복자들 상호 간에 좋은 역할 모델이 될 수 있도록 도울 필요가 있다. 좋은 사례를 발굴하고 멘토 역할을 할 수 있도록 지원하는 것도 대안일 수 있다.

셋째, 선행체험 프로그램의 다각화에 관한 논의이다. 아직까지 한국에서는 도박중독자를 치료의 대상으로 보는 경향이 강하다. 그 때문에 선행체험이 사회복지시설 봉사 활동이나 자조 모임 내 봉사 활동으로 한정되는 측면이 있다. 어떤 상황에서 자신을 돌아보는 통찰이 일어날지 모르기 때문에 재능기부, 사회적 협동조합 등 다양한 선행의 기회를 발굴하고 제공할 필요가 있다.

끝으로, 이 연구의 한계를 밝히고 후속연구를 위한 제언을 하고자 한다. 먼저 이 연구에서는 선행체험의 구체적인 내용을 확인하고 그것이 회복과 어떤 관련성이 있는지를 확인하는 데 집중했기 때문에 그것이 얼마나 효과가 있는지를 입증하는 데 한계가 있다. 이에 후속연구에서는 단도박자의 선행과 회복의 관련성을 양적 연구를 통해 검증해 볼 필요가 있다. 그리고 이 연구에서는 선행의 종류가 카지노 주변에서의 도박 중독 예방 활동, 요양원 봉사 활동, 단도박 모임에서의 선행으로 한정되어 있기 때문에 더욱 다양한 종류의 활동을 다루지 못했다. 따라서 후속연구에서는 가능하면 다양한 종류의 활동이 포함되도록 할 필요가 있다.

참고문헌

김영훈·이영호, 「병적 도박자의 단도박에 영향을 미치는 심리적 요인」, 『한국심리학회지: 임상』, 25권 3호, 2006.

김호진·조철희, 『삶을 베팅하는 사람들』, 시그마북스, 2013.

문재우·유연웅, 「자원봉사 활동이 건강과 삶의 만족도에 미치는 영향」, 『보건과 사회과학』, 34권, 2013.

사행산업통합감독위원회, 『사행산업 이용실태』, 2016, 사행산업통합감독위원회.

안상원·한상철, 「도박중독자의 2차 범죄화 예방방안에 관한 연구: 치료 프로그램 중심으로」, 『한국중독범죄학회보』, 3권 1호, 2013.

양정남·최은정·이명호·소영, 「청소년의 우울, 충동성, 가족의 전반적인 건강성이 청소년의 비합리적 도박신념과 도박 행동에 미치는 영향」, 『청소년학연구』, 18권 5호, 2011.

윤명숙·채완순, 「도박중독자의 회복과정: 수렁에서 빠져나오기」, 『한국사회복지학』, 62권 3호, 2010.

정은희·강상경, 「자원봉사와 우울 궤적의 종단적 관계: 세 연령집단 간 다집단 비교」, 『사회복지연구』, 45권 1호, 2014.

채정아, 『단도박자의 회복유지 과정에 대한 연구』, 숭실대학교 박사학위 논문, 2013.

최명민, 「정신장애인 자원봉사 프로그램의 임파워먼트 효과」, 『한국사회복지학』, 56권 3호, 2004.

한영옥·정준용·김한우, 「병적 도박자 가족개입 프로그램 개발을 위한 예비연구」, 『한국심리학회지: 건강』, 16권 2호, 2011.

Alex Blaszczynski, Neil McConaghy, and Anna Frankova "A Crime, Antisocial Personality and Pathological Gambling", Journal of Gambling Behavior, Vol. 5, No. 2, 1989.

Amedeo Giorgi, "The theory, practice, and evaluation of the phenomenological method as a qualitative research procedure", Journal of phenomenological psychology, Vol. 28, No. 2, 1997.

Amedeo Giorgi, "The descriptive phenomenological psychological method", Journal of Phenomenological psychology, Vol. 43, No. 1, 2012.

David C. Hodgins, and Nady el-Guebaly, "Natural and Treatment-Assisted Recovery From Gambling Problems: A Comparison of Resolved and Active Gamblers", Addiction, Vol. 95 No. 5, 2000.

David G. Myers, Social Psychology(11th edition), McGraw-Hill, 2013.

Deborah K. Padgett, Qualitative Methods in Social Work Research: Challenges and Rewards, California: Sage, 1998.

Emmanuel Levinas, trans. Hand, S. Difficult Freedom, Baltimore: The Johns Hopkins University Press, 1999.

Emmanuel Levinas, 서동욱 옮김, 『존재에서 존재자로』, 민음사, 2003.

Lisa M. Miller, and Carol L. Carpenter, "Altruistic leadership strategies in coaching: A case study of Jim Tressel of the Ohio State University", A Journal for Physical and Sport Educators, Vol. 22, No. 4, 2009.

Simon Anderson, Fiona Dobbie, and Gerda Reith, Recovery From Problem Gambling: a Qualitative Study, Scottish Centre for Social Research for the Gambling Commission, 2009.

청소년의 자기통제력은 휴대전화 의존성을 낮출 수 있을까?[*]

김진욱(서강대학교 사회복지학과 교수)

권진(서강대학교 공공정책대학원 강사)

I. 서론

'손안의 PC'라고 불리는 휴대전화는 시간과 장소에 상관없이 원하는 정보를 손쉽게 얻을 수 있는 만능 미디어 기기라고 할 수 있다. 현대인은 신속하게 다양한 정보를 획득하고, 그 정보를 기반으로 생산력을 높이는 시대에 살고 있기 때문에 성능 좋은 휴대전화를 소유하는 것은 당연한 일이 되어버렸다. 휴대전화 사용자는 인터넷에 접속하기만 하면 언제 어디서든 원하는 정보를 손쉽게 얻을 수 있을 뿐만 아니라, 쇼핑이나 게임과 같은 오락적인 기능뿐만 아니라 소셜 네트워크 서비스(Social Network Service)를 활용한 일상공유에 이르기까지 그 활용방식이 무궁무진하다. 그 때문에 휴대

---

[*] 이 글은 생명연구 제50집(2018년 11월)에 실렸던 글을 수정·보완하여 수록하였다.

전화의 필요성과 유용성은 점점 더 증대되고 있는 것이 현실이다.

이미 한국사회에서 휴대전화 보급률은 절대적으로 높다. 최근 미국의 리서치 기관인 퓨(PEW)리서치센터의 조사 보고서에 따르면 한국의 휴대전화 보급률이 37개의 조사국 중 가장 높은 것으로 나타났다.[1] 이와 함께 인터넷 사용률도 조사국 중 가장 높았는데, 이는 한국사회의 휴대전화 사용은 편리한 초고속 인터넷 환경을 기반으로 세계 최고 수준이라는 것을 보여준다. 휴대전화가 가진 다양하고도 강력한 기능들을 미루어 볼 때, 인터넷 환경이 잘 발달한 한국사회에서 휴대전화 보유율이 높은 것은 당연한 결과일 것이다.

보다 중요한 부분은 한국 청소년의 휴대전화 보급률 또한 빠르게 높아지고 있다는 점이다. 2016년 기준 휴대전화 보유율이 초등학생 저학년 31.7%, 고학년 77%, 중학생은 90%에 달하였는데, 초등학생 저학년의 경우 2011년 1.2%에 불과하였으나 2014년 22.6%, 2015년 25.5%로 해가 갈수록 증가하였다.[2] 중학생의 경우, 2012년 54.8%의 휴대전화 보유율을 보였으며 2014년 84.1%로 급증하였고, 청소년 집단 중 휴대전화 보유율이 가장 높은 것으로 나타났다.[3]

그렇다면 한국의 청소년들은 휴대전화를 어떻게 활용할까? 2016년 인터넷 과의존 실태조사 결과에 따르면 청소년의 경우 휴대전화 메신저 사용 비율이 99.8%였으며, 게임과 웹서핑에 활용한다는 응답이 각각 89.5%, 73.7%인 것으로 나타났다. 성인의 경우에도 휴대전화 메신저 사용 비율이나 게임, 웹서핑의 비율이 99.6%,

---

1) <아시아경제>, 「연결사회 한국, 인터넷/휴대전화 보급률 1위」,
  http://www.asiae.co.kr/news/view.htm?idxno=2018062108350352654, 2018. 06. 21.
  (검색일: 2018. 10. 20.)
2) 정보통신정책연구원, 『한국미디어 패널조사』, 2016년 참조.
3) 같은 곳 참조.

89.5%, 71.9%로 나타나 청소년의 휴대전화 사용 용도와 별다른 차이를 보이지 않으나, 성인의 경우 뉴스 검색 73.7%, 상품/서비스 정보검색 53.2%인 반면 청소년은 뉴스 검색 16.1%, 상품/서비스 정보검색 13.3%에 그쳤다. 단순 수치 비교로 청소년들의 휴대전화 사용이 메신저나 게임 등에 집중되어 있다고 보기에는 어려울 수 있으나 청소년의 휴대전화 또는 휴대전화 사용과 관련된 선행연구들을 통하여 밝혀진 바는 청소년들에게 휴대전화는 관계 유지의 매우 중요한 도구이자 스트레스 해소를 위한 탈출구로 기능한다는 점이다.4)

청소년기는 심리 정서적인 발달과 신체적인 발달을 함께 겪으며 역할변화와 사회적 기대를 동시에 받아들이는 시기이기 때문에, 심리적인 긴장과 스트레스가 수반되며 이를 해결하기 위하여 어딘가에 몰입하고자 하는 성향을 보이게 마련이다. 특히 한국의 청소년들은 통제적이고 경쟁적인 교육 환경 속에서 적절한 스트레스 해소 방법을 배우기 어려우며, 따라서 휴대전화 메신저나 게임 등을 통한 관계 유지나 스트레스 해소를 선택할 가능성이 매우 크다. 더욱이 자신의 정체성을 확립하지 못한 상태에서 휴대전화를 자주 사용하게 될 경우에 점점 과의존적인 몰입 성향을 보일 수 있으며, 휴대전화 과의존의 역기능에 노출될 가능성이 크다.5)

---

4) Oksman, V., & Turtiainen, J., "Mobile communication as a social stage: Meaning of mobile communication in everyday life among teenagers in Finland", *New media & Society*, Vol. 6, No. 3, 2004, pp. 319-339; 박순천 · 백경임, 「휴대폰 중독적 사용 청소년의 MMPI 특성」, 『대한가정학회지』, 42권 9호, 2004, 135~147 참조.

5) 이수진 · 문혁준, 「중학생의 자기통제, 부모-자녀 간의 의사소통 및 학교생활 만족도가 휴대전화 중독에 미치는 영향」, 『한국생활과학회지』, 22권 6호, 2013, 587~598쪽; Christensen, M. H., Orzack, M. H., Babington, L. M. & Pastsdaughter, C. A., "Computer addiction: When monitor becomes control center", *Journal of Psychosocial Nursing and Mental Health Services*. Vol. 39 No. 3, 2001, pp. 40-49 참조.

청소년층을 대상으로 휴대전화 중독이나 과몰입에 관해 살펴본 연구들은 과도한 휴대전화 사용으로 인한 심리 정서적, 신체적 차원의 부정적인 영향을 보고하고 있다. 우선 신체적인 부작용 중 대표적으로 적절한 수면의 방해, 성장 호르몬의 억제와 시력저하나 각종 관절질환의 원인이 된다는 연구결과 등이 존재한다.[6] 그보다 심각한 영역은 심리 정서적인 차원의 부작용인데, 우울과 같은 부정적인 정서에 영향을 미치거나 휴대전화가 없으면 불안한 증세를 나타내기도 한다.[7] 최근에는 휴대전화로 인한 역기능이 다차원적으로 나타나고 있는데, SNS나 문자 메시지, 또는 단체채팅룸을 통해서 이루어지는 사이버불링(Cyberbulling)-이메일, SNS, SMS 등 온라인상에서 행해지는 공격행위-[8]과 같은 공격성의 표출이라든지 새롭게 출시된 휴대전화를 구입하기 위하여 비행을 저지르는 등의 행태가 그것이다. 현실에서는 휴대전화에 집중하여 길을 걷던 청소년이 교통사고를 당하거나 다른 사람들과 부딪히는 등의 크고 작은 사건들이 심심치 않게 일어나고 있다.

이렇듯 청소년의 휴대전화 과몰입으로 인한 역기능이 사회적인 문제로 대두됨에 따라, 학계에서는 휴대전화 과몰입에 영향을 미치는 요인을 파악하는 연구들이 주를 이루었고 대부분 심리 사회적인 요인들과의 관계를 살펴본 연구들이 대다수였다.[9] 청소년을 둘러싼

---

6) Maisch, D., "Children and mobile phone…is there a health risk? The case for extra precautions", *Journal of Environmental Medicine*, Vol. 22, No. 2, 2003, pp. 3-8 참조.

7) 김학범, 「휴대전화 중독과 사이버 범죄의 관계에 관한 연구」, 『한국중독범죄학회보』, 3권 2호, 2013, 1-21; 최현석·이현경·하정철, 「휴대전화 중독이 정신 건강, 학교생활, 대인관계에 미치는 영향 - K대 대학생을 중심으로」, 『한국데이터정보과학회지』, 23권 5호, 2012, 1005~1015쪽 참조.

8) Kowalski, R. M., Giumetti, G. W., Schroeder, A. N., & Lattanner, M. R., "Bullying in the digital age: A critical review and meta-analysis of cyberbullying research among youth", *Psychological Bulletin*, Vol. 140, No. 4, 2014, p. 1073 참조.

생태 환경 체계적 요인들과 휴대전화 의존성을 살펴본 연구들은 부모 양육 태도 또는 대화 방식, 교사나 또래와의 관계, 휴대전화 이용목적 등등 다양한 요인들을 활용하기도 하였다.10)

이 연구에서는 청소년의 '자기통제력'에 주목하여 휴대전화 의존성과의 관계를 살펴보고자 한다. 자기통제력과 휴대전화 의존성과의 관계를 살펴보는 주요한 이유는 몇 가지가 있는데, 우선 자기통제력이 부족한 경우 중독과 같은 문제행동에 빠질 가능성이 크며,11) 이는 흡연, 음주, 약물 남용 같은 전통적 일탈 행위와도 밀접한 관련이 있는 요인이기 때문이다.12) 반면 자기통제력이 높은 경우에는 우울 등과 같은 부적 정서를 긍정적인 방향으로 조절 가능하다고 보기 때문에 청소년 관련 연구에서 상당히 중요한 위치를 가진 변인이다.13) 또 다른 이유로는 휴대전화 의존성과 자기통제력의 관계를 살펴본 지금까지의 연구들이 횡단연구에 그치고 있어 변

9) 김민경, 「청소년의 심리적 요인, 부모 애착이 인터넷 게임 중독과 휴대폰 중독에 미치는 영향」, 『인간발달연구』, 19권 4호, 2012, 1-22쪽; 김혜원, 「청소년들의 인터넷 중독 현상: 인터넷 중독의 현황파악과 관련 변인 분석」, 『청소년학연구』, 8권 2호, 2001, 91~117쪽; 남영옥·이상준, 「청소년의 인터넷 중독 유형에 따른 위험요인 및 보호 요인과 정신 건강 비교 연구」, 『한국사회복지학』, 57권 3호, 2005, 195~222쪽; 박소연·이홍직, 「청소년의 인터넷 중독에 영향을 미치는 요인에 관한 연구」, 『한국전자통신학회 논문지』, 8권 2호, 2013, 291~299쪽 참조.

10) 이연미·이선정·신효식, 「청소년의 휴대폰 중독성에 영향을 미치는 개인, 가족, 학교환경 변인」, 『한국가정과 교육학회지』, 1권 3호, 2009, 29~43쪽; 장은경·최연실, 「중·고생 휴대전화 고의존군과 저의존군에서의 사회인구학적 변인, 학교생활 변인, 가족 기능의 차이」, 『한국가족치료학회지』, 8권 2호, 2010, 193-212쪽; 장석진·송소원·조민아, 「긍정적 부모 양육 태도가 중학생의 휴대전화 의존에 미치는 영향: 자존감과 또래 애착의 매개 효과 검증」, 『청소년학연구』, 19권 5호, 2012, 161~187쪽 참조.

11) Logue, A. W., "Self-control: Waiting until Tomorrow for What You Want Today", *Englewood Cliffs*, N.J: Prentice Hall, 1995 참조.

12) 김두섭·민수홍, 「개인의 자기통제력이 범죄억제에 미치는 영향」, 『한국형사정책연구원 연구총서』, 1994, 15-174쪽 참조.

13) Vasey, M. W., Dalgleish, T., & Silverman, W. K., "Research on information processing factors in child and adolescent psychopathology: A critical commentary", *Journal of Clinical Child and Adolescent Psycholgy*, 32, 2003, pp. 81-93 참조.

인 간의 관련성을 볼 수 있을 뿐, 두 변인 간의 인과적 방향성을 검증할 수 없었다는 한계가 존재하기 때문이다.

휴대전화 의존성이나 중독 경향성과 자기통제력의 관계를 횡단적으로 살펴본 연구들은 대부분 자기통제력이 높을수록 휴대전화 의존성이 낮아진다는 입장이다.[14] 따라서 이 연구는 종단적인 관점에서 휴대전화 의존성과 자기통제력의 양방향 관계를 실증하는데 주목적을 두며, 시간에 따라 어떠한 변화가 있는지를 함께 살펴보고자 한다.

II. 이론적 배경

1. 청소년 휴대전화 의존성에 관한 이론적 논의

최근 지하철 내부의 풍경은 휴대전화를 들여다보는 사람들로 가득 차서 책을 읽는다던가 옆 사람과 대화하는 모습을 찾아보기 힘들 정도이다. 일각에서는 이러한 현실을 두고 지나치게 기계화된 각박한 세상이라고 평하기도 하고, 온통 휴대전화에 중독된 사람들 뿐이라고 개탄하기도 한다. 하지만 휴대전화가 가진 편의성과 휴대

---

14) Young, K. S., "Psychology of Computer Addictive use of the Internet; A case that breaks the stereotype", *Psychological Reports*, Vol. 79, 1996, pp. 899-902; 김남선·이규은, 「대학생의 자기통제력과 생활 스트레스가 휴대전화 중독에 미치는 영향」, 『한국보건정보통계학회지』, 37권 2호, 2012, 72~83쪽; 김병년·최홍일, 「과보호적 부모 양육 태도가 휴대전화 중독에 미치는 영향에 대한 자기통제력의 매개 효과」, 『사회과학연구』, 29권 1호, 2013, 1-25쪽; 석말숙·구용근, 「청소년의 가정폭력 경험이 휴대전화 중독에 미치는 영향: 자아존중감과 자기통제력의 매개 효과」, 『한국가족복지학』, 19권 4호 2014, 905-928; 유승숙·최진오, 「대학생의 휴대전화 중독과 우울, 불안, 공격성의 관계: 자기통제의 조절 효과」, 『청소년시설환경』, 13권 1호, 2015, 131~144쪽 참조.

성, 다기능성은 그 수준과 범위에 있어 점점 고도화되며 일상생활에서 그 필요성을 부정하기 어렵다.

구체적인 이유와 상관없이 사용자들의 휴대전화 활용시간이 늘어남에 따라서 이를 휴대전화 '중독'이라고 볼 것이냐에는 논란이 계속되고 있다. 이는 휴대전화에 대한 과도한 사용을 행위중독의 영역으로 정의한 논의(Griffith, 1996)에서 그 연원을 찾을 수 있다.[15) 중독이라는 개념은 특정한 물질이나 행위를 강박적으로 지속하는 것을 의미하며[16), 중독의 역기능적 결과에도 불구하고 중단할 수 없는 장애의 영역이라고 정의된다.[17)

논쟁이 되는 지점은 중독과 중독이 아닌 것의 차이를 휴대전화라는 인터넷 기반의 매체 기기에도 적용할 수 있느냐이다. 휴대전화는 다른 중독 물질이나 행위, 즉 알코올이나 마약, 도박과 같은 선상에서 바라보기 어려운 측면이 있다. 휴대전화를 학습이나 검색, 자료수집의 용도로 하루 평균 5시간 사용하는 사람에게 중독자라고 명명하기 어렵기 때문이다. 휴대전화를 통하여 오랜 시간 통화를 해야 하는 업무, 장소에 상관없이 수시로 빠르게 정보를 수집해서 전달하여야 하는 업무를 가진 사람에게서 나타나는 강박적 증세나 신체적인 불편함을 토대로 휴대전화 중독이라고 하는 것은 과한 측면이 있다. 그럼에도 불구하고 이제까지 많은 연구자가 명확한 기준 없이 통상적으로 쉽게 받아들여지는 '중독'의 개념을 사용해

15) Griffiths, M. D., "Behavioural addictions: An issue for everybody?", *Journal of Workplace Learning*, Vol. 8, No. 3, 1996, pp. 19-25 참조.

16) Hyman, S. E., Malenka, R. C., & Nestler, E. J., "Neural mechanisms of addiction: the role of reward-related learning and memory", *Annual Review of Neuroscience*, Vol. 29, 2006, pp. 565-598 참조.

17) American Psychiatric Association, *Diagnostic and statistical manual of mental disorders*, 5th, Arlington, VA: American Psychiatric Publishing. 2013. 참조.

왔다는 지적이 늘어나고 있다.[18]

최근의 연구들은 중독이라는 개념 대신 휴대전화 의존성 또는 과의존이라는 개념을 사용하는 추세이다. 의존과 중독이라는 개념의 가장 큰 차이는 중독적 현상을 병리적으로 보느냐 아니냐로 구분하는 것이다.[19] 즉, 중독은 병리적 관점에서 치료의 대상이지만, 의존은 사회 심리적인 현상으로 바라본다.[20]

의존 개념을 사용해서 인터넷/휴대전화 과의존 실태를 조사한 대표적인 자료로는 미래창조과학부와 한국정보화진흥원에서 생산하는 '인터넷 과의존 실태조사'가 있다. 이 자료는 2006년 국가통계로 지정되어 매년 인터넷 및 스마트미디어 사용과 관련된 과의존에 대응하려는 목적을 가지고 실시되고 있는데, 2016년부터 '중독'에서 '과의존'으로 명칭을 변경하였으며 이는 인터넷 중독이라는 병리적인 관점보다는 의존이라는 사회 심리적 관점에 더 가깝다는 맥락에서 이루어진 것으로 보인다.

위 조사 결과에 따르면 연도별 휴대전화 과의존 위험군 비율은

---

18) Bianchi, A., & Phillips, J. G., "Psychological predictors of problem mobile phone use", *Cyberpsychology and Behavior*, Vol. 8, 2005, pp. 39-51; Deb, A., "Phantom vibration and phantom ringing among mobile phone users: A systematic review of literature", *Asia-Pacific Psychiatry*, Vol. 7, 2015, pp. 231-239; Lemon, J., "Can we call behaviors addictive?". *Clinical Psychologist*, Vol. 6, 2002, pp. 44-49; Orford, J., *Excessive Appetites: a Psychological View of Addictions*, second edition, Chichester, UK: Wiley, 2001; 김소영·홍세희, 「중학교 휴대전화 의존도의 변화 추정과 이에 영향을 미치는 생태학적 영향요인 검증」, 『한국청소년연구』, 25권 3호, 2014, 101~123쪽; 하문선, 「청소년의 휴대전화 의존 종단적 변화의 잠재집단 유형과 심리정서적 특성의 관계」, 『아시아교육연구』, 15권 4호, 2014, 313~336쪽 참조.

19) Kruger, D. & Djerf, J, "Bad viberation? Cell Phone dependency predicts phantiom communication experiences", *Computers in Human Behavior*, Vol. 70, 2017, pp. 360-364 참조.

20) Drouin, M., Kaiser, D., & Miller, D., "Phantom vibrations in young adults: Prevalence and underlying psychological characteristics", *Computers in Human Behavior*, Vol. 28, 2012, pp. 1490-1496; Charlton, J., & Danforth, I., "Distinguishing addiction and high engagement in the context of online game playing", *Computers in Human Behavior*, Vol. 23, 2007, pp. 1531-1547 참조.

매년 증가추세를 보였다. 그중에서도 청소년층의 휴대전화 과의존 위험이 유·아동과 성인 대비 가장 높은 비율을 보였으며 2016년의 경우, 조사대상자 중 유·아동 17.9%, 성인 16.1%가 과의존 위험군에 속해 있는 반면, 청소년은 30.6%인 것으로 나타나 가장 관심 있게 살펴봐야 할 연령층임을 알 수 있었다.

청소년이 휴대전화 과의존에 가장 높은 비율을 차지하는 이유는 무엇일까. 우선 휴대전화가 본격적으로 보급되어 새로운 디지털 환경이 조성됨에 따라 현재의 청소년들은 자연스럽게 이러한 환경을 받아들이게 된 세대라고 할 수 있다. 이들은 휴대전화의 발달과 함께 자라난 세대이며 기성세대에 비해 이러한 디지털 기기에 대한 거부감 없이 자라왔다. 더욱이 휴대전화로 할 수 있는 일들이 많아지면서 청소년들의 놀이 수단이자, 세상과의 소통의 창구로 기능하는 가장 주된 수단이 되었다. 즉, 청소년에게 있어서 휴대전화는 거의 필수불가결한 도구로 자리매김하였고, 청소년층들이 향유 하는 새로운 문화를 형성하는 시대가 되었다.[21]

휴대전화를 중요한 도구로 사용할 수밖에 없는 여러 가지 환경과 청소년층의 특성이 맞물리면서 휴대전화 의존이라는 현상이 점차 나타나게 되는데, 과의존으로 발전함에 따라 나타나는 역기능들은 그 범위가 상당하다. 이제까지 밝혀진 많은 연구는 휴대전화 과의존을 종속변수로 설정하고 어떤 요인들이 휴대전화 과의존 또는 중독에 영향을 미치는지를 살펴본 연구들이 대다수이다.[22]

---

21) Castells, M., Qui, J., Fernandez-Ardevol, M., & Sey, A., *Mobile communication and society. A global perspective*, Cambridge, MA: MIT, 2006.

22) Young, K. S., *Caught in the net: How to recognize internet addiction and a winning strateht for recovery*, NY: John Wiley & Sons, Inc, 1998; 남영옥·이상준, 「청소년의 인터넷 중독 유형에 따른 위험요인 및 보호 요인과 정신 건강 비교 연구」, 『한국사회복지학』, 57권 3호, 2005, 195~

이 연구에서는 중독의 개념보다는 기기나 매체에 대한 심리적 의존에 초점을 맞추어 '의존성'이라는 용어를 사용한다. 현재 사회에서 휴대전화는 생활필수품이자 삶의 일부이고, 어떻게 하면 부정적인 영향 없이 활용할 것인가에 대한 조절의 차원에서 논의되어야 하기 때문이다. 습관이 과해지면 중독에 이르기 때문에[23] 민감하게 다루어야 할 부분이 있으나, 오늘날의 휴대전화는 마치 옷과 같아서 명확하게 중독의 영역으로 구분하기 쉽지 않다.

2. 청소년 자기통제력과 휴대전화 의존의 관계

자기통제력은 휴대전화 의존도를 조절할 수 있는 능력으로서 중요할 뿐만 아니라, 일상생활 전반에 영향을 미치는 변인으로 알려져 있다.[24] 자기통제력이 높다는 것은 의지적으로 자신의 생각이나 감정, 행동을 조절하는 능력이 높다는 것을 의미하며 자기통제력은 종종 자기조절성(Self-regulation)과 같은 개념으로 사용되기도 한다.[25]

어린 시절에 높은 자기통제력을 가지게 되면 성인이 되어서 신체

222쪽; Kraut, R. Lundmark. V., M. Patterson, S. Kiesler, T. Mukopadhyay, and W. Scherlis, "Internet paradox: A social technology that reduces social involvement and psychological well-being", *American Psychologist*. Vol. 53, 1998, pp. 1017~1031 참조.

23) Van Deursen, A. J., Bolle, C. L., Hegner, S. M., & Kommers, P. A., "Modeling habitual and addictive smartphone behavior: The role of smartphone usage types, emotional intelligence, social stress, self-regulation, age, and gender", *Computers in Human Behavior*, Vol. 45, 2015, pp. 411-420; LaRose, R., Lin, C. A., & Eastin, M. S., "Unregulated internet usage: Addiction, habit, or deficient self-regulation?", *Media Psychology*, Vol. 5, 2003, pp. 225-253 참조.

24) Baumeister, R. F., Vohs, K. D., & Tice, D. M., "The strength model of self-control", *Current Directions in Psychological Science*, Vol. 16, No. 6, 2007, pp. 351-355 참조.

25) Baumeister, R. F., Heatherton, T. F., & Tice, D. M., *Losing control: How and why people fail at self-regulation*, San Diego, CA: Academic press, 1994 참조.

적 건강 수준이 높고, 약물 등에 대한 의존성이 낮았으며, 경제적 수준이 높은 등의 긍정적인 부분이 나타났으며, 사회적으로는 사회적 비용이 감소하는 결과를 보였다.26) 국내의 연구에서도 자기통제력이 낮을 경우에 욕구 조절에 실패하여 중독 행동에 빠질 가능성이 큰 것으로 보고되고 있다.27)

구체적으로 휴대전화 의존과 자기통제에 관한 실증연구 결과를 살펴보면 휴대전화 의존과 자기통제 간의 부적 상관을 보고하고 있다.28) 자기통제력을 원인 또는 매개나 조절변수로 보고 연구를 한 결과 자기통제력이 높을수록 휴대전화 의존도가 낮아진다는 것이다. 이러한 연구결과들은 청소년의 자기통제력을 높이기 위한 실천적 제언을 담고 있다.

이러한 연구 방향 성과는 반대로 휴대전화 의존으로 인해 자기통제력에 부정적인 영향을 받는다는 연구결과도 존재한다.29) 자기통제력은 이미 확립되는 것이 아니라 청소년기에 후천적으로 발달해야 하는 과업 중 하나인데, 휴대전화에 대한 의존도가 높아짐으로

---

26) Moffitt, T. E. et al., "A gradient of childhood self-control predicts health, wealth, and public safety", *Proceedings of the National Academy of Sciences*, Vol. 108, No. 7, 2011, pp. 2693-2698 참조.

27) 이경선·이정화, 「초등학생의 휴대전화 이용 수준과 자기효능감 및 자기통제력과의 관계연구」, 『한국생활과학회지』, 19권 2호, 2008, 271~278쪽; 장성화·박영진, 「휴대폰 중독수준에 따른 청소년들의 정신 건강, 자기통제력, 자아존중감의 관계연구」, 『한국교육논단』, 8권 3호, 2009, 25~41쪽; 한주리·허경호, 「이동전화 중독 척도개발 및 타당성 검증」, 『한국언론학회』, 48권 6호, 2004, 138~165쪽 참조.

28) 이계원, 「청소년의 인터넷 중독에 관한 연구」, 박사학위 논문, 이화여자대학교 대학원, 2001; 구현영, 「고등학생의 휴대전화 중독과 예측요인」, 『아동 간호학회』, 16권 3호, 2010, 203~210쪽; 김소영·홍세희, 「중학생 휴대전화 의존도의 변화 추정과 이에 영향을 미치는 생태학적 영향요인 검증」, 『한국청소년연구』, 25권 3호, 2014, 101~123쪽.

29) 한정선·김세영, 「중학생의 인터넷 중독수준에 따른 인터넷 활용 유형, 자기통제력, 자기조절 학습능력 및 학업 성취도의 차이」, 『교육 정보 미디어연구』, 12권 2호, 2006, 161-188; 장혜진·채규만, 「기술중독에 빠진 청소년들의 심리적 특성에 대한 연구 : 휴대폰 사용 중독을 중심으로」, 『한국심리학회지:건강』, 11권 4호, 2006, 839-852 참조.

인해서 자기통제에 걸림돌이 된다는 것이다.30) 특히 청소년의 경우 휴대전화 의존으로 인한 학업 부진이 문제시되고 있고 학업 부진은 청소년의 자기통제와 밀접한 관련이 있기 때문에, 휴대전화 의존이 학령기 청소년의 자기통제에 부정적인 영향을 준다는 점을 주장하고 있다.

이상에서 살펴본 바와 같이 휴대전화 의존성과 자기통제력의 부적 관계를 횡단적인 방법으로 살펴본 연구들이 존재하나, 더욱 명확하게 선후 관계를 정의하기에는 모호한 상황이다. 현실에서는 휴대전화에 대한 의존성이 점점 더 어린 연령대로 내려가다 보니 이미 유아기부터 휴대전화를 일상의 한 부분으로 받아들이는 비율이 높아지고 있는 실정이다. 즉 자기통제력이라는 의지적 요인이 정착하기도 전에 휴대전화에 대한 의존성이 생길 가능성이 커진다고 할 수 있겠으며, 이는 단순히 자기통제력을 높여서 휴대전화 의존을 예방한다는 실천적 제언이 점차 힘을 잃어갈 것이라는 생각을 하게 된다.

따라서 이 연구는 휴대전화 의존도와 자기통제력의 양방향적 관계를 종단적으로 분석하여 두 변인 간의 상호영향 관계가 어떠한 양상을 보이는지를 검증하는데 주목적을 둔다. 이는 선행연구들의 횡단적 분석 접근의 한계를 넘어서고, 동시에 두 변인이 시간의 변화에 따라 안정성을 보이는지를 살펴보아 청소년의 휴대전화 의존도 및 자기통제력 관련보다 효과적인 함의를 제공할 것으로 판단된다.

---

30) 장영애·박주은, 「부모-자녀 관계 특성과 인터넷 사용이 아동의 학교생활 적응에 미치는 영향」, 『아동교육』, 20권 4호, 2011, 319~331쪽; 김은미·정화음, 「청소년의 미디어 이용격차에 관한 탐색」, 『언론정보연구』, 43권 2호, 2007, 125~161쪽 참조.

Ⅲ. 연구 방법

1. 연구대상

이 연구는 청소년의 휴대전화 의존성과 자기통제력의 영향 관계를 종단적으로 살펴보기 위하여 한국 청소년 정책연구원의 한국 아동 청소년 패널조사(Korean Children and Youth Panel Survey) 5~7차 자료를 활용하였다. 한국 아동 청소년 패널조사는 2010년 기준 전국의 초등학교 1학년, 초등학교 4학년, 중학교 1학년 생을 대표하는 패널표본(각 코호트 2,200여 명)을 대상으로 2016년도까지 7년간 매년 1회 개인의 성장 및 발달과 개인을 둘러싼 환경 등에 관하여 반복, 추적 조사하는 종단면 조사이다. 이 패널조사는 전국 학교 일람표를 기준으로 층화 다단계 집락 표집(stratified multi-stage cluster sampling) 방법을 사용한 확률적 표집으로 연구결과를 전국의 동일 발달 단계의 아동·청소년으로 일반화 가능하다는 장점이 있다.

이 연구의 분석자료는 초등학교 1학년 패널조사 중 5차 웨이브(2014년도)~7차 웨이브(2016년도)의 3개년도 자료로 가장 최근의 데이터를 활용하였으며, 패널조사에 참여한 초등학생들은 5학년~중학교 1학년까지의 시기에 해당한다.

초1 패널조사의 5차 연도 자료를 기준으로 연구 샘플은 1,780명이며 휴대전화(일반 휴대전화 및 휴대전화 전체)를 보유하였다. 연구 대상자의 일반적 특성은 다음 <표 1>과 같다.

<표 1> 연구참여자의 일반적 특성

구 분 (N=1,780)		빈도(명)	비율(%)
성별	남자	842	47.3
	여자	938	52.7
거주지역	서울/경기	458	25.7
	부산광역시	107	6.0
	대구광역시	102	5.7
	인천광역시	106	6.0
	광주광역시	90	5.1
	대전광역시	89	5.0
	울산광역시	86	4.8
	세종특별자치시	2	.1
	강원도	73	4.1
	충청도	196	11.0
	전라도	178	10.0
	경상도	236	13.3
	제주특별자치도	57	3.2
가족 구성	부모+자녀	1,557	87.5
	한 부모+자녀	54	3.0
	(한) 조부모+자녀	11	.6
	(한) 조부모+부모+자녀	98	5.5
	(한) 조부모+한 부모+자녀	31	1.7
	기타	1	.1
부모 구성	친아버지+친어머니	1,649	92.6
	친아버지만	39	2.2
	친어머니만	46	2.6
	친아버지+새어머니	1	.1
	새아버지+친어머니	5	.3
	부모님 모두 안 계심	12	.7
형제자매 유무	있다	1,540	86.5
	없다	212	11.9

2. 연구 도구

1) 휴대전화 의존성

휴대전화 의존성은 이시형, 김학수, 나은영 외(2002)의 청소년 휴대전화 이용 7문항을 통하여 조사하였다. 문항 내용은 ① 점점 더 많은 시간을 휴대전화를 사용하며 보내게 된다, ② 휴대전화를 가지고 나가지 않으면 불안하다, ③ 휴대전화로 한참 동안 아무에 게서도 연락이 오지 않으면 불안하다, ④ 휴대전화로 이것저것 하다 보면 시간 가는 줄 모른다, ⑤ 혼자 있을 때 휴대전화가 없으면 심심해서 견딜 수가 없다, ⑥ 휴대전화가 없으면 고립된 것 같은 느낌이 든다, ⑦ 휴대전화가 없으면 불편해서 살 수 없다 등의 내용으로 구성되어 있다. 이 연구에서 휴대전화 의존성 척도의 신뢰도(Cronbach's α)는 0.832이었다.

2) 자기통제력

자기통제력은 청소년의 행동통제를 측정하는 5개 문항으로 측정하였다. 자기통제력은 ① 나는 공부가 지루하고 재미없더라도 끝까지 다 한다, ② 나는 하던 공부를 끝낼 때까지 공부에 집중한다, ③ 나는 공부가 지루해도 계획한 것은 마친다, ④ 나는 노는 것을 그만두지 못해 공부를 시작하기가 어렵다, ⑤ 나는 공부를 하려면 쓸데없는 생각 때문에 집중을 못 한다 등의 내용으로 구성되어 있으며, 문항 ④, ⑤ 는 역점수화 하여 분석에 활용하였다. 본 연구에서 자기통제력 척도의 내적 합치도(Cronbach's α)는 0.712인 것으로 나타났다.

3) 분석방법 및 연구 모형

분석방법은 다음과 같다. 우선 SPSS 22.0 통계패키지를 사용하여 변수의 기술통계치(평균 및 표준편차)를 확인하고, 첨도와 왜도를 살펴보았다. 두 번째로, 변인 간 연관성을 확인하기 위하여 상관관계 분석을 실시하였다. 분석을 실시한 변인은 휴대전화 의존성과 자기통제력이다. 마지막으로 연구 모형을 검증하기 위하여 AMOS 18.0 통계패키지를 활용, 자기 회귀 교차지연 분석을 실시하였다. 연구 모형은 다음의 [그림 1]과 같다.

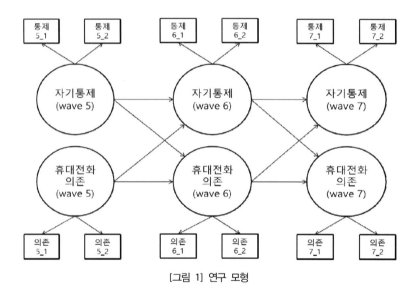

[그림 1] 연구 모형

Ⅳ. 분석 결과

1. 기술통계 및 상관관계 분석 결과

이 연구에서 사용된 변인의 평균, 표준편차, 첨도 및 왜도, 상관관계 분석 결과를 <표 2>에 제시하였다. 기술통계 결과로 휴대전화 의존도의 평균점수는 연령이 증가함에 따라 점차적으로 증가하였으며, 자기통제력의 평균점수는 연령이 증가함에 따라 점차 감소하는 추세를 보였다. 자료의 정규성 확인을 위하여 변인별 왜도(skewness) 및 첨도(kurtosis)를 살펴본 결과, 왜도의 절댓값이 2 미만, 첨도의 경우 4 미만인 것으로 나타나 본 자료가 정상분포의 조건을 충족시키는 것으로 나타났다.[31]

상관관계 분석 결과, 초등학교 5학년 시기의 자기통제력과 초등학교 6학년 및 중학교 1학년 시점의 자기통제력은 모두 정적으로 유의미한 상관관계가 나타났으며, 휴대전화 의존도 역시 분석 시점 간에 정적으로 유의미한 상관관계를 보였다. 한편 자기통제력과 휴대전화 의존성은 시점마다 부적으로 유의미한 상관관계를 보이는 것으로 나타나 선행연구의 결과를 지지하는 것을 알 수 있었다.

---

31) Hong, S., Malik, M. L., & Lee, M. K. (2003). *Testing configural, metric, scalar, and latent mean invariance across genders in sociotropy and autonomy using a non-Western sample.* Educational and psychological measurement, 63(4), 636-654.

	1	2	3	4	5	6
1. 통제5	1					
2. 통제6	.485***	1				
3. 통제7	.389***	.496***	1			
4. 의존5	-.408***	-.330***	-.235***	1		
5. 의존6	-.299***	-.428***	-.302***	.507***	1	
6. 의존7	-.197***	-.254***	-.399***	.337***	.470***	1
평균	2.87	2.82	2.69	1.99	2.16	2.32
표준편차	.54	.55	.54	.69	.69	.67
왜도	-.08	.00	.16	.55	.29	.13
첨도	-.15	-.06	.19	.02	-.16	-.03

2. 휴대전화 의존성과 자기통제력에 대한 자기 회귀 교차지연 분석 결과

청소년의 휴대전화 의존성과 자기통제력의 자기 회귀 교차지연 모형 분석을 실시한 결과는 다음의 ＜표 3＞에 제시되어 있다. 각 모형은 서로 내재된(nested) 관계이므로 모형 비교에 χ^2 차이검증을 적용할 수 있으나 이 방식은 표본의 크기에 민감하므로, 이를 보완하기 위해 CFI, TLI 및 RMSEA를 통합적으로 고려하였다. 동일화 제약을 가한 후에 TLI와 RMSEA가 이전에 비해 좋아지거나 동일한 수준이며, CFI가 이전에 비해 좋아지거나 나빠져도 0.01 이내일 경우 동일성이 성립한다는 선행연구[32]를 참고하여 최적의 모형을 검증하였다. 자기 회귀 교차지연 분석 8개의 모형에 대한 분석과정은 다음과 같다.

---

32) Cheung, G. W., & Rensvold, R. B. (2002). *Evaluating goodness-of-fit indexes for testing measurement invariance*. Structural equation modeling, 9(2), 233-255.

우선 기저모형인 모형 A와 측정 동일성 가정에 따라 휴대전화 의존도의 동일한 측정 변인의 요인계수를 시간에 따라 동일하게 제약한 모형 B의 비교 결과, TLI와 RMSEA가 근소하게 좋아졌고, CFI의 변화가 크게 나타나지 않아 시간에 따른 측정 동일성이 충족되었다. 모형 B와 자기통제력의 동일한 측정 변인의 요인계수를 시간에 따라 동일하게 제약한 모형 C와의 비교 결과도 TLI와 RMSEA가 같거나 근소하게 좋아졌고, CFI의 차이가 0.01 정도로 나타나 시간에 따른 측정 동일성이 충족되었다. 다음으로 모형 C와 휴대전화 의존도 자기 회귀계수에 대한 동일화 제약을 가한 모형 D와의 비교 및 모형 D와 자기통제력에 관한 자기 회귀계수에 대한 동일화 제약을 가한 모형 E와의 비교 결과 역시 TLI와 RMSEA가 근소하게 좋아졌고, CFI의 큰 차이가 없어 각 변인의 자기 회귀계수는 시간에 따라 동일하다는 것을 알 수 있었다. 다음으로 매 시점의 교차지연 효과에 동일화 제약을 가한 모형 F와 모형 G의 적합도도 이전 모형과의 적합도 비교에서 TLI와 RMSEA가 같거나 근소하게 좋아졌고, CFI의 차이는 없는 것으로 나타나 시간에 따른 각각의 효과는 동일하였다. 마지막으로 오차 공분산을 동일하게 제약하여 간명성을 추구한 모형 H를 평가한 결과, TLI=0.862, CFI=0.891, RMSEA=0.070인 것으로 나타나 모형 적합도는 좋은 수준인 것으로 나타났다. 따라서 모형 H를 최종모형으로 결정하였다. RMSEA 값은 0.08 미만이면 괜찮은 적합도(reasonable fit)로 해석하며, TLI와 CFI는 그 값이 0.09 이상이면 적합도가 좋다고 할 수 있다[33]. 최종

---

33) 홍세희. 「구조방정식 모형의 적합도 지수 선정기준과 그 근거」. 『한국심리학회지: 임상』, 19.1, 2000, 161~177쪽.

모형으로 선정된 모형 8의 각 경로계수는 <표 3>에 제시하였다.

<표 3> 휴대전화 의존성과 자기통제력의 자기 회귀 교차지연 분석 결과

모델	x^2	df	TLI	CFI	RMSEA
A	700.213	43	0.835	0.893	0.078
B	709.623	45	0.841	0.891	0.076
C	710.604	47	0.848	0.892	0.074
D	710.617	48	0.851	0.892	0.073
E	713.236	49	0.854	0.891	0.072
F	715.165	50	0.857	0.891	0.071
G	719.092	51	0.859	0.891	0.071
H	719.441	52	0.862	0.891	0.070

모형 H의 경로계수를 살펴보면 이전 시점의 휴대전화 의존성과 자기통제력이 이후 시점의 휴대전화 의존성과 자기통제력에 매 시점 $p<.001$ 수준에서 통계적으로 유의미한 영향을 미치고 있다. 또한, 교차 회귀계수에 대한 추정치는 자기통제력이 휴대전화에 $p<.01$ 수준에서 통계적으로 유의미한 영향을 미치고 있었지만, 휴대전화 의존성은 자기통제력에 통계적으로 유의미한 영향을 미치지는 않는 것으로 나타났다. 이러한 종단적 분석을 통하여 휴대전화 의존성과 자기통제력 간의 인과관계를 확인할 수 있다.

<표 4> 최종모형의 경로계수 추정치

미지수	추정치(표준오차)	표준화된 추정치
통제 5→통제 6	**.933(.045)*****	**.901**
통제 6→통제 7	**.933(.045)*****	**1.028**
의존 5→의존 6	**.618(.030)*****	**.633**
의존 6→의존 7	**.618(.030)*****	**.621**
통제 5→의존 6	**-.041(.047)****	**-.027**
통제 6→의존 7	**-.041(.047)****	**-.028**
의존 5→통제 6	.075(.026)	.111
의존 6→통제 7	.075(.026)	.120

*** = $p < .001$, ** = $p < .005$

V. 결론 및 제언

이 연구는 한국 청소년을 대상으로 휴대전화 의존성과 자기통제력의 인과적 관계를 자기 회귀 교차지연 모형을 통하여 밝히고자 하였다. 연구결과를 요약하면 다음과 같다.

첫째, 휴대전화 의존성과 자기통제력은 시간의 흐름에 따라 안정적인 것으로 나타났다. 이전 시점의 휴대전화 의존성이 이후 시점의 휴대전화 의존성에 유의미한 영향을 미쳤으며, 자기통제력 또한 이후 시점의 자기통제력에 유의미한 영향을 주었다. 즉 초기 청소년들의 학년이 올라갈수록 휴대전화 의존성이 점차 높아질 것으로 예측되며, 자기통제력 또한 학년이 올라갈수록 높아지는 것으로 판단된다. 휴대전화 의존성은 서두에서 살펴본 바와 같이 인터넷이 가진 무한한 확장성, 연결성 등의 속성과 휴대전화의 즉시성, 휴대성 등의 장점이 결합하여 언제 어디서든 원하는 만큼 사용할 수 있다는 점에서 다른 중독 기제보다 그 중독의 강도가 상대적으로 높아질 수 있다.[34] 또한, 청소년기에 시간의 흐름에 따라 자연스럽게 획득하는 자율성은 휴대전화 사용에 대한 통제권을 스스로 가지게 하는 정당성을 부여할 수 있어, 휴대전화 의존적인 경향이 커지는 것이 일면 타당할 것이다. 성장과 성숙의 시기에 자기통제력이 점차 커지는 것도 이례적인 부분은 아니라고 할 수 있다.

둘째, 자기 회귀 교차지연의 종단분석 결과 자기통제력이 휴대전화 의존성에 미치는 영향은 시간의 경과에 따라 유의미한 것으로 나타났다. 이전 시점의 자기통제력이 이후 시점의 휴대전화 의존성에 미치는 교차지연계수가 부적(-)인 것으로 나타났으며 이는 종단적인 차원에서 자기통제력이 높아질수록 휴대전화 의존성을 감소시킬 것이라는 선후 관계의 추측이 가능하다. 이러한 결과는 휴대전화 의존성을 감소시키는 예측변수로 자기통제력을 지목한 여러 연구결과와 상통하는 결과이다.[35] 자기통제력은 외부의 간섭 없이 상황과 환경에 따라 적절한 대처를 하거나, 향후 더 나은 결과를 가지기 위하여 자기 스스로를 조절하는 능력으로,[36] 휴대전화 의존성에 대하여 예견 효과가 큰 것으로 알려져 있다. 따라서 과도한 휴대전화 사용에 따른 중독 예방을 의도한다면 자기통제력을 반드시 고려할 필요가 있다.

---

34) 김병년·최홍일, 「과보호적 부모 양육 태도가 휴대전화 중독에 미치는 영향에 대한 자기통제력의 매개 효과」, 『사회과학연구』, 29권 1호, 2013.

35) 구현영, 「고등학생의 휴대전화 중독과 예측요인」, 『아동 간호학회』, 16권 3호, 2010; 김소영·홍세희, 「중학교 휴대전화 의존도의 변화 추정과 이에 영향을 미치는 생태학적 영향요인 검증」, 『한국청소년연구』, 25권 3호, 2014; 최현석·이현경·하정철, 「휴대전화 중독이 정신 건강, 학교생활, 대인관계에 미치는 영향 - K대 대학생을 중심으로」, 『한국데이터정보과학회지』, 23권 5호, 2012.

36) 이경님, 「아동이 지각한 어머니와의 의사소통과 자기통제가 게임중독에 미치는 영향」, 『Family and Environment Research』 41권 1호, 2003, 77~91쪽.

반면, 이전 시점의 휴대전화 의존성이 이후 시점의 자기통제력에 미치는 영향은 통계적으로 유의미하지 않은 것으로 나타났다. 이는 휴대전화 의존성의 정도에 따라 자기통제력이 감소한다는 의미는 아니며, 이러한 결과는 휴대전화 의존성이라는 요인이 자기통제력 이라는 인지적이고 감정적인 복합적 태도를 낮추는 기제라고 주장 할 수는 없는 것으로 판단된다.

휴대전화 의존성과 자기통제력이라는 두 요인 간의 관계에 대한 연구자들의 관심이 높아지면서, 특히 어린 시절의 자기통제력이 성 인의 신체적 건강, 약물에 대한 의존, 개인 재정이나 범죄 수준 등 한 개인의 전반적인 삶에 대한 예측 변인이라는 점에서 그 중요성 은 상당하다.[37] 휴대전화 의존성이 저연령화되고 점차 심화되는 사 회적 환경을 고려하였을 때, 많은 사람이 휴대전화 의존성으로 인 하여 자기통제력이 제대로 기능하지 못할 것이라는 주장들이 있어 왔으나, 이 연구에 따르면 자기통제력에 대한 강화가 선행되는 것 이 휴대전화 의존성을 감소시키는 주요한 기제라는 것을 밝혔다는 점에서 이 연구는 큰 의의를 가진다.

이러한 분석 결과를 통하여 몇 가지 사회 복지적인 함의를 서술 하고자 한다. 우선, 온·오프라인을 통틀어 개인이 누릴 수 있는 삶 의 환경이 넓어짐에 따라서, 자기 스스로를 통제할 수 있는 내적 기제의 중요성을 다시금 확인했다는 것이다. 최근 과한 휴대전화의 사용이 사회적인 문제로 부각됨에 따라서 휴대전화 과의존을 예측 하는 위험요인과 보호 요인들에 관한 연구가 잇따르고 있는데, 휴

---

37) Moffitt, T. E. et al. (2011). A gradient of childhood self-control predicts health, wealth, and public safety. Proceedings of the National Academy of Sciences, Vol. 108, No. 7, 2693-2698 참조.

대전화 과의존으로 인한 자기통제력의 훼손에 대한 고민에 앞서서, 자기통제력 향상을 통한 절제 있는 삶의 양식을 갖추는 것이 근본적으로 선행되어야 할 것이다. 이를 현실의 청소년들에게 적용하자면, 초기 청소년들이 자기통제력을 갖추고 키워나갈 수 있도록 가정과 학교에서의 적절한 안내와 개입이 필수이다. 특히 휴대전화 사용과 관련하여 부모와 교사 등 청소년들에게 지대한 영향을 미치는 주변 사람들의 절제력 있는 사용은 휴대전화 사용에 있어서 가장 큰 공부가 될 것이다. 좀 더 범위를 넓히자면 한국사회가 가진 초고속 인터넷 환경과 휴대전화 활용 문화에 대한 고민도 동반되어야 하는데, 개인의 자기통제력이 아무리 높더라도 사회와 문화라는 거대한 파도에 맞설 수 없듯이 자기통제력을 흔드는 과소비문화, 말초신경을 자극하는 콘텐츠 등에 대한 경각심을 키우고 이를 생활 속에서 실천할 수 있는 사회문화적 분위기 형성이 이루어져야 할 것이다.

무엇보다도 이 연구의 중요한 함의는 휴대전화 의존성-자기통제력의 관계에서 자기통제력의 영향력이 선행적으로 더 중요한 변인임을 통계적 검증을 통하여 밝혀낸 것이다. 휴대전화의 보급과 사용연령의 저하라는 시대적 환경 속에서 자기통제력을 중점적으로 함양하는 것은 휴대전화 의존적인 성향의 감소와 더불어 뉴미디어 시대에 있어 반드시 갖추어야 할 덕목일 것이다.

마지막으로 이 연구의 한계점과 향후 연구에 관한 제언을 하자면, 우선 이 연구는 휴대전화 의존성이 점차 저연령화되어간다는 일련의 연구결과를 토대로 하여 초기 청소년을 대상으로만 하였다. 따라서 연구결과를 청소년층 전체에 확장하는 것은 조심스러운 부분이 있다. 향후 연구에서는 청소년들의 질적인 차이, 환경적 차이를 고려하여 세부적으로 분석할 필요가 있을 것이다. 다음으로 변수 측정에 대한 척도의 아쉬움이다. 패널 자료를 활용한 만큼 전국적인 표본의 수집, 표본 숫자 등에 대한 장점이 분명하나, 자기통제력이라는 변수에 있어서 측정척도가 다면적이지 못한 부분은 아쉬운 부분이 아닐 수 없다. 자기통제력이 한 개인의 삶 전반에 걸쳐 영향을 미치는 중요한 변인이라는 점을 고려할 때 학습영역에서의 자기통제력뿐만 아니라, 더욱 다양한 영역의 자기통제력이 측정되는 것이 필요하다. 향후 연구에서는 이 점을 고려하여 더욱 발전적인 연구가 필요할 것으로 보인다.

참고문헌

구현영, 「고등학생의 휴대전화 중독과 예측요인」, 『아동 간호학회』, 16권 3호, 2010.

김남선・이규은, 「대학생의 자기통제력과 생활 스트레스가 휴대전화 중독에 미치는 영향」, 『한국보건정보통계학회지』, 37권 2호, 2012.

김두섭・민수홍, 「개인의 자기통제력이 범죄억제에 미치는 영향」, 『한국형사정책연구원 연구총서』, 1994.

김민경, 「청소년의 심리적 요인, 부모 애착이 인터넷 게임중독과 휴대폰 중독에 미치는 영향」, 『인간발달연구』, 19권 4호, 2012.

김병년・최홍일, 「과보호적 부모 양육 태도가 휴대전화 중독에 미치는 영향에 대한 자기통제력의 매개 효과」, 『사회과학연구』, 29권 1호, 2013.

김소영・홍세희, 「중학교 휴대전화 의존도의 변화 추정과 이에 영향을 미치는 생태학적 영향요인 검증」. 『한국청소년연구』, 25권 3호, 2014.

김학범, 「휴대전화 중독과 사이버 범죄의 관계에 관한 연구」, 『한국중독범죄학회보』, 3권 2호, 2013.

김혜원, 「청소년들의 인터넷 중독 현상: 인터넷 중독의 현황파악과 관련 변인 분석」, 『청소년학연구』, 8권 2호, 2001.

남영옥・이상준, 「청소년의 인터넷 중독 유형에 따른 위험요인 및 보호 요인과 정신 건강 비교 연구」, 『한국사회복지학』, 57권 3호, 2005.

박소연・이홍직, 「청소년의 인터넷 중독에 영향을 미치는 요인에 관한 연구」, 『한국전자통신학회 논문지』, 8권 2호, 2013.

박순천・백경임, 「휴대폰 중독적 사용 청소년의 MMPI 특성」, 『대한가정학회지』, 42권 9호, 2004.

석말숙・구용근, 「청소년의 가정폭력 경험이 휴대전화 중독에 미치는 영향: 자아존중감과 자기통제력의 매개 효과」, 『한국가족복지학』, 19권 4호 2014.

유승숙・최진오, 「대학생의 휴대전화 중독과 우울, 불안, 공격성의 관계: 자기통제의 조절 효과」, 『청소년시설환경』, 13권 1호, 2015.

이경선・이정화, 「초등학생의 휴대전화 이용 수준과 자기효능감 및 자기통제력과의 관계연구」, 『한국생활과학회지』, 19권 2호, 2008.

이계원, 『청소년의 인터넷 중독에 관한 연구』, 박사학위 논문, 이화여자대학교 대학원, 2001.

이연미·이선정·신효식, 「청소년의 휴대폰 중독성에 영향을 미치는 개인, 가족, 학교환경 변인」, 『한국가정과 교육학회지』, 1권 3호, 2009.

이수진·문혁준, 「중학생의 자기통제, 부모-자녀 간의 의사소통 및 학교생활 만족도가 휴대전화 중독에 미치는 영향」, 『한국생활과학회지』, 22권 6호, 2013.

장석진·송소원·조민아, 「긍정적 부모 양육 태도가 중학생의 휴대전화 의존에 미치는 영향: 자존감과 또래 애착의 매개 효과 검증」, 『청소년학연구』, 19권 5호, 2012.

장성화·박영진, 「휴대폰 중독수준에 따른 청소년들의 정신 건강, 자기통제력, 자아존중감의 관계연구」, 『한국교육논단』, 8권 3호, 2009.

장영애·박주은, 「부모-자녀 관계 특성과 인터넷 사용이 아동의 학교생활 적응에 미치는 영향」, 『아동교육』, 20권 4호, 2011.

김은미·정화음, 「청소년의 미디어 이용 격차에 관한 탐색」, 『언론정보연구』, 43권 2호, 2007.

장은경·최연실, 「중·고생 휴대전화 고의존군과 저의존군에서의 사회인구학적 변인, 학교생활 변인, 가족 기능의 차이」, 『한국가족치료학회지』, 8권 2호, 2010.

장혜진·채규만, 「기술중독에 빠진 청소년들의 심리적 특성에 대한 연구 : 휴대폰 사용 중독을 중심으로」, 『한국심리학회지: 건강』, 11권 4호, 2006.

정보통신정책연구원, 『한국미디어 패널조사』, 2016.

최현석·이현경·하정철, 「휴대전화 중독이 정신 건강, 학교생활, 대인관계에 미치는 영향 - K대 대학생을 중심으로」, 『한국데이터정보과학회지』, 23권 5호, 2012.

하문선, 「청소년의 휴대전화 의존 종단적 변화의 잠재집단 유형과 심리 정서적 특성의 관계」, 『아시아교육연구』, 15권 4호, 2014.

한정선·김세영, 「중학생의 인터넷 중독수준에 따른 인터넷 활용 유형, 자기통제력, 자기조절 학습능력 및 학업 성취도의 차이」, 『교육 정보 미디어연구』, 12권 2호, 2006.

한주리·허경호, 「이동전화 중독 척도 개발 및 타당성 검증」, 『한국언론학회』, 48권 6호, 2004.

American Psychiatric Association, Diagnostic and statistical manual of mental disorders, 5th, Arlington, VA: American Psychiatric Publishing. 2013.

Baumeister, R. F., Heatherton, T. F., & Tice, D. M., Losing control: How and why people fail at self-regulation, San Diego, CA: Academic press, 1994.

Baumeister, R. F., Vohs, K. D., & Tice, D. M., "The strength model of self-control", Current Directions in Psychological Science, Vol. 16, No. 6, 2007.

Bianchi, A., & Phillips, J. G., "Psychological predictors of problem mobile phone use", Cyberpsychology and Behavior, Vol. 8, 2005.

Castells, M., Qui, J., Fernandez-Ardevol, M., & Sey, A., "Mobile communication and society. A global perspective", Cambridge, MA: MIT, 2006.

Charlton, J., & Danforth, I., "Distinguishing addiction and high engagement in the context of online game playing", Computers in Human Behavior, Vol. 23, 2007.

Christensen, M. H., Orzack, M. H., Babington, L. M. & Pastsdaughter, C. A., "Computer addiction: When monitor becomes control center", Journal of Psychosocial Nursing and Mental Health Services, Vol. 39, No. 3, 2001.

Deb, A., "Phantom vibration and phantom ringing among mobile phone users: A systematic review of literature", Asia-Pacific Psychiatry, Vol. 7, 2015.

Drouin, M., Kaiser, D., & Miller, D., "Phantom vibrations in young adults: Prevalence and underlying psychological characteristics", Computers in Human Behavior, Vol. 28, 2012.

Griffiths, M. D., "Behavioural addictions: An issue for everybody?", Journal of Workplace Learning, Vol. 8, No. 3, 1996.

Hyman, S. E., Malenka, R. C., & Nestler, E. J., "Neural mechanisms of addiction: the role of reward-related learning and memory", Annual Review of Neuroscience, Vol. 29, 2006.

Lemon, J., "Can we call behaviors addictive?", Clinical Psychologist, Vol. 6, 2002.

Maisch, D., "Children and mobile phone···is there a health risk? The case for extra precautions", Journal of Environmental Medicine, Vol. 22, No. 2, 2003.

Moffitt, T. E. et al., "A gradient of childhood self-control predicts health, wealth, and public safety", Proceedings of the National Academy of Sciences, Vol. 108, No. 7, 2011.

Kowalski, R. M., Giumetti, G. W., Schroeder, A. N., & Lattanner, M. R.,

"Bullying in the digital age: A critical review and meta-analysis of cyberbullying research among youth", Psychological Bulletin, Vol. 140, No. 4, 2014.

Kraut, R. Lundmark. V., M. Patterson, S. Kiesler, T. Mukopadhyay, and W. Scherlis, "Internet paradox: A social technology that reduces social involvement and psychological well-being", American Psychologist. Vol. 53, No. 9, 1998.

Kruger, D. & Djerf, J, "Bad vibration? Cell Phone dependency predicts phantom communication experiences", Computers in Human Behavior, Vol. 70, 2017.

LaRose, R., Lin, C. A., & Eastin, M. S., "Unregulated internet usage: Addiction, habit, or deficient self-regulation?", Media Psychology, Vol. 5, 2003.

Logue, A. W., Self-control: Waiting until Tomorrow for What You Want Today, Englewood Cliffs, 1995.

Oksman, V., & Turtiainen, J., "Mobile communication as a social stage: Meaning of mobile communication in everyday life among teenagers in Finland", New media & Society, Vol. 6, No. 3, 2004.

Orford, J., Excessive Appetites: a Psychological View of Addictions, second edition, Chichester, UK: Wiley, 2001.

Young, K. S., "Psychology of Computer Addictive use of the Internet; A case that breaks the stereotype", Psychological Reports, Vol. 79, 1996.

Young, K. S., Caught in the net: How to recognize internet addiction and a winning strategy for recovery, NY: John Wiley & Sons, Inc, 1998.

Van Deursen, A. J., Bolle, C. L., Hegner, S. M., & Kommers, P. A., "Modeling habitual and addictive smartphone behavior: The role of smartphone usage types, emotional intelligence, social stress, self-regulation, age, and gender", Computers in Human Behavior, Vol. 45, 2015.

Vasey, M. W., Dalgleish, T., & Silverman, W. K., "Research on information processing factors in child and adolescent psychopathology: A critical commentary", Journal of Clinical Child and Adolescent Psychology, 32, 2003.

청소년 인터넷 사용시간의 변화와 요인은 무엇인가?[*]

김윤영(한국보건사회연구원 부연구위원)

문진영(서강대학교 사회복지학과 교수)

이창문(서강대학교 사회복지학과 박사과정)

Ⅰ. 서론

한국사회는 저돌적으로 정보화를 추진하면서 대외적으로는 정보 기반이 우수한 나라로 인식되어 왔다. 그러나 내부적으로는 사이버 폭력, 개인정보 침해, 인터넷 중독 등이 심각한 사회적 문제로 대두되고 있으며 특히 중독자들의 자살, 피살, 살인, 재산손실, 가정파괴 등은 사회문제로 급부상하고 있다. 인터넷 중독은 인터넷에 지속적이고 안정적인 이용이 불가능 해졌을 때 불안, 조바심, 초조함 같은 일종의 금단 현상이 일어나기 때문에 더욱 인터넷에 접속하는 데 몰두하게 되어 현실 생활에 여러 가지 어려움을 갖는 것이라고 할 수 있다.[1]

---

[*] 이 글은 생명연구 제49집(2018년 8월)에 실렸던 글을 수정·보완하여 수록하였다.

[1] Young, K. S., "Internet addiction: Symptoms, evaluation, and treatment", *Innovations in clinical*

그중에서도 청소년의 인터넷·휴대폰 과다사용은 가족 내뿐만 아니라 학교, 지역사회, 더 나아가 전 사회적 문제로 인식되고 있다. 청소년의 인터넷 중독은 여러 사회기관이나 정부의 지속적인 노력에도 불구하고 개선될 기미는 보이지 않고 있다. 특히 가족 내에서는 자녀의 인터넷 과다사용은 자녀의 학교 및 교우관계 문제와 더불어 부모와 자녀 간 갈등의 상당한 원인을 제공하고 있는 것이 현실이다.

그렇다고 청소년들이 인터넷을 사용하지 못하도록 규제 위주의 정책을 시행하기에는 어려운 현실이다. 과거 인터넷 중독 예방 및 해소에 필요한 조치를 한 정보통신서비스에 대하여 미래창조과학부(과학기술정보통신부의 전신)에서 인증하여 주는 '그린 인터넷 인증' 제도가 '국가정보화 기본법' 개정법률에 따라 2013년 11월 23일부터 시행된 바 있다. 하지만 인증 신청 건수가 연평균 3건에 불과한 등 그 실효성이 없다는 반성적 고려에서, 2018년 1월 25일부로 없어졌다. 그리고 인터넷 그 자체는 이미 우리의 생활 속에서 다양한 형태로 깊숙이 들어와 있으므로 그 필요불가결함을 인정할 수밖에 없다.

인터넷의 이러한 필수불가결한 측면에도 불구하고, 인터넷이 상용화되기 시작한 이래로 인터넷의 부정적 측면에 관한 우려 역시 끊임없이 제기되고 있다. 그동안 많은 학자에 의해 인터넷이 청소년 발달에 미치는 부정적 영향들이 상당수 밝혀져 왔으며, 이를 토대로 정부에서도 청소년의 인터넷 사용을 제한하거나 줄이도록 정책의 방향을 잡고 있다.

---

practice: A source book, Vol. 17, 1999.

인터넷의 과다 이용에 따른 부작용과 피해사례는 여러 연구와 보고서에도 언급되고 있다. 중독으로 인한 문제는 전 연령에 걸쳐 심각하지만, 성장기에 있는 청소년에게 더욱 심각한 영향을 미칠 수 있다. 최근 연구에 의하면 청소년기의 다양한 원인이 인터넷 사용에 영향을 미치는 것으로 보고 된다. 인터넷의 이용이 사회적응을 떨어뜨린다는 연구[2], 부모-자녀 의사소통 및 심리, 정서적 문제가 초기 성인기 집단의 인터넷 중독에 영향을 미친다는 연구[3], 인터넷의 사용과 우울과의 관계에 관한 연구가 다수 존재한다. 특히 인터넷 사용과 우울의 내생성 문제가 있다는 것을 여러 논문에서 제기하고 있는데 이에 관해서 일부 연구는 인터넷의 사용이 우울에 영향을 주지는 않고, 우울한 사람일수록 인터넷을 더 사용한다고 보고한다.[4] 반면에 휴대전화와 우울 간의 관계를 연구한 전상민의 연구[5]와 배성만의 연구[6]는 우울이 휴대전화 사용에 주는 영향은 시간이 지남에 따라 감소하고, 휴대전화 사용이 우울에 주는 영향은 증가한다고 보고하는데, 이는 인터넷 중독이 우울에 영향을 준다고 시사하는 것으로 해석할 수 있다.

현재까지 청소년의 인터넷 사용시간에 관하여 많은 연구가 나와

---

2) 소심향 · 김형태, 「청소년의 인터넷 중독과 사회적응의 관계에서 심리 사회적 요인의 조절 효과 검증」, 『아동보호 연구』, 제2권 제1호, 2017.

3) 박중규, 배성만; 2012

4) 김현순, 「초기 청소년의 우울과 인터넷 사용의 관계: 자기 회귀 교차지연 모형을 적용한 종단분석」, 『상담학연구』, 제15권 제2호, 2014.
   김선우 · 김태현, 「가족, 학교, 인터넷 사용 환경요인과 중학생의 인터넷 의존 간 관계:우울의 매개 효과 검증」, 『한국가족관계학회지』, 제15권 제4호, 2011.

5) 전상민, 「자기 회귀 교차지연 모형을 이용한 청소년의 휴대폰 과다사용 및 중독적 사용과 우울의 종단 관계: 성별 간 다집단 분석」, 『Family and Environment Research』, 제52권 제3호, 2014.

6) 배성만, 「중학생의 지각된 부모 양육 태도와 친구 관계 만족도가 휴대폰 중독적 사용과 우울에 미치는 영향」, 『청소년학연구』, 제21권 제11호, 2014.

있으나 다양한 관점에서 이루어지고 있지는 못하였다. 대부분의 연구는 인터넷에 대한 과다한 시간 사용이 청소년의 신체적 발달과 사회 및 정서적 발달에 미치는 영향에 대하여 횡단자료를 이용하여 규명하였다. 하지만 청소년들은 매년 급격한 성장과 발달을 해나가기 때문에 성인들보다 행동의 양식이 전혀 다른 방식으로 발달한다는 점을 고려하여야 한다. 따라서 특정 시점의 자료를 가지고 그 결과를 판단할 때는 사실관계를 다르게 보고할 수 있는 위험성이 존재한다.[7] 그리고 상당수의 연구가 청소년의 인터넷 사용시간을 독립변수로 두고 청소년의 인터넷 사용시간이 청소년의 여러 측면에 끼치는 영향을 탐구하였는데, 이는 청소년의 인터넷 사용시간 자체를 줄이거나 규제하는 형태의 연구결과 및 정책제안이 이루어질 가능성이 크다. 인터넷의 사용시간이 문제라기보다는 인터넷의 오용과 의존으로 발생하는 공격성, 우울, 건강문제 등이 문제이기에 오히려 청소년의 컴퓨터 사용시간 변화가 어떤 요인 때문에 발생하는지 살펴보는 것이 올바른 인터넷 정책에 필요할 것이다.

특히, 중학교에서 고등학교로 이행하는 청소년은 여러 가지 측면에서 환경의 변화가 급격하게 이루어진다. 개인적 측면-예를 들면, 성별과 가정의 경제적 여건-에 대해 민감해지고, 심리 정서적 측면에서 빠른 변화를 경험하는 시기이다. 동시에 친구 관계 등 관계적 측면에서 그 중요성이 더해지고, 본인이 지역사회에 대해 조금씩 인지해가는 시기이기도 하다. 따라서 본 연구에서는 중학교에서 고등학교로 이행해 가는 청소년들을 대상으로 개인특성, 심리 정서, 관계적

---

7) 김동하·엄명용, 「아동의 학교결석일 변화에 영향을 미치는 생태체계요인에 관한 종단연구: 패널 고정효과 모형을 활용하여」, 『한국사회복지학』, 제68권 제3호, 2016.

측면과 지역사회에 대한 인식에 대한 변수를 중심으로 중학교에서 고등학교로 이행하는 청소년에 대한 인터넷사용시간과 휴대폰 사용 의존에 대해 살펴본 후 이에 대한 정책적 함의를 논하고자 한다.

Ⅱ. 인터넷 중독과 관련된 선행연구

1. 개인특성 요인

일반적으로 인터넷의 사용시간은 남학생이 여학생보다 많은 것으로 보고하고 있다.[8] 하지만 인터넷의 사용시간이 인터넷의 중독을 의미한다고 단정 지을 수는 없다. 남자 청소년의 경우 인터넷 사용 시 게임 등 남성 친화적인 인터넷 공간이 많다는 점에서 여자 청소년보다 인터넷 사용시간이 많을 수 있다. 다시 말해서 인터넷의 어떤 공간과 영역을 대상으로 하는가에 따라서 남성과 여성의 사용시간은 달라질 수 있는 것이다. 이것의 예로서, 휴대폰 사용시간을 보면 청소년 남자와 여자의 이용시간의 차이는 없거나 오히려 여성이 더 높은 것으로 보고되고 있다.[9]

부모의 학력 역시도 청소년 자녀의 인터넷 사용시간을 증가시키는 것으로 보고되었다. 중학생과 고등학생의 인터넷 사용시간을 세

---

8) 아영아·정원철·김태준, 「인터넷 매체 특성과 청소년 인터넷 중독의 관계에서 인터넷 사용시간의 매개 효과에 관한 연구」, 『한국학교 사회복지학회지』, 제18권 제18호, 2010.
  박승민·송수민, 「청소년의 인터넷 과다사용에 미치는 개인적, 환경적 영향요인 연구」, 『인간이해』, 제31권 제2호, 2010.
  박주연·김희화, 「초기 청소년의 인터넷 사용시간과 인터넷 중독성향 간의 관계: 부모 훈육방식의 중재효과」, 『청소년학연구』, 제20권 제1호, 2013.
9) 한국정보화진흥원, 『2013년 인터넷 중독 실태조사』, 미래창조과학부·한국정보화진흥원, 2013.

집단으로 나누어 분석한 연구10)에서는 인터넷을 하루에 평균적으로 4시간 이상 사용하는 청소년들의 부모 학력 수준이 가장 낮았다. 그 밖에 많은 연구에서 부모의 높은 학력이 청소년의 인터넷 과다사용에 중요한 보호 요인으로 작용하는 것으로 나타났다.11)

그리고 경제적 수준 또는 소득에 따라서 인터넷의 사용시간이 다르게 나타난다는 연구결과는 다수 보고되고 있다. 박소연과 양소남의 연구12)에서는 경제적 수준을 세 집단으로 나누어 살펴본 결과, 가계의 경제적 수준이 낮을수록 인터넷 사용시간이 증가한다고 보고하였다. 그리고 경제 상태가 나쁘고, 평균 용돈이 적을수록 인터넷 사용시간은 증가한다고 보고하는 연구도 있다.13)

2. 심리-정서적 요인

인터넷의 사용에 영향을 주는 사회환경적 요인으로서 기존 연구에서 보고되고 있는 것은 다양하다. 생존경쟁, 스트레스 수준이 높을수록, 행복감이 낮을수록14), 대안 놀이, 건전한 정보문화가 형성되어 있지 않을수록, 대학생의 경우는 취업 스트레스가 인터넷 중독에 영향을 주는 것으로 보고하고 있다.15) 주관적 삶의 만족도 또

---

10) 김은엽·이지영, 「중고등학생의 평일 인터넷 게임 시간과 가정환경 요인」, 『한국 산학기술학회논문지』, 제13권 11호, 2012.

11) 김동하, 「A Longitudinal Study on Risk and Protective Factors Influencing Internet Use time of Early Adolescents」, 『청소년복지연구』, 제19권 제2호, 2017.

12) 박소연·양소남, 「청소년의 인터넷 사용시간에 영향을 미치는 요인 : 융복합적 함의를 중심으로」, 『Journal of Digital Convergence』, 제13권 제9호, 2015.

13) 윤유동·지혜성·임희석, 「청소년 시기의 인터넷 사용에 영향을 미치는 요인 분석 연구」, 『한국 컴퓨터 교육학회 논문지』, 제19권 제5호, 2016.

14) 박소연·양소남, 「청소년의 인터넷 사용시간에 영향을 미치는 요인 : 융복합적 함의를 중심으로」, 『Journal of Digital Convergence』, 제13권 제9호, 2015.

는 행복감에 관하여서는 상반된 결과가 나타나기도 하였다. 다른 연구에서는 본인이 행복한 편이라고 생각하는 학생이 본인이 불행한 편이라고 생각하는 학생보다 인터넷 이용 비율이 높아지는 것으로 나타났다.[16)

인터넷의 사용에 관하여 영향을 주는 심리적 요인으로서 소외감, 외로움, 무력감, 낮은 자존감, 우울, 불안 등이 기존 연구에서 확인되고 있다. 교사로부터 받는 정서적 지지가 약할수록, 사회적 지지가 약할수록[17), 자기통제력, 인터넷에 대한 긍정적인 인식, 슬픔과 절망감 등의 원인도 청소년의 인터넷 게임중독 행동에 영향을 주고 있다.[18) 인터넷 중독과 충동성과 관련된 연구들을 살펴보면, 인터넷 중독문제를 가지는 사람들은 그렇지 않은 사람들에 비해서 충동성이 더 높은 것으로 나타났다.[19)

3. 관계적 요인

부모의 중독, 양육 태도, 가정해체, 애정 및 시간 관리 소홀은 자녀의 인터넷 사용을 높이는데 이는 가족 간의 지지가 약할수록 자

---

15) 장수미·경수영, 「대학생의 취업 스트레스와 중독 행동의 관계; 불안의 매개 효과를 중심으로」, 『보건사회연구』, 제33권 제4호, 2013.

16) 윤유동·지혜성·임희석, 「청소년 시기의 인터넷 사용에 영향을 미치는 요인 분석 연구」, 『한국 컴퓨터 교육학회 논문지』, 제19권 제5호, 2016.

17) 박소연·양소남, 「청소년의 인터넷 사용시간에 영향을 미치는 요인 : 융복합적 함의를 중심으로」, 『Journal of Digital Convergence』, 제13권 제9호, 2015.

18) 윤유동·지혜성·임희석, 「청소년 시기의 인터넷 사용에 영향을 미치는 요인 분석 연구」, 『한국 컴퓨터 교육학회 논문지』, 제19권 제5호, 2016.
이형초, 「인터넷 게임중독 청소년 원인 및 심리지원 방안」, 『한국청소년시설환경학회 학술발표대회 논문집』, 2010.

19) Cao, F., Su, L., Liu., and Gao, X., "The relationship between impulsively and internet addiction in a sample of Chinese adolescents", *European Psychiatry*, Vol. 22, 2007.

녀의 인터넷 사용은 증가한다는 연구결과로 뒷받침되고 있다. 그리고 부모와의 역기능적인 의사소통, 인터넷에 대한 부모의 감독/통제, 생활 수준, 사용시간, 게임을 이용하는 정도 등이 인터넷 중독에 영향을 미칠 수 있다.[20]

그리고 또래 관계에서 어려움을 경험하거나 학교생활에 활발하게 참여하지 못하는 경우 더 인터넷에 몰입하는 것으로 나타났다.[21] 또래와 얼마나 많은 시간을 같이 보내는가로 또래 애착을 측정하고 있는데, 인터넷 사용시간 등과 관련해서는 조금 다른 결과를 생각할 수 있다. 우선, 또래와 무엇을 하며 보내는가에 따라 인터넷 사용시간은 달라질 것이다. 인터넷은 청소년에게 다양한 간접적 경험을 제공하고, 사회적인 교류의 기회를 확장해주고, 새로운 경험을 할 수 있게 한다는 긍정적인 측면이 있는데[22] 이런 경우 또래와 같이 있는 시간이 길어진다면 인터넷의 사용시간을 증가시키게 된다. 반면에 또래와 같이하는 활동이 주로 야외에서 이루어지고, 활동적이라면 인터넷의 사용시간은 감소할 수 있다.

4. 지역사회에 대한 인식

청소년이 자신이 살고 있는 지역에 대해 의식한다는 것은 청소년 자신과 가족을 넘어서 지역공동체 사회 내에서 확대된 관계를 맺으며 주위환경에 관해 관심을 가질 뿐만 아니라 본인의 행위를 지역

---

20) 금명자·정상화·신다겸, 「인터넷 중독 관련 연구 동향 : 한국심리학회지 게재 논문을 중심으로」, 『인터넷 중독연구』, 제1권 제1호, 2016.

21) 박승민·송수민, 「청소년의 인터넷 과다사용에 미치는 개인적, 환경적 영향요인 연구」, 『인간이해』, 제31권 제2호, 2010.

22) 홍봉선·남미애, 『청소년복지론』, 공동체, 2014.

사회의 맥락 안에서 의식한다는 것을 의미한다고 할 수 있다. 그리고 공동체 의식은 일반적으로 '공동체 성원들의 사회적 결속과 관련된 집합의식 혹은 그 집단 전체의 공통된 의식'으로 지리적 특성뿐 아니라 '관계'의 의미가 강조되는 개념이라 할 수 있다.[23]

백승희, 정혜원의 연구[24]에서는 중2, 고1 시점의 지역사회 인식이 높을수록 중3과 고2 시점에서 학교생활 적응을 잘하고 있는 것으로 나타났다. 역시 청소년의 지역사회에 대한 신뢰, 안정, 유대감 등의 긍정적인 태도는 학교생활에 적응을 잘할 수 있도록 도와준다고 주장하였다. 그리고 다른 연구에서는 학교생활 적응이 높을수록 인터넷의 사용시간은 감소하는 것으로 나타났다.[25]

본 연구에서는 청소년의 인터넷 사용시간에 영향을 주는 여러 요소를 개인특성, 정서-심리적 요소, 관계적 요인, 지역사회에 대한 인식으로 나누어서 살펴봄과 동시에 중학교에서 고등학교로 넘어가는 시기의 청소년의 컴퓨터 사용시간과 휴대폰 의존 정도에 살펴보고, 결과를 바탕으로 정책적 논의를 하고자 한다.

---

23) 박가나, 「청소년 참여 활동이 공동체 의식에 미치는 효과」, 『청소년학연구』, 제16권 제10호, 2009.

24) 백승희·정혜원, 「청소년들의 학교생활 적응의 변화패턴과 지역사회 인식의 동시 및 지연효과」, 『중등교육연구』, 제66권 제1호, 2018.

25) 장성화·박영진, 「초등학생의 가족 건강성과 인터넷 중독 간의 관계 : 학교적응을 매개 변인으로」, 『한국콘텐츠학회논문지』, 제13권 제7호, 2013.
박승민·송수민, 「청소년의 인터넷 과다사용에 미치는 개인적, 환경적 영향요인 연구」, 『인간이해』, 제31권 제2호, 2010.

Ⅲ. 분석방법

1. 한국 아동·청소년 패널조사 개요[26]

한국 아동·청소년 패널조사(Korean Children Youth Panel Study; KCYPS)는 초등학교 1학년, 초등학교 4학년, 중학교 1학년으로 구분된 조사대상을 구축하여 아동·청소년의 전반적인 특성을 조사하는 패널조사이다. 조사는 3개 패널별로 청소년 대상 조사(조사표본인 청소년을 대상으로 함), 보호자 대상 조사(조사표본인 청소년의 부모를 대상으로 함)로 구성되며, 아동·청소년이 이해하기 어렵거나 정확한 응답이 어려운 문항은 보호자에게 질문 및 응답을 받는 것을 원칙으로 하고 있다.

한국 아동·청소년 패널조사의 데이터는 패널별, 조사 차수별로 조사된 청소년 조사 응답 결과 및 보호자 조사 응답 결과를 하나의 파일로 통합하여 구축하되, 데이터 변인의 배열순서는 조사표의 순서가 아닌 한국 아동·청소년 패널조사의 조사 문항 구성체계를 바탕으로 한다.

변인명 또한 이러한 한국 아동·청소년 패널조사의 조사 문항 구성체계를 바탕으로 부여되며, 대영역, 중영역, 소영역, 항목, 세부항목 등 5단계로 분류되는 조사 문항 구성체계에서 소영역, 항목, 세부항목 및 조사 차수 코드를 조합한 결과로 변인명이 부여된다. 따라서 W1, W2 등과 같은 조사 차수 코드를 제외하고 소영역, 항목,

---

26) 이 연구에서는 한국 아동·청소년 패널조사(KCYPS) 자료를 사용하였으므로 이 장은 2017년도 KCYPS 코딩북을 참조하여 보완·정리하였다.

세부항목은 변함이 없으므로 조사대상 및 조사연도와 상관없이 같은 변인명을 가지게 된다. 이 외에 성별(GENDER), 학년(GRADE) 등 통상적으로 널리 사용되고 있는 변인명은 한국 아동·청소년 패널조사에서도 그대로 사용된다.

2. 연구분석 틀

1) 독립변수

본 연구는 컴퓨터 사용시간 및 휴대폰 의존도에 영향을 끼치는 개인특성으로 성별, 가구 수입, 부모의 교육 수준, 지역을 포함하였다. 부모의 교육 수준은 엄마와 아빠를 각각 구분하였으며, 중졸 이하, 고졸, 전문대 졸, 대졸, 대학원 졸, 해당 사항 없음의 항목으로 분류하였다.

독립변수 중 정서 문제에는 정서 문제, 자아 인식, 삶의 만족도를 포함하였다. 정서 문제는 '칭찬을 받거나 벌을 받아도 금방 다시 주의가 산만해진다.'라는 문항, 자아 인식은 '나는 나에 대해 긍정적인 태도를 지니고 있다.'라는 문항, 삶의 만족도는 '나는 내 삶이 행복하다고 생각한다.'라는 문항으로 측정하며, 응답은 '매우 그렇다'부터 '전혀 그렇지 않다'라는 4점 척도로 측정하였다.

독립변수 중 관계적 특성에는 친구들과 노는 시간, 양육방식, 또래 애착을 포함하였다. 본 연구에서 친구들과 노는 시간은 시간과 분 중에서 시간 단위를 기준으로 하여 분석하였으며, 양육방식은 '나의 의견을 존중해주신다.', 또래 애착은 '나는 친구들과 함께 있어도 외롭고 혼자라는 느낌이 든다.'라는 문항을 바탕으로 4점 척도로 측정하였다. 양육방식은 허묘연의 연구에서 사용된 부모 양육태도 검사 43문항을 활용한 것이며[27], 또래 애착은 Armsden와 Greenberg[28]가 제작한 25문항의 애착 척도를 활용하여 구성된 것이다.[29]

독립변수 중 지역사회 환경에는 지역사회 인식, 공동체 의식을 포함하였다. 지역사회 인식은 '나는 우리 동네에서 계속 살고 싶다.', 공동체 의식은 '주변에 어려움에 처해 있는 친구가 있다면 적극적으로 도울 수 있다.'라는 문항을 바탕으로 측정하였으며, 위의 다른 문항들과 마찬가지로 '매우 그렇다'부터 '전혀 그렇지 않다'라는 4점 척도로 측정하였다.

2) 종속변수

본 연구의 종속변수는 컴퓨터 사용시간과 휴대폰 의존도이다. 컴퓨터 사용시간은 주중과 주말로 구성되며, 시간 단위를 기준으로 조사되었다. 이와 비교해 휴대폰 의존도는 '점점 더 많은 시간을 휴대전화를 사용하며 보내게 된다.'라는 문항으로 측정하며, '매우 그렇다'부터 '전혀 그렇지 않다'라는 4점 척도로 측정되었다.

---

27) 허묘연,『청소년이 지각한 부모 양육 행동 척도개발 연구』. 이화여자대학교 대학원 박사학위 논문, 2000.

28) Armsden, G. C., and Greenberg M. T., "The inventory of parent and peer attachment: Individual differences and their relationship to psychological well-being in adolescence", *Journal of Youth and Adolescence*, Vol. 16 No. 5, 1987.

29) 한국청소년정책연구원,『한국 아동·청소년 패널조사(KCYPS) 제1-7차 조사 코드북 : 제7회 한국 아동·청소년 패널 학술대회용』, 한국청소년정책연구원, 2017.

<표 95> 변수와 조작화

변수			조작화
종속 변수	컴퓨터 사용시간 주중		컴퓨터 사용시간- 주중(#시간)
	컴퓨터 사용시간 주말		컴퓨터 사용시간- 주말(#시간)
	휴대폰 의존도		점점 더 많은 시간을 휴대전화를 사용하며 보내게 된다 1 매우 그렇다　　　　2 그런 편이다 3 그렇지 않은 편이다　4 전혀 그렇지 않다
독립 변수	개인 특성	성별	1 남 2 여
		가구 수입	가구 연간 소득 (#만 원)
		엄마 교육 수준	1 중졸 이하　　　　　　4 대졸
		아빠 교육 수준	2 고졸　　　　　　　　5 대학원 졸 3 전문대 졸　　　　　　6 해당 사항 없음
		지역30)	1 서울특별시　　　　　3 인천광역시 2 경기도　　　　　　　4 그 외 지역별 할당 등을 고려해 위와 같이 재코딩하였음.
	정서 문제	정서 문제	칭찬을 받거나 벌을 받아도 금방 다시 주의가 산만해진다 1 매우 그렇다　　　　2 그런 편이다 3 그렇지 않은 편이다　4 전혀 그렇지 않다
		자아 인식	나는 나에 대해 긍정적인 태도를 지니고 있다 1 매우 그렇다~4 전혀 그렇지 않다 (상동)
		삶의 만족도	나는 내 삶이 행복하다고 생각한다 1 매우 그렇다~4 전혀 그렇지 않다 (상동)
	관계 적 특성	친구들과 노는 시간	친구들과 노는 시간- 등교일(#시간)
		양육방식	나의 의견을 존중해주신다 1 매우 그렇다~4 전혀 그렇지 않다 (상동)
		또래 애착	나는 친구들과 함께 있어도 외롭고 혼자라는 느낌이 든다 1 매우 그렇다~4 전혀 그렇지 않다 (상동)
	지역 사회 환경	지역사회 인식	나는 우리 동네에서 계속 살고 싶다 1 매우 그렇다~4 전혀 그렇지 않다 (상동)
		공동체 의식	주변에 어려움에 처해 있는 친구가 있다면 적극적으로 도울 수 있다 1 매우 그렇다~4 전혀 그렇지 않다 (상동)

3) 패널 분석방법론

이 연구는 한국 아동·청소년 데이터를 활용하여 중학교 3학년에서 고등학교 1학년으로 넘어가는 시기의 변화를 분석한 뒤, 주중 컴퓨터 사용시간/주말 컴퓨터 사용시간/휴대폰 의존도 세 가지 종속변수를 선택하여 패널 분석을 시도하였다.

이 연구에서 종속/독립변수들은 2년의 시기를 측정하였으므로 매우 짧은 기간의 패널 분석이라고 할 수 있다. 따라서 시간의 변동에 따라 관측치들의 특성과 변화가 적다고 할 수 있으며 이 경우 고정효과 모델(fixed effect)을 쓰는 것이 일반적이다. 하지만, 앞선 기술통계에서 보았듯이, 주중 컴퓨터 사용시간이 중학교 3학년에서 고등학교 1학년으로 넘어가는 시기에 현저히 줄어들었으며 비록 짧은 기간이지만 시간적 변화에 따라 관측치들의 변동이 발견되었다고 할 수 있다.

즉, 데이터구조가 예상보다 변동이 있으며 더불어 오차항과 독립변수는 관련이 없다고 보는 것이 합리적이라고 볼 수 있다.[31] 따라서, 이 분석에서는 관찰되지 않은 미시적인 변수의 이질성을 고려해야 할 것이다. 이는 하우스만(Hausmann) 테스트를 통해 고정효과 모델보다 랜덤 효과 모델이 적합하다는 것을 확인할 수 있다. 본 연구는 주중 컴퓨터 사용시간/주말 컴퓨터 사용시간/휴대폰 의존도가 어떤 변수에 의해 영향을 받는지 STATA 14.0을 사용하여 분석을 수행하였다.

---

30) 한국 아동·청소년 패널데이터에서는 지역별로 표본을 추출하고 있다. 여기서는 지역 전체 분류가 연구의 핵심이 아니므로 1=서울 2=경기 3=인천 4=그 외 지역으로 데이터를 마이닝 하였다.

31) Kim, Y. Y., "The Dynamics of Pension and Social care services for older people in Welfare States", *Ph.D thesis: University of Bristol(unpublished)*, 2016.

Ⅳ. 분석 결과

1. 패널데이터와 기술분석

한국 아동·청소년 패널조사 자료를 바탕으로 아동·청소년의 인터넷 중독 현황을 분석하였다. 여기서는 2010년에 초등학교 4학년으로 출발하였던 초4 패널 자료가 활용되었다. 이 중에서 2015년에 중학교 3학년 학생이 된 2058명의 학생이, 2016년엔 고등학교 1학년이 된 1965명의 학생이 조사되었다 (아래 표 <2> 참조). 한국 아동·청소년 패널조사 홈페이지의 설명에 의하면 이 표본은 다단층화 집락 표집 방식으로 추출되었으며 추출의 과정을 다음과 같이 기술하고 있다[32].

"목표표본을 6,600명으로 설정하고 2010년 16개 광역시·도의 초1, 초4, 중1의 학생 수에 비례하여 지역별 표본 수 할당. 조사대상 학교 수는 한 학교당 한 학급씩, 학급 학생 전원을 조사하되 조사 성공률을 80%로 예상하여 산출하였다." 또한, 표본학교 추출은 16개 광역시·도와 도시 규모(대도시/중소도시/군 지역)를 교차하여 추출한 27개 집락별로 확률 비례 추출법(PPS)에 의거하여 조사대상 학교가 선정되었으며 지역별 참여 청소년 수는 아래 <표 2>와 같다. 서울시는 2015, 2016 연도별로 각각 239, 225명으로 총 464명이 참여하였다. 전국적으로는 2015년 2058명의 중학교 3학년생이, 2016년 1965명의 고등학교 1학년생이 조사에 참여하였다.

---

32) 한국 아동·청소년 데이터 아카이브 https://bit.ly/2NSNfW7

<표 96> 한국 아동·청소년 패널조사 참여 청소년 수

지역	2015	2016	계
서울시	239	225	464
경기도	320	306	626
인천시	93	86	179
전국	1,406	1,348	2,754
합계	2,058	1,965	4,023

<표 97> 주요 분석변수

구분			2015년 중학교 3학년 빈도(%)	2016년 고등학교 1학년 빈도(%)
종속변수	컴퓨터 사용시간 주중(시간)		1.104127	.7142857
	컴퓨터 사용시간 주말(시간)		2.462222	2.253968
	휴대폰 의존도		2.216148	2.301086
독립변수	개인특성	성별 남자	1,091 (52.94)	1,036 (52.35)
		성별 여자	970 (47.06)	943 (47.65)
		가구 수입(만 원)	398.0844	413.0832
	정서 문제	정서 문제	2.911693	3.015664
		자아 인식	1.939835	1.98383
		삶의 만족도	1.795245	1.868115
	관계적 특성	친구들과 노는 시간(시간)	.9078117	.6184942
		양육방식	1.717128	1.682668
		또래 애착	3.179039	3.157655
	지역사회 환경	지역사회 인식	2.077147	2.085397
		공동체 의식	1.828724	1.823143

본 연구의 종속변수는 주중 컴퓨터 사용시간, 주말 컴퓨터 사용시간 그리고 휴대폰 의존도이다. 먼저 컴퓨터 사용시간의 경우 중학교 3학년 때는 주중 평균 약 1시간 10분을 사용한 반면, 고등학교 1학년 때는 약 0.71시간 즉, 42분을 사용하는 것으로 조사되었다. 이와 비교해 주말에는 컴퓨터 사용시간이 2배 정도 증가하는 것으로 나타났는데, 중학교 3학년 때는 주말 평균 약 2시간 46분, 고등학교 1학년 때는 주말 평균 약 2시간 25분을 컴퓨터 사용시간으로 할애하는 것으로 나타났다. 휴대폰 의존도의 경우 '점점 더 많은 시간을 휴대전화를 사용하며 보내게 된다'는 질문에 '2. 그런 편이다'라는 응답이 평균을 차지하는 것으로 나타났다.

본 연구의 독립변수는 개인특성, 정서 문제, 관계적 특성, 지역사회 환경으로 구성된다. 먼저 개인특성과 관련하여, 성별의 경우 중학교 3학년 때 남자는 52.94%, 여자는 47.06%였으며, 고등학교 1학년 때는 남자 52.35%, 여자 47.65%로 연도별로 남녀 간 비율이 계속 비슷한 수준을 유지한 것으로 나타났다. 다음으로 개인특성 중 가구 수입은 연간 가구소득을 의미하는데, 중학교 3학년에서는 398만 원, 고등학교 1학년에서는 413만 원으로 조사되어 다소 증가하였다.

다음으로 정서 문제 관련 문항인 '칭찬을 받거나 벌을 받아도 금방 다시 주의가 산만해진다.'의 응답 결과는 중학교 3학년(2.91)에 비해 고등학교 1학년(3.01)이 보다 부정적인 응답에 가까워진 것으로 나타났다. 자아 인식 관련 문항인 '나는 나에 대해 긍정적인 태도를 지니고 있다.'의 응답 결과는 중학교 3학년과 고등학교 1학년 모두 약 1.9로 나타나, '1. 매우 그렇다'와 '2. 그런 편이다.'의 경계로 비교적 긍정적인 응답을 보였다. 삶의 만족도 문항인 '나는 내 삶이 행복하다고 생각한다.'의 응답 결과 또한 중학교 3학년과 고등학교 1학년이 각각 1.79, 1.86으로 나타나 긍정적인 응답을 보인 것으로 조사되었다.

관계적 특성 요인으로 친구들과 노는 시간을 보면 중학교 3학년은 약 0.90시간 즉 54분을 할애하는 반면, 고등학교 1학년은 약 0.61시간 즉 36분을 할애하고 있어 고등학교 진학 후 친구들과 노는 시간이 줄어든 것으로 나타났다. 관계적 특성 중 양육방식은 '(부모가) 나의 의견을 존중해주신다.'라는 응답 결과를 바탕으로 조사되었는데, 중학교 3학년은 1.71, 고등학교 1학년은 1.68로 비교적 긍정적인 응답에 가까운 것으로 조사되었다. 또래 애착 관련 문항인 '나는 친구들과 함께 있어도 외롭고 혼자라는 느낌이 든다.'에 대한 응답 결과는 중학교 3학년은 3.17, 고등학교 1학년은 3.15로 '3. 그렇지 않은 편이다.'에 가까운 것으로 나타났다. 전체 모집단의 학생들은 부모님과 친구들과의 관계가 대체로 양호한 것으로 나타났다.

마지막으로 지역사회 환경과 관련하여, '나는 우리 동네에서 계속 살고 싶다.'라는 지역사회 인식에 관한 결과는 중학교 3학년 2.07, 고등학교 1학년 2.08로 '2. 그런 편이다'에 가까운 것으로 나타났다. 그리고 '주변에 어려움에 처해 있는 친구가 있다면 적극적으로 도울 수 있다.'라는 공동체 의식에 관한 결과 또한 중학교 3학년과 고등학교 1학년 모두 1.82로 조사되어 긍정적인 응답 결과를 보였다.

2. 컴퓨터 사용시간 및 휴대폰 의존도의 패널 분석 결과

주중·주말의 컴퓨터 사용시간, 휴대폰 의존도의 요인을 밝히기 위해 앞서 제시한 대로 개인특성·정서 문제·관계적 특성·지역사회 환경의 독립변수를 구축하여 분석한 결과는 아래 <표 4>와 같다. 먼저, 선행연구와 달리, 여학생이 남학생보다 컴퓨터를 많이 쓴다고 나타났다. 이는 게임 시간이 아니라 컴퓨터 사용시간이기 때문에 학습이나 네트워크 활용에 여학생이 더 적극적일 수 있다. 휴대폰 의존도 또한 남학생보다는 여학생이 높은 것으로 통계적으로 유의미하였다(P<0.005).

또한, 가구소득이 높을수록 컴퓨터 사용시간이 적은 것으로 나타났는데 이는 상대적으로 경제적 여유가 있는 집에서 사교육 등으로 컴퓨터 사용시간이 짧은 것으로 추정된다. 또한, 아빠의 교육 수준과는 통계적으로 유의미한 값을 나타내진 않았지만, 엄마의 교육 수준이 높을수록 주중·주말 컴퓨터 사용시간이 낮은 것으로 나타나 중학교 3학년과 고등학교 1학년은 엄마의 교육적 관여가 있으며 마더 이펙트(mother effect)를 확인할 수 있었다. 주중에는 서울지역보다 기타지역들이 컴퓨터 사용시간이 많았으며 이는 주말에는 지역적 차이가 사라지는 것을 볼 수 있었다. 즉, 주중에 서울의 중·고 학생들은 컴퓨터 할 시간적 여유가 타 지역에 비해 적은 것으로 나타났다. 주중에 컴퓨터 시간이 많은 학생들은 또래 애착관계나 공동체 의식이 낮을수록 많이 쓴다는 것이 통계적으로 유의미하였다. 하지만 주말에는 이 두 변수는 통계적으로 관련이 없었으며, 대신 삶의 만족도와 정서가 산만할수록 컴퓨터를 많이 쓴다고 볼 수 있었으며, 친구들과 많이 놀수록 또한 많이 쓴다는 것을 확인할 수 있었는데 컴퓨터를 통해 친구들과 교류한다고도 추정해 볼 수 있다.

휴대폰 의존도에 관해서는 컴퓨터 사용시간과 차이가 있는 지점들이 있었는데 선행연구와 같이 정서가 안정적이고 자아가 긍정적일수록 의존도가 낮았으며 또래 애착이 강할수록 의존도가 강한 경향을 발견할 수 있었다. 이는 과거와는 달리 직접 대면하여 교우관계를 지속하기보다는 휴대폰이라는 매개를 통해 친구들과 애착 관계를 형성하는 것을 알 수 있었다.

이 연구는 인터넷 중독에 초점을 두기보다는 컴퓨터 사용시간과 휴대폰 의존도를 통하여 여러 요인을 검증하였기 때문에, 사회관계 또는 사회적 상호작용과 가족관계 등 사회적 측면에서도 부정적인 영향을 주는 것으로 보이는 기존 연구[33]와는 달리, 주말의 컴퓨터 이용시간과 휴대폰 의존도에 있어서는 또래 관계의 애착이 있을수록 사용시간이 많은 것을 확인할 수 있었다. 즉, 중독의 경계에 이르기 전에는 관계적 특성에서는 미디어 사용이 일정 부분 긍정적인 영향을 줄 수 있는 근거를 살펴보았다. 또한, 미디어 사용시간은 어머니의 교육 수준, 지역적인 차이가 있음을 새롭게 발견해 낼 수 있었다.

---

33) 이래혁·장혜림, 「다문화가정 청소년의 부모 친밀도와 인터넷 정책 인지도가 인터넷 중독에 미치는 영향」, 『한국디지털정책학회』 제16권 제3호, 2018

<表 98> 패널 분석 결과

	컴퓨터 사용시간 주중	컴퓨터 사용시간 주말	휴대폰 의존도
	coef/se	coef/se	coef/se
성별	-.2430038*** (0.000)	-.9412639*** (0.000)	-.2271019*** (0.000)
가구 수입	-.0003692*** (0.004)	-.0005842*** (0.004)	.0001076 (0.239)
엄마 교육 수준			
2	-.1419427** (0.029)	-.1084659 (0.283)	.0230075 (0.605)
3	-.1976984*** (0.000)	-.3721927*** (0.000)	.0470504 (0.199)
아빠 교육 수준	-.0107253 (0.914)	-.0694991 (0.651)	.0814229 (0.236)
지역			
2	.0592927 (0.493)	.0314964 (0.814)	-.0506393 (0.399)
3	-.0806738 (0.516)	-.0984241 (0.610)	.0339398 (0.695)
4	-.2093227*** (0.003)	.0198192 (0.855)	-.0773099 (0.112)
정서 문제	-.0481925* (0.091)	-.132034*** (0.003)	.1396831*** (0.000)
자아 인식	.0477027 (0.147)	.128043** (0.012)	-.0541603** (0.016)
삶의 만족도	-.0127886 (0.725)	.0044053 (0.938)	-.0002934 (0.991)
친구들과 노는 시간	.1881933*** (0.000)	.0891913*** (0.002)	-.0196892* (0.095)
양육방식	.0030364 (0.928)	.0469476 (0.367)	-.0390844* (0.090)
또래 애착	-.0859335*** (0.001)	-.0486153 (0.233)	.0794414*** (0.000)
지역사회 인식	-.014755 (0.613)	-.01458 (0.746)	.0198704 (0.309)
공동체 의식	.0904321** (0.011)	.0464256 (0.401)	.0105188 (0.668)

_cons	1.435542*** (0.000)	3.244406*** (0.000)	1.736194*** (0.000)
sigma_u	.56321167	.87935423	.41789434
sigma_e	.86098978	1.3041552	.65427565
rho	.29967327 (fraction of variance due to u_i)	.31254544 (fraction of variance due to u_i)	.28974965 (fraction of variance due to u_i)

P value < .01 - ***; .05 - **; .1 - *;

V. 결론 및 제언

이 연구는 그동안 청소년 인터넷/미디어 사용시간을 주로 주중 컴퓨터 사용시간을 종속변수로 사용해 왔으나, 주말 사용시간을 포함하여 분석하였다. 또한, 최근 대부분 청소년이 사용하는 휴대폰 의존도를 포함시켜 다각적으로 살펴본 것에 의의가 있다. 그리고 특정시점의 횡단조사가 아닌 중학교 3학년에서 학업적 부담이 늘어나는 고등학교 1학년으로 확대하여 비록 짧은 기간이지만 가장 주요한 시점이라고 할 수 있는 시계열적 추이와 차이를 살펴보았다.

중학교 3학년에서 학업적 부담이 증가하는 고등학교 1학년으로 진학하면서 주중 컴퓨터 사용시간이 현저하게 줄어드는 것을 확인할 수 있었다. 하지만 주말 컴퓨터 사용시간이나 휴대폰 의존도에서는 큰 차이가 없었다.

선행연구에서는 인터넷 중독과 공격성은 자아존중감과 자기통제력이 매개 변인으로 작용한다.[34] 이 연구에서는 자아가 긍정적일수

---

34) 도금혜, 이지만, 「청소년의 인터넷 중독, 자아존중감, 자기통제, 공격성 간의 관계구조」, 『한국가정관리학회지』, 제29권 3호, 2011.

록 휴대폰 의존도가 낮게 나왔으며 정서가 산만할수록 주말 컴퓨터 사용시간이 많은 것으로 나타나 선행연구를 일정 부분 뒷받침하는 것으로 보였다. 하지만 컴퓨터 사용시간이나 휴대폰 의존도는 선행연구와는 달리, 여학생이 높은 것으로 확인이 되었으며 가구소득과 어머니 교육 수준이 높을수록 적게 쓰는 것으로 나타났다. 가구소득에 관한 결과는 선행연구[35]와 어느 정도 일치하였다. 또한, 아버지의 교육 수준보다는 어머니의 교육 수준이 컴퓨터나 휴대폰 의존도에 영향을 미치는 것으로 보아 어머니의 교육이 자녀에게 영향을 미치는 소위 마더 이펙트(mother effect)를 추정해 볼 수 있다는데 분석의 의의를 지니며 후속연구에서는 더욱 정교하게 접근해 볼 수 있을 것이다.

한편, 주중 컴퓨터 사용시간은 또래 애착이 낮을수록 많이 쓰는 경향을 보였으나 휴대폰 의존도는 또래 애착이 높을수록 많이 쓰는 것으로 나타나 정반대의 현상을 보여주었다. 주말 컴퓨터 사용시간 역시 친구들과 많이 어울릴수록 많이 쓰는 경향을 보여 기존에 논의되던 연구 경향과는 차별을 보였다. 이는 주말 컴퓨터 사용시간/휴대폰 의존도에 대해서는 미디어중독과 관계적 특성에 관한 기존 논의가 잘 맞지 않는 것을 확인하였다.

기존 연구[36]에서는 지역사회와 공동체의 인식이 좋을수록 미디어중독의 정도가 낮은 것으로 보고 되고 있다. 지역사회 인식 정도와 공동체 의식은 중3, 고1 시점에서 대체로 긍정적인 답변(2점 그

---

35) 박소연·양소남, 「청소년의 인터넷 사용시간에 영향을 미치는 요인 : 융복합적 함의를 중심으로」, 『Journal of Digital Convergence』, 제13권 제9호, 2015.

36) 백승희·정혜원, 「청소년들의 학교생활 적응의 변화패턴과 지역사회 인식의 동시 및 지연효과」, 『중등교육연구』, 제66권 제1호, 2018.

렇다)으로 거의 차이가 없었으며 주말 컴퓨터 사용시간이나 휴대폰 의존도에 미치는 영향이 통계적으로 유의미하지 않다는 것을 발견 하였다. 전체 2000여 명의 학생을 2년간 추적한 모집단이므로 정규 분포 안의 집단에서는 서로의 관련성을 발견하지 못하였다. 하지만, 기존 연구에서 주로 종속변수로 제시되었던 주중 컴퓨터 사용시간 에서는 공동체 의식이 낮을수록 증가하는 양태를 보여줌으로써 선 행연구 결과와 같은 결과를 보여주었다.

최근 컴퓨터 사용시간과 휴대폰 의존도는 대부분 청소년과 학부 모가 우려하는 삶의 한 부분이기에 전체 표본을 일관성 있게 할당 하여 구축한 한국 아동·청소년 패널조사를 통해 이러한 추이와 요 인을 살펴보았다. 이를 통해 기존 연구와 다른 지점들이 발견되었 으며 정책적 함의를 보다 확장 시킬 수 있을 것이다.

본 연구에서는 어머니의 교육 수준이 청소년의 인터넷 사용시간 에 부(-)적인 영향을 주지만, 아버지의 교육 수준은 영향을 주지 못 하는 것으로 나타났는데, 이는 청소년의 돌봄이 주로 어머니에 의 해 이루어지고 있는 현실을 반영하고 있다고 볼 수 있는데 이것의 엄밀한 추정은 향후 청소년 돌봄과 청소년의 시간 사용 행태분석을 통해 추가적으로 연구되어야 할 것이다.

그리고 앞서 살펴본 연구결과에서 정서 문제, 자아 인식, 친구들 과 노는 시간은 인터넷 사용시간과 휴대폰 의존도와는 상반되는 영 향을 주는 것으로 확인되었는데, 이는 단순히 인터넷 사용시간 규 제를 통하여 인터넷 중독을 예방하거나 인터넷 중독을 판단하는 것 은 문제가 있다는 것을 시사하고 있다. 따라서 본 연구는 청소년의 인터넷 중독 또는 휴대폰 중독의 문제를 다루기 위해서는 시간적 차원을 넘어 인터넷·휴대폰의 사용행태를 파악하는 것이 필요하다고 제안한다. 정서 문제, 자아 인식, 친구들과 노는 시간이 인터넷 사용시간과 휴대폰 의존도와는 상반되는 결과는 오히려 청소년기에 있어서 친구 관계나 여가 활용의 행태 등도 매우 중요하다는 것을 잠정적으로 보여준다고 볼 수 있다. 따라서 인터넷을 많이 사용하는 것이 아니라 어떤 사이트와 내용에 접속하는지를 더욱 정확히 파악하여 유해 환경에 노출되지 않도록 해야 하며 휴대폰의 올바른 이용에 대한 청소년 교육의 중요성이 대두된다고 볼 수 있다.

마지막으로 본 연구의 한계를 언급하자면, 우선 패널 기간이 중학교에서 고등학교로 넘어가는 2년의 시기만을 보았으므로 좀 더 장기적인 추세를 살펴보는 데 제한이 있다. 따라서 후속연구에서는 중학교, 고등학교를 대상으로 각 3년씩 패널을 구성하여 비교해 보는 것도 의미가 있을 것이다. 두 번째는 청소년의 인터넷에 영향을 주는 다양한 변수가 존재하지만, 그 모든 부분을 고려하지 못하는 방법론상의 한계가 존재한다. 이를테면, 학업성적, 부모와 함께 보내는 시간 등 중요한 변수들이 있는데 이는 향후 연구에서 보완해야 할 문제로 남겨두고자 한다. 세 번째, 인터넷의 사용시간이 중독을 판단하는 주요한 기준이 되지 못한다고 할 때 다른 방법으로 접근하는 것이 필요하다. 즉, 인터넷 사용행태와 접속하는 사이트의 유형을 고려하여 연구해 볼 수 있다. 이런 점들을 고려하여 한국 아동·청소년 패널조사가 보다 축적되어 장기간에 걸친 청소년들의 컴퓨터/휴대폰 사용과 그 행태에 대해 논의해 볼 수 있을 것이다.

참고문헌

김동하·엄명용, 「아동의 학교결석일 변화에 영향을 미치는 생태체계 요인에 관한 종단연구: 패널 고정효과 모형을 활용하여」, 『한국사회복지학』, 제68권 제3호, 2016.

김동하, 「A Longitudinal Study on Risk and Protective Factors Influencing Internet Use time of Early Adolescents」, 『청소년복지연구』, 제19권 제2호, 2017.

김선우·김태현, 「가족, 학교, 인터넷 사용 환경요인과 중학생의 인터넷 의존 간 관계:우울의 매개 효과 검증」, 『한국가족관계학회지』, 제15권 제4호, 2011.

김옥태, 「게임중독과 공격성 간의 관계에 대한 예비적 고찰」, 『한국엔터테인먼트산업 학회논문지』, 제4권, 2011.

김은엽·이지영, 「중고등학생의 평일 인터넷 게임 시간과 가정환경 요인」, 『한국 산학기술학회논문지』, 제13권 11호, 2012.

김선우·김태현, 「가족, 학교, 인터넷 사용 환경요인과 중학생의 인터넷 의존 간 관계:우울의 매개 효과 검증」, 『한국가족관계학회지』, 제15권 제4호, 2011.

김효순, 「학교환경 요인이 청소년의 인터넷 중독에 미치는 영향:성별 조절 효과 분석을 중심으로」, 『한국 컴퓨터정보학회 논문지』, 제5권 제1호, 2010.

김현순, 「초기 청소년의 우울과 인터넷 사용의 관계: 자기 회귀 교차지연 모형을 적용한 종단분석」, 『상담학연구』, 제15권 제2호, 2014.

금명자·정상화·신다겸, 「인터넷 중독 관련 연구 동향 : 한국심리학회지 게재 논문을 중심으로」, 『인터넷중독연구』, 제1권 제1호, 2016.

도금혜·이지만, 「청소년의 인터넷 중독, 자아존중감, 자기통제, 공격성 간의 관계구조」, 『한국가정관리학회지』, 제29권 3호, 2011.

디지털중독연구회, 『인터넷 중독의 특성과 쟁점』, 시그마프레스, 2015.

박가나, 「청소년 참여 활동이 공동체 의식에 미치는 효과」, 청소년학연구 16(10) (2009), 273-306.

박소연·양소남, 「청소년의 인터넷 사용시간에 영향을 미치는 요인 : 융복합적 함의를 중심으로」, 『Journal of Digital Convergence』, 제13권 제9호, 2015.

박승민·송수민, 「청소년의 인터넷 과다사용에 미치는 개인적, 환경적 영향 요인 연구」, 『인간 이해』, 제31권 제2호, 2010.

박주연·김희화, 「초기 청소년의 인터넷 사용시간과 인터넷 중독성향 간의 관계: 부모 훈육방식의 중재효과」, 『청소년학연구』, 제20권 제1호, 2013.

배성만, 「중학생의 지각된 부모 양육 태도와 친구 관계 만족도가 휴대폰 중독적 사용과 우울에 미치는 영향」, 『청소년학연구』, 제21권 제11호, 2014.

백승희·정혜원, 「청소년들의 학교생활 적응의 변화패턴과 지역사회 인식의 동시 및 지연효과」, 『중등교육연구』, 제66권 제1호, 2018.

소심향·김형태, 「청소년의 인터넷 중독과 사회적응의 관계에서 심리 사회적 요인의 조절 효과 검증」, 『아동보호 연구』, 제2권 제1호, 2017.

신성철·이기영·최성열, 「초등학생의 인터넷 중독이 정신 건강 및 신체 증상, 학업 성취도에 미치는 영향」, 『미래 청소년학회지』, 제5권 제1호, 2008.

아영아·정원철·김태준, 「인터넷 매체 특성과 청소년 인터넷 중독의 관계에서 인터넷 사용시간의 매개 효과에 관한 연구」, 『한국학교 사회복지학회지』, 제18권 제18호, 2010.

윤유동·지혜성·임희석, 「청소년 시기의 인터넷 사용에 영향을 미치는 요인 분석 연구」, 『한국 컴퓨터 교육학회 논문지』, 제19권 제5호, 2016.

이래혁·장혜림, 「다문화가정 청소년의 부모 친밀도와 인터넷 정책 인지도가 인터넷 중독에 미치는 영향」, 『한국디지털정책학회,』제16권 제3호, 2018.

이준기·정경용·김용수, 「생태 체계학적 접근에 근거한 위험요인과 보호 요인이 청소년 인터넷 중독에 미치는 영향」, 『소년 보호 연구』, 제18권 제18호, 2012.

이형초, 「인터넷 게임중독 청소년 원인 및 심리지원 방안」, 『한국청소년시설 환경학회 학술발표대회 논문집』, 2010.

장성화·박영진, 「초등학생의 가족 건강성과 인터넷 중독 간의 관계 : 학교적응을 매개 변인으로」, 『한국콘텐츠학회논문지』, 제13권 제7호, 2013.

장수미·경수영, 「대학생의 취업 스트레스와 중독 행동의 관계; 불안의 매개효과를 중심으로」, 『보건사회연구』, 제33권 제4호, 2013.

전상민, 「자기 회귀 교차지연 모형을 이용한 청소년의 휴대폰 과다사용 및 중독적 사용과 우울의 종단 관계: 성별 간 다집단 분석」, 『Family and

Environment Research』, 제52권 제3호, 2014.

홍봉선·남미애, 『청소년복지론』, 공동체, 2014.

한국정보화진흥원, 『2013년 인터넷 중독 실태조사』, 미래창조과학부·한국정보화진흥원, 2013.

한국청소년정책연구원, 『한국 아동·청소년 패널조사(KCYPS) 제1-7차 조사 코드북 : 제7회 한국 아동·청소년 패널 학술대회용』, 한국청소년정책연구원, 2017.

허묘연, 『청소년이 지각한 부모 양육 행동 척도개발 연구』. 이화여자대학교 대학원 박사학위 논문, 2000.

Armsden, G. C., and Greenberg M. T., "The inventory of parent and peer attachment: Individual differences and their relationship to psychological well-being in adolescence", Journal of Youth and Adolescence, Vol. 16 No. 5, 1987.

Cao, F., Su, L., Liu., and Gao, X., "The relationship between impulsively and internet addiction in a sample of Chinese adolescents", European Psychiatry, Vol. 22, 2007.

Gentile, D. A., Lynch, P. J., Linder, J. R., and Walsh, D. A., "The effects of violent video game habits on adolescent hostility, aggressive behaviors, and school performance", Journal of Adolescence, Vol. 27, 2004.

Kim, D. H., "A Longitudinal Study on Risk and Protective Factors Influencing Internet Use time of Early Adolescents", Journal of Youth Welfare, Vol. 19 No. 2, 2017.

Kim, Y. Y., "The Dynamics of Pension and Social care services for older people in Welfare States", Ph.D thesis: University of Bristol(unpublished), 2016.

Young, K. S., "Internet addiction: Symptoms, evaluation, and treatment", Innovations in clinical practice: A source book, Vol. 17, 1999.

「한국 아동·청소년 데이터 아카이브」 https://bit.ly/2NSNfW7 (검색일: 2018. 06. 20.)

부모의 사회경제적 지위에 따른 자녀의 여가 시간 사용법[*]

강선경(서강대학교 사회복지학과 교수)

최윤(서강대학교 사회복지학과 박사과정)

Ⅰ. 서론

우리 사회에서 '개천에서 용 난다'라는 속담은 더 이상 유효한 이야기가 아니다. 이전에는 개인의 노력, 특히 학력을 통한 사회에서의 계층 간 이동이 가능하였으나 요즘 시대에는 개인의 노력만으로는 극복할 수 없는 '유리천장'이 존재하기 때문에 실질적으로 계층 간 이동이 거의 불가능한 실정이다. 최근에는 부모의 사회경제적 여건이 고스란히 대물림 되는 형태까지 보이며 '금수저, 흙수저' 이슈도 가세가 되고 있다. 계층 간 불평등을 논의할 때 절대적인 기준이 되는 내용 중 하나는 개인의 사회경제적 특성과 학력의 연관성이다.[1] 사회경제적 특성이 불평등과 관련 있다는 것은 당연하

---

[*] 이 글은 생명연구 제48집(2018년 5월)에 실렸던 글을 수정·보완하여 수록하였다.

[1] 장상수, 「학력성취의 계급별·성별 차이」, 『한국사회학』, 제38집 제1호, 2004; 김은정, 「가정의

게 이해되는 부분이다. 그러나 교육 수준 및 학력 역시 계층 간 불평등을 이해하는 데 중요한 기준이 된다. 특히 국외와 비교하였을 때 한국의 불평등 논의에서 학력이 중요하게 대두되는 이유는 교육을 통하여 계층 간 불평등을 극복하였던 과거부터 이어지는 고유한 특성에 기인하고 있다고 볼 수 있다. 더욱이 한국사회에서는 부모의 사회경제적 특성과 학력이 자녀에게 큰 영향을 미치게 되는데, 이는 한 개인의 학력성취는 개인 차원의 노력에 부차적으로 부모의 자원에 의해서 영향을 받는 특징이 존재하기 때문이다. 즉, 이는 부모의 사회경제적 특성 및 학력 형태가 자녀에게 대물림 되는 것에 기인한다는 것을 의미한다.

부모의 사회경제적 특성과 자녀의 학업 형태 및 성취 사이의 관계를 다룬 대부분의 연구는 대체로 학업에 대한 부모의 비용 투자의 차이에서 그 차이가 발생한다는 관점을 가지고 있다.[2] 즉, 부모의 사회경제적 배경이 자녀의 학업 형태와 성취에 유의미하게 영향을 미친다는 것이다. 최근 부모와 자녀 사이의 관계를 다룬 연구에서는 '시간'이 새로운 요인으로 부각되면서, 부모의 사회경제적 특성에 따른 자녀의 시간 사용의 차이가 주목을 받고 있다.[3] 다수의

사회경제적 지위, 사교육비, 부모-자녀 관계 그리고 청소년 자녀의 학업성취 간의 관계에 관한 연구」, 『한국사회학』, 제41권 제5호, 2007; 여유진, 「한국에서의 교육을 통한 사회이동 경향에 대한 연구」, 『보건사회연구』, 제28권 제2호, 2008; 신명호, 「부모의 사회경제적 지위가 자녀의 학업 성취도에 미치는 영향에 관한 연구」, 『사회복지연구』, 제41권 제2호, 2010.

[2] 박창남·도종수, 「부모의 사회경제적 지위가 학업성취에 미치는 영향」, 『사회복지정책』, 제22권 제1호, 2005; 연보라·장희원·김경근, 「부모의 사회경제적 지위, 학업 지원, 양육방식, 사교육 참여, 자기 주도적 학습능력 간의 구조적 관계」, 『한국교육학연구』, 제19권 제3호, 2013.

[3] 송유진, 「부모의 사회경제적 특성에 따른 청소년의 생활시간 비교」, 『가족과 문화』, 제25권 제3호, 2011; 김진욱·고은주, 「시간 압박, 누가 얼마나 경험하는가: 한국 기혼부부의 수면, 개인 관리, 여가 시간 결핍 결정요인 분석」, 『한국사회복지정책학회』, 제42권 제2호, 2015; 박정윤·전유진, 「부모 관련 변인이 청소년 자녀의 생활시간 사용에 미치는 영향」, 한국가족자원경영학회 2016 공동춘계학술대회 포스터 논문, 2016.

연구에서 어린 시절 부모와 공유하는 시간이 많은 자녀일수록 문화자본(cultural capital)과 정서 자본(emotional capital)이 함양된다는 것이 입증되었고, 교육 수준이 높은 부모일수록 자녀와의 공유시간이 많다는 결과를 보여주었다. 이러한 국내외 연구결과들은 부모의 사회경제적 특성과 자녀의 시간 사용 사이에는 밀접한 상관관계가 존재한다는 것을 명확하게 보여주고 있다.4)

특히 대부분의 연구에서 부모의 사회경제적 환경이 안정적이고 학력이 높을수록, 시간을 활용하는 데에 여유로움이 있고 그 속에서 자녀와 함께 보내는 시간의 중요성도 인지되어 시간 배분에 있어 자녀에게 우선순위를 두게 된다는 점이 공통적으로 주장되고 있다.5) 그리고 이것은 학력이 높은 부모일수록 학령기 자녀의 학업 관련 시간에도 많은 개입을 하게 된다는 것을 보여주기도 한다.

부모의 사회경제적 배경은 학령기 자녀의 학업 관련 시간뿐만이 아니라 아동·청소년들의 주 여가 시간을 차지하는 인터넷 사용시간에도 관련이 있다. 20세기 후반부터 정보화 사회로 진입하여 현재 우리는 정보의 획득이 자산이 되는 세상에서 살아가고 있다. 이러한 관점에서 부모의 사회경제적 배경에 따른 자녀의 인터넷 사용형태 차이는 정보격차 개념과 연관이 있고, 결론적으로 정보로 야

4) 송유진, 2011; Bianchi, S. M. and Robinson, J., "What did you do today? Children's use of time, family composition, and the acquisition of social capital", *Journal of Marriage and the Family*, Vol. 59 No. 1, 1997; Sayer, L. C., Anne H. Gauthier and Frank F. Furstenberg Jr., "Educational differences in parents time with children: Cross national variation", *Journal of Marriage and Family*, Vol. 66 No. 1, 2004; Craig, L., Parental education, time in paid work, and time with children: An Australian time diary analysis", *The British Journal of Sociology*, Vol. 57 No. 4, 2006; Bonke, J. and Esping-Andersen, G., "Family investment in children: Productivities, preferences, and parental childcare", *European Sociological Review*, 2009.

5) 송유진, 2011; Reay, D, "A Useful Extension of Broudies's Conceptual Framework? Emotional Capital as A Way of Understanding Mother's Involvement in Their Children's Education", *The Sociological Review*, Vol. 48 No. 4, 2000.

기되는 세대 간 불평등의 재생산이라는 시각에서 조명해 볼 수 있 겠다.

청소년의 인터넷 사용행태와 관련된 국내외 선행연구들은 대부 분의 경우 부모의 사회경제적 배경이 자녀의 사회경제적 배경에 직·간접적으로 영향력을 미쳐 서로 연관성을 지니고 있다고 보고 하고 있다.6) 일부 국내 연구에서는 부모의 사회경제적 배경에 따 른 정보 접근성 차이를 언급하며, 부모가 정보에 대한 접근성이 약 할수록 자녀 역시 정보 접근에 취약하게 된다는 결론을 보여주며 '정보격차론'을 언급하고 있다.7)

부모의 사회경제적 특성에 따라 부모가 자녀의 학업에 개입하는 시간과 관련한 자녀의 학업성취도 연구나 부모와 자녀가 함께 보내 는 시간에 관한 연구는 이미 선행되었다. 또한, 부모의 사회경제적 배경이 자녀의 정보 접근성에 영향을 미쳐 아동·청소년의 정보격 차와 더 나아가 세대 간 불평등의 대물림을 야기한다는 연구들을 살펴볼 수 있었다. 하지만 부모의 사회경제적 배경, 특히 교육 수준 에 따른 자녀들이 보내는 생활시간 자체에 초점을 둔 연구는 거의 전무하다. 이와 관련하여 국외에서 다룬 소수의 연구는8) 부모의 사

---

6) 정재기, 「부모의 사회경제적 지위와 청소년의 컴퓨터 이용실태: 생활시간 자료를 바탕으로」, 『사이버커뮤니케이션학회』, 제24집 제1호, 2007; 송유진, 2011; Featherman, D. L. and Hausser, R. M., *Opportunity and change*, New York: Academic Press, 1978; Erikson, R., Goldthorpe, J., and Portocarero. L., "Intergenerational class mobility in three Western European societies: England, France, and Sweden", *British Journal of Sociology*, Vol. 30 No. 3, 1979; Bourdieu, P., *Distinction: A social critique of the judgement of taste*, Harvard University Press, 1984; Lin N., *Social capital: A theory of social structure and action*, Cambridge University Press, 2002; Sewell, W. H, Hauser, R. M., Springer, K. W., and Hauser, T. S., *As we age: A review of the Wisconsin longitudinal study: 1957-2001 in K. T. Leicht(ed.). Research in Social Stratification and Mobility*, Oxford, UK. Elsevier, 2004.

7) 정재기, 2007; 정재기, 2011.

8) Bianchi, S. M. and Robinson, J., 1997; Mullan, K, "Young people's time use and maternal employment in the UK", *The British Journal of Sociology*, Vol. 60 No. 4, 2009; Wight, V. R.,

회경제적 특성에 따라 자녀들이 시간을 어떻게 활용하는지에 대한 차이에 초점을 두고 연구를 진행하였고, 국내의 연구들[9] 역시 부모의 사회경제적 특성, 특히 교육 수준에 따른 청소년들의 시간 사용 차이를 살펴보았다. 하지만 이들의 대부분이 청소년의 독서시간, 컴퓨터 이용시간, TV 시청시간 등과 같이 특정 행위를 한정 지어 연구를 진행하는 한계를 지니고 있다.[10]

누구에게나 동일하게 주어지는 24시간을 청소년들이 어떠한 활동을 하며 어떻게 보내고 있는지 살펴보는 일은 매우 의미 있는 작업이다. 더욱이, 동일하게 주어지는 시간을 부모의 사회경제적 지위에 따라 개인마다 차이를 두고 활용하고 구성한다고 가정한다면 이는 청소년들에게 있어 더욱 중요한 의미를 부여하는 것이 될 것이다. 부모의 자원과 여건에 따라 청소년들의 현재의 삶과 미래의 모습이 확연히 달라질 수 있기 때문이다. 이에 본 연구는 부모의 사회경제적 지위에 따라 청소년들의 시간 사용행태에 차이가 있을 것이라는 문제의식에 기초하여 청소년들의 인터넷 사용행태와 학습행태를 살펴보고, 장기적 관점으로 청소년들의 시간 사용행태의 차이가 정보와 자원의 이용격차와 더 나아가서는 사회적 불평등에 기인한다는 가정에 접근하려고 한다.

Joseph Price, Suzanne M. Bianchi and Bijou R. Hunt., "The time use of teenagers", *Social Science Research*, Vol. 38 No. 1, 2009.

9) 박민자·손문금, 「가족 배경이 청소년의 교육성취와 관련된 생활시간 사용에 미치는 영향」, 『가족과 문화』, 제19권 제2호, 2007; 정재기, 2007; 진미정, 「가족 구조에 따른 아동의 생활시간 비교」, 『가족과 문화』, 제20집 제3호, 2008; 송유진, 2011; 정재기, 「부모의 사회경제적 지위와 청소년의 인터넷 이용행태: 생활시간 조사의 활용」, 『한국사회학』, 제45집 제5호, 2011.

10) 정재기, 2007; 김우찬·이윤석, 「부모가 자녀의 TV 시청시간에 미치는 영향: 부모의 사회경제적 지위와 TV 시청시간을 중심으로」, 『한국청소년연구』, 제20권 제1호, 2009; 정재기, 2011; Mullan, 2010.

Ⅱ. 이론적 배경

1. 청소년의 인터넷 이용

청소년의 인터넷 이용에 관한 연구는 1990년대 중후반부터 컴퓨터와 인터넷이 보급되면서 야기된 게임이나 인터넷 중독을 중심으로 진행되었다. 대부분의 연구는 컴퓨터의 지나친 사용으로 인해 청소년들의 일상생활을 저해하는 다양한 요인들을 확인하는 데 중점을 두고 있다. 다양한 연구들을 통해 사회적 불안이나 낮은 자아존중감, 자기효능감, 학업 스트레스 등의 심리적인 요인들[11]이 청소년들이 게임 또는 인터넷 중독에 빠지게 되는 주된 원인으로 밝혀졌다. 또한, 학교에서의 적응[12]이나 대인관계 및 사회적 지지[13] 등과 같은 사회적 자원과 관련된 요인들이 청소년들이 중독에 빠지게 되는데 연관이 있다는 연구들이 주를 이루었다.

이와 같이 인터넷 이용과 관련된 초창기 대다수의 연구는 인터넷 몰입 및 중독에 영향을 미치는 요인을 확인하고, 중독에서 벗어나고자 하게 하는 방안을 모색하는 데에 치중되어 있었다. 중독의 원인을 제시하고, 치료적 관점에서의 중독을 벗어나기 위한 방법으로

---

11) 김혜원, 「청소년들의 인터넷 중독 현상: 인터넷 중독의 원인과 관련 변인 분석」, 『청소년학연구』, 제8권 제2호, 2001; 이경님, 「아동이 지각한 어머니와의 의사소통과 자기통제가 게임중독에 미치는 영향」, 『대한가정학회지』, 제41권 제1호, 2003; 나은영·송상현, 「어린이의 인터넷 컴퓨터 게임몰입에 미치는 자기통제성의 매개역할과 어머니의 개발적 커뮤니케이션의 영향」, 『한국언론학보』, 제50권 제2호, 2006; 나은영·박소라·김은미, 「청소년의 인터넷 이용유형별 미디어 이용 약식과 적용」, 『한국언론학보』, 제51권 제2호, 2007.

12) 정보문화진흥원, 『청소년의 인터넷 중독 장기추적 조사연구 2차 연도』, 2005; 나은영·박소라· 김은미, 2007.

13) Young, K, S. and Rogers, R. C., "The Relationship between depression and pathological internet use", *CyberPsychology and Behavior*, 1998.

써 부모와의 대화가 해결방안으로 주로 제시되었다. 더욱이 청소년
의 중독문제와 해결방안 등에 있어 청소년의 개인역량에 초점을 두
고 있어, 부모의 사회경제적 배경이나 환경적 요인과 관련된 영향
력에 대한 언급은 부재하였다.

이후 청소년 인터넷 이용에 관한 연구는 중독에서 벗어나 청소년
의 인터넷 이용 전반에 관한 연구로 확산되었다. 다수의 연구는 청
소년의 인터넷 이용 유형을 분류하거나 청소년의 성별 및 연령에
따른 인터넷 이용 유형의 차이 분석 등의 연구를 주로 진행하였
다.14) 하지만 이 시기의 연구들 역시 청소년의 인터넷 이용행태의
전반적인 유형의 분류에만 초점을 두고, 부모의 사회경제적 지위가
행태에 미치는 영향력에 대해서는 다루지 않았다.

2000년대 후반부터 청소년의 인터넷 이용행태를 부모의 사회경제
적 배경요소와 연결한 연구들이 시작되었다. 부모의 사회경제적 지
위가 높을수록 청소년이 인터넷을 다양한 용도로 활용한다는 연구15)
와 생활시간 조사자료를 활용하여 부모의 사회경제적 지위가 자녀의
컴퓨터 이용 양상에 차이를 야기한다는 연구16)가 대표적이다.

2. 청소년의 학습행태

청소년의 학습행태와 관련된 연구는 학교 내 교육보다는 학교 밖

---

14) 박소라, 「어린이의 인터넷 이용특성과 이에 영향을 미치는 개인적 환경적 요인에 대한 연구」,
    『한국언론학보』, 제49권 제4호, 2005; 박창남·도종수, 2005; 나은영·박소라·김은미, 2007;
    신명호, 2010.
15) 김은미·정화음, 「청소년의 미디어 이용격차에 대한 탐색」, 『언론정보연구』, 제43권 제2호,
    2007.
16) 정재기, 2007; 정재기 2011.

에서 이루어지는 사교육과 관련된 연구가 지배적이다. 청소년 사교육과 관련한 연구들은 대부분 Parkin의 '사회적 폐쇄(social closure)'이론을 근간으로 하고 있다. 사회적 폐쇄이론은 한 집단이 다른 집단들을 자원이나 기회로부터 배제하는 것을 의미하며, 이는 고등교육을 받은 부모들이 그들의 상대적으로 높은 사회경제적 지위를 바탕으로 그들의 교육을 우위에 두는 사회적 폐쇄행위를 함으로써 자신들의 사회적 지위를 유지하고 지속해서 높여간다는 것을 의미한다.[17] 즉, 고등교육을 받은 지배계층은 지위 경쟁에 위협을 느끼고 자신의 사회경제적 지위를 유지하기 위하여 자녀에 대한 '방어적 교육투자'를 행함으로써 자신들을 차별화시키려고 시도한다는 것이다.[18] 소득이 사교육에 영향을 주고, 이것이 다시 자녀의 성적에 영향을 미치고, 사교육이 세대 간 계층의 재생산에 중요한 연결고리의 역할을 하고 있다는 연구가 있다.[19] 또한, 학교 외 교육이 가족환경과 매개변수로 작용하여 특히 영어 과목에서의 효과가 있음을 연구하였다.[20]

3. 청소년과 부모의 사회경제적 배경

부모의 사회경제적 배경이 청소년의 생활과 삶의 질에 영향을 미

---

17) 방하남·김기헌, 「변화와 세습: 한국사회의 세대 간 지위 세습 및 성취구조」, 『한국사회학』, 제35집 제3호, 2001; 홍두승·구해근, 『사회계층·계급론』, 다산출판사, 2001; 박창남·도종수, 2005.

18) 방하남·김기헌, 2001; 홍두승·구해근, 2001; 박창남·도종수, 2005.

19) 정영애·김정미, 「가정의 사회경제적 지위, 사교육, 그리고 학업성취와의 관계」, 『인문논총』, 제9집 제1호, 2002.

20) 이정환. 「가족 환경, 과외, 성적」. 『한국사회학』. 제36집 제6호. 2002.

친다는 연구는 국내외에서 꾸준하게 진행되어왔다. 국외의 선행연구들에 따르면, 청소년의 학업과 교육행태와 관련하여 부모의 교육수준, 직업 지위, 소득수준 등과 같은 사회경제적 배경이 영향을 미치는 것으로 검증되었다.[21] 국내 선행연구에 따르면 미래세대인 청소년들의 사회경제적 배경에는 부모의 교육 수준과 직업 및 소득이 영향을 미치는 요인으로 드러났다. 특히 부모의 교육 수준은 자녀의 학습행태에 영향을 미치게 되어, 결과적으로 자녀의 사회경제적 환경에도 지대한 영향을 미치게 되는 것으로 나타났다.[22] 대부분의 연구는 부모의 높은 교육 수준은 자녀 교육에 대한 기대수준을 높이게 되어, 이는 자녀의 교육에 관한 관심과 투자로 연결이 된다는 결론으로 이어지고 있다. 즉, 부모의 학력이 높을수록 자녀에 대한 교육 기대수준이 높아져 자녀 교육에 많은 투자를 야기하게 된다는 것을 의미한다. 또한, 부모의 교육 수준이 높을수록 가정 내에 학습적 분위기를 형성하여 자녀에게 학업에 대한 동기를 부여하게 됨으로써, 결과적으로 자녀들도 부모와 유사하게 높은 수준의 학습행태를 보이게 된다는 연구도 있다.[23] 청소년의 학습행태에 있어서 아버지의 학력보다는 어머니의 학력이 더 영향을 미친다는 연구들이 있는데, 이는 자녀의 학습과 관련하여 어머니의 관심과 개입이 더욱 강조되는 한국의 환경이 반영된 것으로 간주된다.[24] 부모의 경

---

21) Blau, P. M. and Duncan, O. D., *The American Occupational Structure*, New York: John Wiley & Sons, 1967; Featherman, D. L. and Hausser, R. M., 1978; Sewell, W. H, Hauser, R. M., Springer, K. W., and Hauser, T. S., 2004.

22) 방하남 · 김기헌, 「한국사회의 교육 계층화 -연령 코호트 간 변화와 학력 단계별 차이」, 『한국사회학』, 제37집 제4호, 2003; 박창남 · 도종수, 2005.

23) 구인회 · 김순규, 「가족 배경이 청소년의 교육성취에 미치는 영향: 가족 구조와 빈곤의 영향을 중심으로」, 제4회 한국노동패널 학술대회 자료집, 2002; 신명호, 2010; 송유진, 2011.

24) 구인회 · 김순규, 2002; 정영애 · 김정미, 2002; 방하남 · 김기헌, 2003; 박창남 · 도종수, 2005; 정재기, 2009; 정재기, 2011.

제적 소득과 자녀의 시간 사용행태와 관련된 연구는 기존 연구에서는 대부분 사교육비라는 매개변수를 통하여 영향을 미치고 있음을 연구하였다.[25]

4. 부모의 사회경제적 배경과 청소년의 정보격차

정보격차에 관한 연구는 컴퓨터와 인터넷이 일반적으로 보급된 1990년대 이후부터 대두되었다. 정보를 누리는 자들과 정보를 가지지 못한 사람들 간의 정보격차는 사회경제적 자원의 차이를 바탕으로 하고 있으며, 이는 다양한 사회적 불평등으로 이어진다는 것을 전제로 한다. 정보격차와 관련한 다수의 연구는 이러한 정보의 차이에서 비롯되는 불평등의 발생을 감소시키고자 하는 지향점에서 시작되었다.[26] 즉, 컴퓨터와 인터넷과 같이 인류에 도입된 새로운 기술들이 기존의 사회적 불평등을 완화시키기 못하고 오히려 심화시키고 있다는 우려에서 연구들은 진행되었다.

정보격차 연구는 인터넷을 통해 최신정보를 이용하는 사람과 이용하지 못하는 사람을 구분하여 '인터넷 사용 여부'와 '정보 접근의 차이'에 초점을 두고 시작되었다. 그러나 2000년대 초반 저소득층을 대상으로 무상 컴퓨터가 보급되고, 인터넷 사용이 보편화됨으

---

25) 이정환, 2002; 정영애·김정미, 2002; 김현주·이병훈·서우석, 「부모의 가족 배경과 사회문화적 자원이 자녀의 학업성취에 미치는 영향」, 제1회 한국 교육 고용패널 학술대회 논문집, 2004; 노혁·도종수·김선애, 『빈곤층 아동의 복지권 조명과 사회복지 실천 과제』, 지성과창조, 2004.

26) 서이종, 「디지털 정보격차의 구조화와 사회문제화」, 『정보와 사회』, 제2권, 2000; 김문조·김종길, 「정보격차의 이론적, 정책적 제고」, 『한국사회학』, 제36권 제4호, 2002; 최두진·김지희, 『정보격차 패러다임의 전환과 생산적 정보 활용 방안』, 정보격차 이슈리포트 04-2, 한국정보문화진흥원, 2004; 정재기, 2009; 정재기, 2011.

로써 더 이상 인터넷 사용 여부와 정보 접근에 대한 차이는 크게 유의미하지 않게 되었다. 하지만 인터넷의 보급화로 정보 접근을 하는 대상에 대한 격차는 줄어든 반면, 또 다른 불평등의 기제로써 정보를 활용하는 구체적인 양상에서의 사회경제적 배경과 지위에 따른 차이가 나타나게 되었다.27) 성별에 따른 정보격차는 거의 존재하지 않으나 연령, 소득, 교육 수준 등의 사회경제적 지위에 따른 격차는 여전히 존재하는 것으로 많은 연구에서 언급하고 있다.28)

사회경제적 지위에 따른 정보격차는 청소년들에게도 동일한 형태로 발견된다. 다수의 선행연구에서 부모의 사회경제적 지위는 청소년들의 정보격차에 매우 유의미한 영향을 미치는 것으로 드러났다. 부모의 높은 교육 수준은 청소년의 정보 활용능력에 긍정적으로 영향을 미치며, 동시에 청소년들의 정보 지향적인 인터넷 활동으로 이어졌다고 연구들은 보고하였다.29) 반면, 부모의 교육 수준이 낮을수록 자녀는 오락 지향적인 인터넷 활동을 선호한다고 하였다.30) 이런 선행 연구결과들을 통해 사회경제적 배경에 따른 환경의 차이에서 비롯되는 가정환경, 가정문화, 양육방식 등의 차이가 자녀의 삶에도 영향을 미치기 때문에, 결국 부모의 사회경제적 지

---

27) 정재기, 2007; 정재기, 2011.

28) 정재기, 2007; 정영호·이혜미, 「다면적 정보격차의 변화와 그 요인: 2005년~2009년 시계열 분석을 중심으로」, 『사이버 커뮤니케이션학보』, 제247집 제3호, 2010.; 정재기, 2011; Van dijk, Jan A. G. M., "Digital Divide Research, Achievements and Shortcomings", *Poetics*, Vol. 34, 2006.

29) 김은미·정화음, 2007; 정재기, 2007; 정재기, 2011; Koiyusilta, L. L., Lintonen, T. P., and Rimpela, A. H., "Orientations in Adolescents Use of Information and Communication Technology: A Digital Divide by Socioeconomic Background, Educational Career, and Health", *Scandinavian Journal of Public Health*, Vol. 35, 2007; Peter, J. and Valkenburg, P., "Adolescents' Internet Use: Testing the 'Disappearing Digital Divide' versus the 'Emerging Digital Differentiation' Approach", *Poetics*, Vol. 34, 2006.

30) 정재기, 2007; 정재기, 2011; Peter, J. and Valkenburg, P., 2006.

위에 따른 정보격차는 청소년인 자녀에게도 계층 간 이동된다는 것을 알 수 있다.[31]

Ⅲ. 연구 방법

1. 분석자료 및 대상

본 연구는 통계청에서 2014년 실시한 생활시간 조사 자료(Korean Time Use survey, KTUS)를 활용하여 진행되었다. KTUS는 한국인들의 생활시간을 엄밀히 측정하기 위하여 이루어지고 있으며, 1999년 처음 수집된 이래 5년마다 시행되고 있다. 표본은 다단계 층화 집략 표집법에 의해 추출된 전국을 대표하는 가구이며, 가구에 거주하고 있는 10세 이상의 모든 가구원의 생활시간을 이틀에 걸쳐 조사하고 있어서 한 가정에 소속되어 있는 부모와 자녀의 시간 행태를 동시에 살펴볼 수 있다. 또한, 생활일지라는 도구를 사용하여 연구가 진행되었기 때문에, 특정 행동의 참여시간을 정확히 파악할 수 있는 장점을 가지고 있다.

본 연구에서는 13세에서 18세까지의 중학교 1학년에서 고등학교 3학년에 재학하고 있는 청소년만을 대상으로 분석하였으며, 가족의 사회경제적 배경이 청소년의 시간 활용에 미치는 영향을 점검하는 본 연구의 목적에 부합하도록 적어도 한 명의 부모와 거주하고 있는 청소년들만을 분석대상으로 선정하였다. 표본의 성격을 동질적

---

31) 정재기, 2007; 송유진, 2011; 정재기, 2011.

으로 만들기 위해 취업자 및 대학생들은 분석대상에서 제외하였다. 또한, 청소년의 학업 시간과 주 여가 시간인 인터넷 이용시간이 평일과 주말은 상이할 것이란 판단으로, 주말을 제외한 평일 시간 데이터만 활용하였다. 이러한 데이터 클리닝 과정을 통하여 총 1,602명의 청소년으로부터 수집된 3,204개의 생활일지를 통계청에서 제공한 가구원가중치를 이용하여 분석한 결과 본 연구에서 유효한 사례 수는 2,622명이었다.

생활시간 조사자료는 총 144개의 행동체계를 사용하고 있다. 2009년 자료에서는 3개의 무점포 쇼핑(홈쇼핑, 인터넷 쇼핑) 항목이 추가되었으나, 2014년 자료에서는 이는 제외되었다. 본 연구에서는 종속변수로 부모의 사회경제적 지위에 따른 일관된 차이를 보이는 '컴퓨터·모바일 게임'과 '인터넷 정보검색' 시간과 '학교 내 학업 시간'으로 학교수업과 학교 자율학습시간을, '학교 외 학업 시간'으로 학원 수강과 기타 학교 활동 외 학습을 포함시키고, '스스로 학습' 시간을 종속변수로 살펴보았다.

독립변수인 부모의 사회경제적 지위는 '모(母)의 교육 수준'과 '가구의 월평균 총소득'을 측정했다. 가구소득은 세금공제 전 지난 1년간 월평균 총 가구소득으로, 8분위로 구분되어 있는 소득을 월 500만 원을 기준으로 저·고소득을 구분하여 분석에 포함하였다. 부모교육은 어머니의 교육 수준을 주로 사용하되, 어머니와 동거하지 않는 경우나 어머니가 설문참여를 하지 않았을 경우 아버지의 교육 수준으로 대체하였다. 본 연구에서 어머니의 교육을 중심으로 사용한 이유는, 대체적으로 어머니가 자녀와의 의사소통 빈도가 높고 자녀의 교육에 있어서 어머니가 통제권을 행사하는 경우가 많은 것을 고려하였다. 통제변수로는 일반적으로 불평등 연구에서 관심을 갖고 있는 성, 연령, 지역 규모와 농가 여부 등을 포함시켰다.

본 연구의 가설은 다음과 같다.
가설 1: 부모의 사회경제적 지위가 높을수록 정보 지향적인 인터넷·모바일 이용행태를 보일 것이다.
가설 2: 부모의 사회경제적 지위가 낮을수록 오락 지향적인 인터넷·모바일 이용행태를 보일 것이다.
가설 3: 부모의 사회경제적 지위가 높을수록 학교 외 학습행태를 보일 것이다.
가설 4: 부모의 사회경제적 지위가 낮을수록 학교 내 학습행태를 보일 것이다.
가설 5: 부모의 사회경제적 지위가 낮을수록 스스로 학습행태를 보일 것이다.

---

2. 연구 방법

생활일지를 기준으로, 컴퓨터 게임이 10분 이상 보고된 일지는 60.2%였으며, 검색시간이 10분 이상 보고된 일지는 11.8%였다. 다시 말해, 40~90%의 사례에서 종속변수의 값이 0이라는 것이다. 이처럼 관찰변수의 상당한 부분이 좌측에 집중되어 있을 때, 종속변수의 조건부 분포의 정규성이라는 일반최소자승법의 전제를 심각하게 위반하게 된다. 이런 상황에서는 계수의 저평가를 막고 최소자승법에 비해 더 많은 분산을 설명할 수 있는 토빗(Tobit) 모형을 사용하는 것이 적절하다.[32]

---

32) Long, J. S., *Regression models for categorical and limited dependent variables*, Thousand Oaks: Sage, 1997.

토빗 모형은 비선형 회귀모형으로 종속변수 일부분이 관찰되지 않고, 중도 절단(censoring)되는 경우 사용하는 연구 분석방법이다.[33) 본 연구의 종속변수인 정보검색시간, 인터넷·모바일 사용시간, 학습시간(학교 외, 학교 내, 스스로 학습) 등은 '시간'이라는 특성으로 인해 0 미만의 값을 지닐 수 없다. 또한, 다수가 0을 선택한 경우, 시간 형태의 분포가 정규분포가 아닌 좌측 중도 절단(lefe-censoring)된 비선형분포를 띄게 된다. 실제 본 연구분석 결과, 행위가 없었다는 의미인 0으로 관찰된 행위자 비율이 다수의 경우로 나타났다.[34)

토빗 모형에서는 '관찰되지 않은 잠재 변수지표(unobserved latent variable index)'를 관찰 가능한 특징을 나타내는 설명변수의 선형함수로 표시할 수 있다고 가정한다. 또한, 관측 불가능한 잠재변수에 대한 설명변수들의 효과를 최대우도방법(maximum likehood method)을 이용하여 추정하게 된다. 한 명이 이틀의 생활일지를 보고하는 것을 감안하여 사례의 독립성이 위반되었을 때 사용할 수 있는 Robust Standard Error를 보고하였다. 본 연구에서는 STATA 13.0 프로그램을 활용하여 토빗 회귀분석을 시행하였다.

33) 민인식, 『고급 패널데이터 분석 STATA』, 지필미디어, 2012.

34) 민인식, 2012; 박은영·김진욱, 「아동의 컴퓨터·모바일 게임 시간과 부모 영향요인 연구: 2009년과 2014년 생활시간 조사자료 분석을 중심으로」, 『한국사회복지조사연구』, 제51권, 2016.

Ⅳ. 연구결과

1. 분석자료의 특성

본 연구에서는 부모의 사회경제적 지위가 자녀의 사용시간 행태에 미치는 영향을 알아보는 본 연구의 목적에 부합하도록, 적어도한 명의 부모와 거주하고 있는 중학교 1학년에서 고등학교 3학년에 재학하고 있는 13세에서 18세까지의 청소년 총 1,602명을 분석대상으로 선정하였다. 분석대상자들의 인구 사회학적 특성은 <표1>에 요약되었다.

<표 1> 2014년 청소년 자녀와 부모의 인구 사회학적 특성

(단위: 명, %)

인구 사회학적 특성		빈도	백분율	빈도	백분율	빈도	백분율
		남		여		자녀 합	
자녀	연령 13세	139	8.7	151	9.4	290	13.1
	14세	145	9.0	156	9.7	301	20.2
	15세	157	9.8	131	8.2	288	18.8
	16세	156	9.7	148	9.2	304	20.1
	17세	157	9.8	130	8.1	287	18.8
	18세	69	4.3	63	3.9	132	9.0
	총계	823	51.4	779	48.6	1602	100.0
	가구소득 저	544	34.0	537	33.5	1081	67.5
	고	279	17.4	242	15.1	521	32.5
	총계	823	51.4	779	48.6	1602	100.0
		아버지		어머니		부모 합	
부모	연령 30대	36	2.0	222	10.9	258	6.4
	40대	1311	74.4	1654	81.2	2965	77.8
	50대	398	22.6	159	7.8	557	15.2

인구 사회학적 특성			빈도	백분율	빈도	백분율	빈도	백분율
			남		여		자녀 합	
		60대	18	1.0	3	0.1	21	0.6
		총계	1763	100.0	2038	100.0	3801	100.0
	교육 정도	고등학교 이하	838	47.5	1155	56.7	1993	52.4
		4년제 미만	309	17.5	422	20.7	731	19,3
		4년제 이상	616	34.9	461	22.6	1077	28.3
		총계	1763	100.0	2038	100.0	3801	100.0

구체적인 분석대상의 특징을 살펴보면, 청소년 남녀의 비율은 51.4%, 48.6%였고, 가구소득은 자녀 합 기준 저소득 가구는 67.5%, 고소득 가구 32.5%인 것으로 나타났다. 어머니의 교육 수준은 고등학교 이하인 경우가 56.7%, 4년제 대학 미만이 20.7%, 4년제 대학 이상이 22.6%로 드러났다.

2. 분석 결과

<표 2>는 청소년의 인구학적 특성 및 부모의 사회경제적 지위에 따른 인터넷·모바일 이용시간과 학습시간의 평균시간을 제시하고 있다. 대도시(서울, 부산, 대구, 인천, 광주, 대전, 울산 등 7시) 여부를 기준으로 청소년들의 시간 행태를 살펴본 결과, 소도시의 경우 인터넷·모바일 게임과 정보검색에서 더 많은 시간을 할애하고, 학습행태에 있어서는 도시별로 큰 차이를 보이지 않았다. 농가 여부 변이를 살펴보면 농가의 경우에 인터넷 이용에 더 많은 시간을 보내고 있고, 학교 외 학습은 비농가에서 2배에 가까운 평균시간 (약 1시간)의 행태를 보였다.

성별로 살펴보면 남자 청소년의 경우 인터넷·모바일 게임에 여자 청소년보다 평균적으로 약 4배 더 많은 시간 행태를 보였으며, 여자 청소년의 경우 상대적으로 스스로 학습에 많은 시간을 보내고 있음을 알 수 있었다. 연령별로는 나이가 증가함에 따라서 정보검색 및 게임 시간이 모두 증가하였고, 학교 내 학습시간은 16∼17세 기준(고1, 고2)에서 가장 많은 시간을 보내는 것으로 드러났다. 학교 외 학습시간은 학년이 증가함에 따라 점점 줄어들었고, 상대적으로 중학교 때 더 많은 시간을 할애하는 것으로 나타났다.

부모의 교육 정도가 높을수록 게임 시간은 2배가량 줄어들었고, 학교 외 학습시간은 증가하는 것을 알 수 있었다. 가구소득과 관련해서도 소득이 높을수록 게임 시간은 줄어들었고, 학교 외 평균 학습시간은 약 2배 가까이 증가하는 것을 살펴볼 수 있다.

<표 2> 청소년들의 인터넷 이용(인터넷 정보검색, 컴퓨터·모바일 게임)과 학습
(학교 내 학습, 학교 외 학습, 스스로 학습) 행태

(평균시간 (단위: 분))

		정보 검색	인터넷· 모바일 게임	학교 내 학습	학교 외 학습	스스로 학습
대도시 여부	대도시	14.54	51.27	218.85	58.31	88.16
	소도시	15.91	57.03	201.94	52.18	88.63
	총계	15.21	54.09	210.56	55.31	88.39
농가 여부	농가	20.44	67.28	215.35	27.02	50.44
	비농가	15.07	53.73	210.43	56.08	89.43
	총계	15.21	54.09	210.56	55.31	88.39
성별	남	13.57	82.13	217.75	56.30	74.01
	여	16.95	24.42	202.96	54.26	103.60
	총계	15.21	54.09	210.56	55.31	88.39
연령	13	12.71	52.93	167.49	67.08	91.01

		정보 검색	인터넷· 모바일 게임	학교 내 학습	학교 외 학습	스스로 학습
	14	15.00	59.69	171.78	68.61	87.49
	15	13.38	56.03	220.10	58.53	84.59
	16	15.97	47.10	250.14	51.53	95.07
	17	17.91	51.99	251.28	38.99	82.32
	18	17.59	60.37	193.24	36.39	90.77
	총계	15.21	54.09	210.56	55.31	88.39
부모 교육 정도	고등학교 이하	16.13	62.03	206.79	46.63	76.09
	4년제 미만	14.09	48.24	218.01	62.41	84.23
	4년제 이상	13.92	39.45	213.25	70.67	123.26
	총계	15.21	54.09	210.56	55.31	88.39
가구 소득 정도	저	15.52	60.07	208.34	46.60	80.80
	고	14.58	41.70	215.17	73.37	104.13
	총계	15.21	54.09	210.56	55.31	88.39

이러한 각각의 변수들의 효과가 다른 변수를 통제한 상태에서도 유지되는지 확인하기 위해 토빗 회귀분석을 하였다. 토빗 추정결과, 전체 청소년 표본 1,602개 중에서 절단되지 않은 관측 수 (life-uncensored)는 정보검색 988개(62%), 인터넷·모바일 게임 711개(44%), 학교 내 학습 341개(22%), 학교 외 학습 712개(45%), 스스로 학습 564개(35%)로 중도절단 비율이 비교적 매우 높은 수준 이었고, 이는 본 연구결과의 토빗 분석이 유용함을 의미하고 있다.

분석의 결과는 아래 <표 3>과 같다. 인터넷·모바일 이용시간 중 정보검색 시간의 비중을 종속변수로 한 결과에서는 여학생일수 록, 청소년의 연령이 증가할수록 유의한 것으로 나타났다. 이는 [가 설 1: 부모의 사회경제적 지위가 높을수록 정보 지향적인 인터넷· 모바일 이용행태를 보일 것이다.]를 지지하지 못하고 있다.

인터넷·모바일 게임 시간의 비중을 종속변수로 한 결과에서는 농가일수록, 남학생일수록, 나이가 어릴수록 유의하였고, 부모의 사회경제적 지위 변수와 관련해서는 부모의 교육 정도가 낮을수록, 가구소득이 낮을수록 게임을 하는 시간 비중이 높아졌다. 다시 말해, 부모의 교육 정도, 특히 어머니의 교육 정도가 낮을수록 청소년들은 인터넷과 모바일게임에 할애하는 시간이 높아졌고, 가구의 소득 역시, 높은 청소년들에 비하여 낮은 청소년들의 경우 게임을 하는 시간이 더욱 높은 것으로 드러났다. 이러한 결과는 [가설 2: 부모의 사회경제적 지위가 낮을수록 오락 지향적인 인터넷·모바일 이용행태를 보일 것이다.]를 지지하고 있다. 즉, 청소년의 게임 시간은 부모의 사회경제적 지위와 상관관계가 있음을 시사하고 있다.

청소년의 학습행태와 관련한 연구결과를 요약하면 다음과 같다. 학습시간 중, 학교 내 학습시간의 비중을 종속변수로 한 결과에서는 대도시에 거주할수록, 연령이 증가할수록 유의한 결과가 나왔다. 이는 [가설 4: 부모의 사회경제적 지위가 낮을수록 학교 내 학습행태를 보일 것이다.]를 지지하지 못하고 있다. 즉, 부모의 사회경제적 지위는 청소년의 학교 내 학습행태와는 상관관계가 없다는 것을 의미한다.

학습시간 중, 학교 외 학습시간의 비중을 종속변수로 한 결과에서는 대도시에 거주할수록, 비농가에서 생활할수록, 나이가 어릴수록 유의미하게 나타났고 부모의 사회경제적 지위에 따라 살펴본 결과 부모의 교육 수준이 높을수록, 가구소득이 높을수록 학교 외 학습에 보내는 시간의 비중이 높은 것으로 드러났다. 이는 [가설 3: 부모의 사회경제적 지위가 높을수록 학교 외 학습행태를 보일 것이다.]를 지지하는 결과이다. 즉, 부모의 사회경제적 지위는 청소년의 학교 외 학습시간에 유의미한 영향을 미치는 것으로 해석할 수 있다.

학습시간 중 스스로 학습시간의 비중을 종속변수로 한 결과에서는 비농가에 거주할수록, 여학생일수록, 연령이 낮을수록 유의미한 형태를 보였고, 부모의 교육 정도가 높을수록, 가구소득이 높을수록 시간의 비중이 높게 나타났다. 이러한 결과는 [가설 5: 부모의 사회경제적 지위가 낮을수록 스스로 학습행태를 보일 것이다.]의 완전히 반대되는 결과로써, 가설을 지지하지 못하고 있다.

다시 말해, 학교 외 학습과 스스로 학습 형태에 부모의 교육 정도와 가구소득 등 부모의 사회경제적 요인과 연관성이 있다는 것은 부모의 사회경제적 배경 및 자본이 청소년의 학습행태에 영향을 미친다는 것을 의미한다. 따라서 부모의 자본이 풍부할수록 학습에 투자하는 시간이 많아지게 되고, 이는 청소년의 학습 습관 및 행태에 유의미한 영향을 미치게 되어 장기적으로는 청소년의 삶에 직접적인 영향을 미치게 된다는 것을 보여주고 있다고 할 수 있다.

<표 3> 컴퓨터 이용시간과 학습시간 따른
청소년 행태를 종속변수로 한 토빗 회귀분석 결과

독립변수	정보검색	인터넷·모바일 게임	학교 내 학습	학교 외 학습	스스로 학습
대도시 여부 (대도시)	6.67(4.25)	5.59(5.28)	-15.22(8.29)+	-17/64(6.40)**	1.06(5.67)
농가 여부 (농가)	-13.03(11.79)	-28.79(15.00)+	20.74(24.32)	51.28(20.56)*	41.02(17.59)*
성별 (남)	7.44(4.19)+	-95.94(5.47)***	-5.63(8.20)	6.94(6.31)	38.23(5.61)***
연령 (13~15)	4.58(1.33)**	-4.62(1.66)**	19.32(2.60)***	-32.08(2.11)***	-8.77(1.79)***
부모교육 정도	-3.30(4.69)	-15.22(3.42)***	6.76(5.24)	14.75(3.98)***	27.38(3.55)***
가구소득	3.47(2.65)	-15.65(5.92)**	4.52(9.19)	34.90(6.98)***	12.13(6.26)+
chi2	19.77	369.09	63.51	320.64	164.53
R²	0.0022	0.0223	0.0020	0.0189	0.0081
총사례 수: 1602	좌측절단 988	좌측절단 711	좌측절단 341	좌측절단 712	좌측절단 564

+p<.10 *p<.05 **p<.01 ***p<.001 * 괄호 안은 표준오차

V. 결론 및 논의

본 연구는 통계청의 2014년 생활시간 조사자료를 바탕으로 청소년들의 인터넷 이용행태 및 학습행태를 분석하고, 부모의 사회경제적 지위에 따른 청소년 자녀의 시간 활용 행태의 차이가 세대 간 불평등을 재생산하는 기제로 작동할 수 있다는 가정하에 부모의 사회경제적 지위의 영향력을 살펴보고자 하였다. 연구는 연구의 목적에 부합하도록, 적어도 한 명의 부모와 거주하고 있는 중학교 1학년(13세)부터 고등학교 3학년(18세)에 재학 중인 청소년 1,602명을 대상으로 토빗(Tobit) 모형을 활용하여 분석되었다. 본 연구의 분석 결과는 다음과 같이 요약된다.

첫째, 부모의 사회경제적 지위가 낮을수록 오락 지향적인 인터넷·모바일 이용행태를 보인다. 분석 결과에 따르면 부모의 교육 정도가 높을수록 자녀의 일일 평균 인터넷·모바일 게임 시간이 2배 가까이 줄어드는 것으로 나타났다. 모(母)의 교육 정도가 고등학교 이하인 경우, 평균 게임 시간은 62.03분인데 반하여, 교육 정도가 4년제 이상인 경우, 39.45분으로 큰 폭의 차이를 보임을 알 수 있었다. 또한, 가구소득 정도가 높을 때 평균 게임 시간이 41.70분이고, 저소득인 경우, 60.07분으로 이 역시 부모의 소득 정도에 따라 자녀의 게임 시간에 유의미한 영향을 미친다는 것을 보여주고 있다.

둘째, 부모의 사회경제적 지위가 높을수록 학교 외 학습행태를 보인다. 본 연구의 분석 결과에 따르면, 모(母)의 교육 수준과 가구소득 정도가 높을수록 학교 외 학습시간이 약 2배 가까이 증가하는 것으로 드러났다. 모의 교육 정도가 고등학교 이하인 경우, 학교 외 학습시간은 46.63분인데 반하여, 교육 정도가 4년제 이상인 경우, 70.67분으로 증가하였다. 평균 학교 외 학습시간이 55.31분인 것을 감안하면 어머니의 학력 수준이 학교 외 학습시간에 미치는 영향력이 지대한 것으로 해석할 수 있겠다. 또한, 저소득 가구의 경우, 학교 외 학습시간이 46.60분인데 비하여 고소득 가구는 73.37분인 것으로 나타났다.

본 연구의 분석 결과는 청소년의 학습행태와 인터넷 이용행태가 부모의 사회경제적 지위, 특히 모의 교육 수준과 가구소득에 따라 차이가 발생하며, 이러한 차이는 향후 세대 간의 불평등을 재생산하는 요인이 될 수 있을 것이라는 결론에 이르게 한다. 이러한 결과를 바탕으로, 불평등 재생산 기제가 개선되고 사회적 평등에 긍정적 기능을 제공할 수 있는 사회복지 실천적, 정책적 차원에서의 함의를 논의하고자 한다.

첫째, 정보격차 완화를 위한 무분별한 인터넷 확장의 제재이다. 본 연구결과를 통해 인터넷 보급률이 99%에 달하는 한국의 청소년들 사이에서도 부모의 사회경제적 지위에 따른 인터넷·모바일 이용행태의 차이가 존재함을 확인하였다. 더욱이 본 연구결과를 통하여 부모의 사회경제적 지위가 낮을수록 청소년들은 오락 지향적인 인터넷 이용행태 경향을 보인다는 것을 알 수 있었다. 이는 부모의 사회경제적 지위가 낮을수록 인터넷·모바일 게임중독에 노출될 위험성이 증가한다는 것을 시사하고 있는 바이다. 2000년대 초반 무료 컴퓨터의 보급과 인터넷 보편화의 목적은 사회경제적 취약계층의 정보격차 완화에 있었다. 하지만 아무런 제약 없이 무분별하게 진행된 인터넷 보급화는 결국 또 다른 양상의 불평등을 재생산했다고 할 수 있다. 하루가 다르게 급속하게 변화하는 정보화 시대에 다양한 정보들을 유용하게 체계화하여 활용하는 능력은 한 개인의 경쟁력이라 할 수 있다. 동일한 시간을 컴퓨터를 이용하는 데 할애하더라도, 게임행태보다는 정보검색행태를 보이는 청소년일수록 경쟁력을 지닐 가능성이 크다고 할 수 있다. 다시 말해, 부모의 사회경제적 지위가 자녀의 인터넷 이용행태에 영향을 미치는 것이 유효하다면, 이는 정보를 검색하는 활용능력이 사회적 불평등을 재생산하는 새로운 기제로 작용한다는 것을 의미한다는 것이다. 이러한 문제의식에 의해, 단순히 인터넷을 통한 정보 접근 차원의 제공이 아닌 보다 전문화된 정보 활용 차원의 개입 방안이 필요할 것이라고 사료된다.

둘째, 인터넷·모바일 게임중독을 예방할 수 있는 다양한 자원과 정책이 필요하다. 연구의 분석 결과를 통해 알 수 있듯이, 부모의 사회경제적 지위가 낮은 청소년은 인터넷·모바일 게임 시간에 약 2배에 가까운 시간을 할애하는 것으로 나타났다. 이는 사회적 취약계층 가정의 아이들일수록 게임중독에 노출될 위험성 역시 높다는 것을 의미한다고 볼 수 있겠다. 청소년을 대상으로 하는 게임중독 예방 관련 프로그램 및 정책은 정부를 기점으로 여러 민간단체에서 활발하게 진행되고 있다. 하지만 게임중독 예방과 관리를 위한 개입은 청소년 개인만의 개입으로는 성과를 이루기에 역부족이다. 특히 취약계층 가정의 경우, 가정에 돌아갔을 때 아이들에게 적절하게 개입해줄 자원과 네트워크가 부재한 경우가 허다하다. 가정의 특성에 맞추어 부모와 자녀가 함께 지속해서 관리받을 수 있는 프로그램 및 정책이 도모되어야 할 것이다. 선행연구에 따르면 취약계층 가정은 부모 등 보호자가 일을 나가 집을 비우거나 자녀의 생활에 개입하지 못하는 등의 생활 양상의 특징으로 인해 자녀들이 게임중독에 빠지는 경향을 쉽게 보인다고 보고하고 있다.[35] 최근 스마트폰 중독 역시 저소득 가구의 청소년들에게 집중적으로 나타나고 있다는 연구결과가 있다.[36] 본 연구결과와 더불어 이러한 연구들은 게임중독이 사회경제적 변인에 따라 발생하는 '사회적 질병'이라는 것을 보여주고 있다. 따라서 그 예방책과 해결방안 역시 대상자의 사회경제적 변인을 고려하여 맞춤형으로 적절하게 제공되어야 할 것이다.

셋째, 사회경제적 지위 간의 모바일게임 시간의 차이에의 초점이다. 연구결과에 따르면 부모의 사회경제적 지위에 따라 모바일게임 시간에도 유의미한 차이를 보였다. 최근 청소년들에게 스마트폰은 컴퓨터보다 더 활용도가 큰 매체이다. 하지만 아직 청소년들이 스마트폰을 건전하게 활용하고 관리할 수 있도록 하는 교육에 대한 인식은 거의 부재한 상황이다. 학교에서 무작정 청소년들에게 스마트폰을 사용하지 못하게 하는 것은 현 정보화 시대의 흐름에 역행하는 행위에 그치는 것이라 생각한다. 스마트폰의 순기능을 강화하여 교육에 적극적으로 활용하고, 생활에 도움이 되는 방향으로 사용할 수 있도록 방안을 모색하여야 할 것이다. 더욱이 무분별한 스마트폰 게임은 지양하고, 모바일 게임중독에 빠지지 않도록 주의를 기울여야 할 것이다.

마지막으로 공교육 내에서의 다양한 교육프로그램의 제공을 제

---

35) <중앙일보>, 「[사설] 게임중독, 저소득층일수록 심각하다」,
http://news.joins.com/article/7200951, 2012.01.25. (검색일: 2018.04.24.)

36) <연합뉴스>, 「스마트폰 중독 심각…과의존 위험군 4년간 2배 급증(종합)」,
http://www.yonhapnews.co.kr/bulletin/2016/12/12/0200000000AKR20161212099800002.HTML,
2016.12.12. (검색일: 2018.04.24.)

안한다. 본 연구를 통해 부모의 사회경제적 지위는 청소년의 학교 외 학습시간에 유의미한 영향을 미치는 것을 알 수 있었다. 이는 사교육이 세대 간 '사회적 지위'의 재생산에 중요한 역할을 하는 요인이라는 선행연구들을 지지하는 연구결과이기도 하다. 가구소득이 높을수록 사교육을 더 많이 받는다는 것을 시사하고 있고, 저소득층일수록 사교육에 노출될 확률이 낮다는 것을 반증하고 있기도 한 것이다. 사교육이 반드시 학업성적에 긍정적인 영향을 미친다고 단언할 수는 없다. 하지만 부모의 사회경제적 지위의 차이에 따라 학습경험의 차이가 야기되는 것은 형평성의 문제가 있다고 생각하는 바이다. 한국사회는 공교육에 대한 불신 속에서 엄청난 비용을 감수하고도 질적으로 차별화된 사교육을 통하여 더욱 서열이 높은 대학에 진학하기 위한 도구로써 사교육이 이용된다. 부모들이 자신들의 사회경제적 지위를 벗어나 좀 더 나은 삶을 자식들에게 대물림하기 위해 교육을 통한 사회이동의 기회를 전략적으로 이용하는 것이다. 그럼에도 본 연구결과가 함의하는 바는, 부모의 사회경제적 지위가 결국에는 자녀의 학습행태에 대물림이 되고, 이는 더 나아가 청소년들의 이후의 삶에도 영향을 미치고 머물게 될 것을 예상하게 된다. 이는 결국, 사교육 안에도 보이지 않는 이용대상자들 간의 격차가 존재함을 보이는 것이다. 모든 청소년은 동등한 교육을 받을 권리가 있고, 되도록 양질의 교육을 받아야 한다. 부모의 소득수준에 따라 발생하는 교육경험의 격차가 너무 크다면 그 또한 바람직하지 않다고 본다. 지역사회 대학교의 대학생들과의 연계 활동이나 방과 후 프로그램 등을 모색하여 학교에서 제공할 수 있는 다양한 공교육을 제안해 본다.

참고문헌

구인회·김순규, 「가족 배경이 청소년의 교육성취에 미치는 영향: 가족 구조
　와 빈곤의 영향을 중심으로」, 제4회 한국노동패널 학술대회 자료집,
　2002, 81-100쪽.

김문조·김종길, 「정보격차의 이론적, 정책적 제고」, 『한국사회학』, 제36권
　제4호, 2002, 122～155쪽.

김우찬·이윤석, 「부모가 자녀의 TV 시청시간에 미치는 영향: 부모의 사회경
　제적 지위와 TV 시청시간을 중심으로」, 『한국청소년연구』, 제20권
　제1호, 2009, 29～55쪽.

김은미·정화음, 「청소년의 미디어 이용격차에 대한 탐색」, 『언론정보연구』,
　제43권 제2호, 2007, 125～161쪽.

김은정, 「가정의 사회경제적 지위, 사교육비, 부모-자녀 관계 그리고 청소년
　자녀의 학업성취 간의 관계에 관한 연구」, 『한국사회학』, 제41권 제5
　호, 2007, 134～162쪽.

김진욱·고은주, 「시간 압박, 누가 얼마나 경험하는가?: 한국 기혼부부의 수
　면, 개인관리, 여가 시간 결핍 결정요인 분석」, 『한국사회복지정책학
　회』, 제42권 제2호, 2015, 135～161쪽.

김현주·이병훈·서우석, 「부모의 가족 배경과 사회문화적 자원이 자녀의 학
　업성취에 미치는 영향」, 제1회 한국 교육 고용패널 학술대회 논문집,
　2004, 51～78쪽.

김혜원, 「청소년들의 인터넷 중독 현상: 인터넷 중독의 원인과 관련 변인 분
　석」, 『청소년학연구』, 제8권 제2호, 2001, 71～117쪽.

나은영·박소라·김은미, 「청소년의 인터넷 이용유형별 미디어 이용 약식과
　적용」, 『한국언론학보』, 제51권 제2호, 2007, 392～423쪽.

나은영·송상현, 「어린이의 인터넷 컴퓨터 게임몰입에 미치는 자기통제성의
　매개역할과 어머니의 개발적 커뮤니케이션의 영향」, 『한국언론학보』,
　제50권 제2호, 2006, 116～147쪽.

노혁·도종수·김선애, 『빈곤층 아동의 복지권 조명과 사회복지실천 과제』,
　지성과창조, 2004.

민인식, 『고급 패널데이터 분석 STATA』, 지필미디어, 2012.

박민자·손문금, 「가족 배경이 청소년의 교육성취와 관련된 생활시간 사용에

미치는 영향」, 『가족과 문화』, 제19권 제2호, 2007, 93~120쪽.

박소라, 「어린이의 인터넷 이용특성과 이에 영향을 미치는 개인적 환경적 요인에 대한 연구」, 『한국언론학보』, 제49권 제4호, 2005, 166~191쪽.

박은영·김진욱, 「아동의 컴퓨터·모바일 게임 시간과 부모 영향요인 연구: 2009년과 2014년 생활시간 조사자료 분석을 중심으로」, 『한국사회복지조사연구』, 제51권, 2016, 77~103쪽.

박정윤·전유진, 「부모 관련 변인이 청소년 자녀의 생활시간 사용에 미치는 영향」, 한국가족자원경영학회 2016 공동춘계학술대회 포스터 논문, 2016.

박창남·도종수, 「부모의 사회경제적 지위가 학업성취에 미치는 영향」, 『사회복지정책』, 제22권 제1호, 2005, 281~303쪽.

방하남·김기헌, 「변화와 세습: 한국사회의 세대 간 지위 세습 및 성취구조」, 『한국사회학』, 제35집 제3호, 2001, 1~30쪽.

방하남·김기헌, 「한국사회의 교육 계층화 -연령 코호트 간 변화와 학력 단계별 차이」, 『한국사회학』, 제37집 제4호, 2003, 31~65쪽.

서이종, 「디지털 정보격차의 구조화와 사회문제화」, 『정보와 사회』, 제2권, 2000, 68~87쪽.

송유진, 「부모의 사회경제적 특성에 따른 청소년의 생활시간 비교」, 『가족과 문화』, 제25권 제3호, 2011, 31~53쪽.

신명호, 「부모의 사회경제적 지위가 자녀의 학업 성취도에 미치는 영향에 관한 연구」, 『사회복지연구』, 제41권 제2호, 2010, 217~246쪽.

여유진, 「한국에서의 교육을 통한 사회이동 경향에 대한 연구」, 『보건사회연구』, 제28권 제2호, 2008, 53~80쪽.

연보라·장희원·김경근, 「부모의 사회경제적 지위, 학업 지원, 양육방식, 사교육 참여, 자기 주도적 학습능력 간의 구조적 관계」, 『한국교육학연구』, 제19권 제3호, 2013, 99~122쪽.

이경님, 「아동이 지각한 어머니와의 의사소통과 자기통제가 게임중독에 미치는 영향」, 『대한가정학회지』, 제41권 제1호, 2003, 77~91쪽.

이정환, 「가족 환경, 과외, 성적」, 『한국사회학』, 제36집 제6호, 2002, 195~213쪽.

장상수, 「학력성취의 계급별·성별 차이」, 『한국사회학』, 제38집 제1호, 2004, 51~75쪽.

정영애·김정미, 「가정의 사회경제적 지위, 사교육, 그리고 학업성취와의 관계」, 『인문논총』, 제9집 제1호, 2002, 113~136쪽.

정보문화진흥원, 『청소년의 인터넷 중독 장기추적 조사연구 2차 연도』, 2005.

정영호·이혜미, 「다면적 정보격차의 변화와 그 요인: 2005년~2009년 시계열분석을 중심으로」, 『사이버 커뮤니케이션학보』, 제247집 제3호, 2010, 228~261쪽.

정재기, 「부모의 사회경제적 지위와 청소년의 컴퓨터 이용실태: 생활시간 자료를 바탕으로」, 『사이버커뮤니케이션학회』, 제24집 제1호, 2007, 51~78쪽.

정재기, 「부모의 사회경제적 지위와 청소년의 인터넷 이용행태: 생활시간 조사의 활용」, 『한국사회학』, 제45집 제5호, 2011, 197~225쪽.

진미정, 「가족 구조에 따른 아동의 생활시간 비교」, 『가족과 문화』, 제20집 제3호, 2008, 187~211쪽.

최두진·김지희, 『정보격차 패러다임의 전환과 생산적 정보 활용 방안』, 정보격차 이슈리포트 04-2, 한국정보문화진흥원, 2004.

홍두승·구해근, 『사회계층·계급론』, 다산출판사, 2001.

Bianchi, S. M. and Robinson, J., "What did you do today? Children's use of time, family composition, and the acquisition of social capital", Journal of Marriage and the Family, Vol. 59 No. 1, 1997, pp. 332-344.

Blau, P. M. and Duncan, O. D., The American Occupational Structure, New York: John Wiley & Sons, 1967.

Bonke, J. and Esping-Andersen, G., "Family investment in children: Productivities, preferences, and parental childcare", European Sociological Review, 2009, pp. 1-13.

Bourdieu, P., Distinction: A social critique of the judgement of taste, Harvard University Press, 1984.

Craig, L., "Parental education, time in paid work, and time with children: An Australian time diary analysis", The British Journal of Sociology, Vol. 57 No. 4, 2006, pp. 553-575.

Erikson, R., Goldthorpe, J., and Portocarero. L., "Intergenerational class mobility in three Western European societies: England, France, and Sweden", British Journal of Sociology, Vol. 30 No. 3, 1979, pp. 415-441.

Featherman, D. L. and Hausser, R. M., Opportunity and change, New York: Academic Press, 1978.

Koiyusilta, L. L., Lintonen, T. P., and Rimpela, A. H., "Orientations in Adolescents Use of Information and Communication Technology: A Digital Divide by Socioeconomic Background, Educational Career, and Health", Scandinavian Journal of Public Health, Vol. 35, 2007, pp. 95-113.

Lin N., Social capital: A theory of social structure and action, Cambridge University Press, 2002.

Long, J. S., Regression models for categorical and limited dependent variables, Thousand Oaks: Sage, 1997.

Mullan, K., "Young people's time use and maternal employment in the UK", The British Journal of Sociology, Vol. 60 No. 4, 2009, pp. 741-762.

Peter, J. and Valkenburg, P., "Adolescents' Internet Use: Testing the 'Disappearing Digital Divide' versus the 'Emerging Digital Differentiation'Approach", Poetics, Vol. 34, 2006, pp. 293-305.

Reay, D., "A Useful Extension of Broudies's Conceptual Framework? Emotional Capital as A Way of Understanding Mother's Involvement in Their Children's Education", The Sociological Review, Vol. 48 No. 4, 2000, pp. 568-585.

Sayer, L. C., Anne H. Gauthier and Frank F. Furstenberg Jr., "Educational differences in parents time with children: Cross national variation", Journal of Marriage and Family, Vol. 66 No. 1, 2004, pp. 1152-1169.

Sewell, W. H, Hauser, R. M., Springer, K. W., and Hauser, T. S., As we age: A review of the Wisconsin longitudinal study: 1957-2001 in K. T. Leicht(ed.). Research in Social Stratification and Mobility, Oxford, UK. Elsevier, 2004.

Van dijk, Jan A. G. M., "Digital Divide Research, Achievements and Shortcomings", Poetics, Vol. 34, 2006, pp. 221-335.

Wight, V. R., Joseph Price, Suzanne M. Bianchi and Bijou R. Hunt., "The time use of teenagers", Social Science Research, Vol. 38 No. 1, 2009, pp. 792-809.

Young, K, S. and Rogers, R. C., "The Relationship between depression and pathological internet use", CyberPsychology and Behavior, 1998, pp. 323-329.

<중앙일보>, 「[사설] 게임중독, 저소득층일수록 심각하다」,
　　　http://news.joins.com/article/7200951, 2012. 01. 25.
　　　(검색일: 2018. 04. 24.)
<연합뉴스>, 「스마트폰 중독 심각…과의존 위험군 4년간 2배 급증(종합)」,
　　　http://www.yonhapnews.co.kr/bulletin/2016/12/12/0200000000AKR20
　　　161212099800002.HTML, 2016. 12. 12. (검색일: 2018. 04. 24.)

대학생의 소비와 행복[*]

오세일(서강대학교 사회학과 교수)

노정인(서강대학교 사회학과 4학년)

Ⅰ. 서론

소비는 현대사회에서 매우 중요한 삶의 양식이다.[1] 풍요로운 현대사회에서의 소비 활동에는 의식주와 관련된 필수재 소비 이외에도, 자기기호나 취향과 같은 문화적 욕구를 충족시키기 위한 다양한 소비양식으로 존재한다.[2] 한편, 현대 소비사회에서 소비 활동의 사회적 의미, 특히 행복과의 상관관계에 관한 연구는 오늘날 그 중요성이 점점 더 증대되는 추세지만, 관련 연구가 많지 않다.[3] 장현

---

* 이 글은 생명연구 제49집(2018년 8월)에 실렸던 글을 수정·보완하여 수록하였다.

1) 조광익, 「여가 소비와 개인의 정체성」, 『관광연구논총』, 22(2), 2010, 23쪽; 박창호, 「소비주의 사회와 인터넷 소비의 문화 지형」, 『현상과 인식』, 32(3), 2008, 27쪽; Campbell, Colin, "The Sociology of Consumption", trans. Daniel Millser. *Acknowledging Consumption : A Review of New Studies*, 1995, p. 30; 홍은실, 「여성 소비자의 사치 - 검약 소비 유형분류 및 특성분석」, 『한국생활과학회지』, 22(1), 2013, 18쪽.

2) Schor, Juliet, Douglas Holt, The Consumer Society Reader, edited by Juliet Schor and Douglas Holt, The New Press, 2000.

선은 '소비자가 소비를 통해 얻게 되는 행복'에 영향을 미치는 요인으로 '소비능력', '소비 공유대상', '소비 자율성', '소비 자신감'을 꼽는다.[4] 성영신 외는 소비유형을 "일상소비, 놀이 여가활동, 재테크, 수집 활동, 타인 의식 소비, 의례 활동, 외모 가꾸기, 친환경 소비, 윤리적 소비" 아홉 가지로 분류한 후, 모든 유형에서 소비 활동과 소비 행복이 정적 상관관계를 보이지만, 소비 활동이 삶의 부정적 감정을 감소시키는 데에는 기여하지 못 한다고 밝힌다.[5] 이는 소비 행복 이면에 소비 중독의 다양한 함의가 있음을 시사한다. 양윤과 조가람은 소비자 개인의 자율성을 바탕으로 자기해석 수준에 따라 중시되는 소비유형과 소비맥락이 상이함을 강조한다.[6] 김미린과 홍은실은 소비 윤리적 차원에서 절제와 간소한 소비를 잘 실천할수록 소비자 행복이 높아짐을 설명하고[7], 최경숙과 박명숙은 대학생 소비자들의 '진정성을 추구하는 삶'이 소비절제 행동과 삶의 만족도에 기여함을 밝힌다.[8]

대학생의 소비 행동을 분석한 기존의 연구는 적지 않으나, 대학생의 문화를 반영한 소비성향과 행복의 다양한 차원을 연결시켜 분석한 연구는 매우 드물다(II장 3절 참조). 본 연구는 대학생들의 의

---

3) Hanson, D.S. and Arjoon S., "Marketing for Happiness", *Advances in Management,* 3(10), 2010, p. 8.

4) 장현선, 「소비자의 소비 행복을 어떻게 측정할 수 있나?」, 『한국가정관리학회지』, 32(6), 2014, 16쪽.

5) 성영신·이진용·유창조·박은아·신은희·백인기, 「소비 활동이 행복에 기여할 수 있을까?」, 『마케팅연구』, 28(6), 2013, 33쪽.

6) 양윤·조가람, 「소비유형, 소비맥락, 자기해석이 소비자 행복에 미치는 영향」, 『한국심리학회지: 소비자·광고』, 16(1), 2015, 22쪽.

7) 김미린·홍은실, 「절제와 간소, 자율성, 소득수준에 따른 성인소비자 유형 분류와 유형별 행복 비교」, 『한국 지역사회 생활과학회지』, 27(1), 2016, 17쪽.

8) 최경숙·박명숙, 「대학생 소비자의 소비절제 행동에 관한 연구」, 『한국소비문화학회』, 20(3), 2017, 7-25쪽.

류 소비를 통해 형성된 자의식과 정체성이 -단순한 삶의 만족도 차원을 넘어서- 개인의 내면적 혹은 외면적 행복과 어떤 방식으로 연결되는지 설명하고자 한다.

본 연구는 소비유형을 대학생의 사회·문화적 맥락을 반영하여 '과시용 혹은 명품 소비'와 이와 대조되는 '진정성' 및 '실용성' 차원의 소비로 분류하고, 각각의 소비유형이 어떻게 행복의 외면적 차원과 내면적 차원에 영향을 주는지 분석하고자 한다. 본 연구에서 소비의 종류는 '의류 소비'로 한정하였다. 의복은 필수재인 동시에 계절 용품이기에 사용주기가 짧아 소비자들의 구매빈도가 높을 수 있으며 가격 범위가 매우 다양하기 때문이다. 대학생들은 격식을 차리는 의복보다는 자신의 취향에 따른 의류 소비를 지향하는 경우가 많으며 "의복을 통한 자기 정체성 표현에 민감한 감수성"을 지닐 수 있는 집단이다.[9] 또한, 대학생 소비자는 "유명상표나 유행에 민감하며, 동질적이면서도 다양성을 추구하고, 비슷한 연령층의 소비모델로서 역할"을 수행하기도 한다.[10]

하지만, 기존 연구에서는 '진정성'을 반영하는 대학생의 소비성향을 포함하지 못했기에, 본 연구에서는 이를 '실제적 소비'의 하위 범주로 다루며 '과시적 소비'와 대조하여 비교할 것이다. 이처럼 대학생의 소비성향을 사회문화적인 맥락 안에서 검토한 본 연구는 대학생들이 더욱더 가치 있는 '삶의 양식'으로서 소비의 방식을 성찰하고 선택하는데 의미 있는 경험 자료를 제공하게 될 것이다.

---

9) 박상미·이은희, 「대학생 소비자들의 가격지향과 과시 소비성향의 관계」, 『한국생활과학회지』, 16(2), 2007, 14쪽; Charles Taylor, Sources of the Self: the Making of the Modern Identity, Cambridge, MA: Harvard University, 1992.

10) 이수정, 「의생활 양식에 따른 의복구매 행동에 관한 연구: 서울 시내 남녀대학생을 중심으로」, 숙명여대 교육대학원 석사학위 논문, 1993.

본 논문의 구성은 다음과 같다. 제2장은 이론적 배경으로, 소비와 행복의 의미와 차원을 다룬다. 제3장에서는 연구대상과 측정 도구에 대해서, 제4장에서는 자료 분석 결과를 다루고, 마지막 제5장에서는 토의와 제언 부분으로서 본 연구의 의의와 한계를 다룰 것이다.

Ⅱ. 이론적 배경

본 장에서는 소비와 행복의 개념과 의미를 기존 연구들의 이론적 관점들을 반영하여 과시적 소비와 실제적 소비, 그리고 외적 행복과 내적 행복의 차원에 관해서 논의한다. 그리고 대학생의 소비와 행복에 관한 기존 논의를 검토한다.

1. 소비

소비는 현대사회의 중요한 문화적 코드 혹은 기호로서 기능한다.[11] 이는 현대사회에서 소비가 경제적 차원 이상의 사회문화적 기능을 수행하게 되었음을 의미한다.[12] 특히, 보드리야르(Baudrillard)는 근대사회까지 소비의 목적은 재화의 '사용가치'에 있었지만, 후기 근대사회에서 소비는 사회 관계적 표현양식이며 문화적 의미를 함축하고 있는 '기호 가치'에 의존하게 되었다고 말한다.[13] 요컨대

---

11) 조광익, 2010, 23쪽; 박창호, 2008, 27쪽; Campbell, Colin, 1995, p. 30; 홍은실, 2013, 18쪽
12) 조광익, 2010, 23쪽
13) 보드리야르(Baudrillard, J.), 이상률 옮김, 『소비의 사회』, 문예출판사, 1992, 318쪽.

소비사회에서의 소비 욕구는 자신을 타인으로부터 구별 지을 수 있는 재화의 기호에 대한 욕망이며, 소비는 이러한 상징 욕구를 충족시킬 수 있는 수단으로 이해되기도 한다.[14]

한편, 스코트 래쉬와 존 어리(Scott Lash & John Urry)는 '기호와 이미지'의 증대를 현대사회의 특징으로 보았다는 점에서 보드리야르와 맥을 같이 한다. 그러나 래쉬와 어리는 포스트모던 시대의 불확실성과 유동성에 따라 '기호 가치' 역시 변할 수 있으며, 개인 행위자의 소비 행위에 의해서 창조적으로 형성되고 지속해서 재생산된다고 주장한다.[15] 그 결과 사람들은 소비자로서의 정체성을 주체적으로 혹은 성찰적으로 구성하게 된다.[16]

현대사회에서 소비는 경제적 측면뿐 아니라 사회·심리·문화 전반에 영향을 미치는 중요한 과정이며, 소비자인 개인 행위자 자신의 사회 실존적 정체성을 형성하고 표현하는 방식에도 영향을 미친다.[17] 본 연구는 일상생활에서 소비문화를 구성하는 방식으로서 다양한 차원의 기호 가치 혹은 사용가치를 추구하는 소비양식을 크게 '과시적 소비'와 '실제적 소비'의 차원에서 접근하고자 한다.

1) 과시적 소비

베블렌(Veblen)은 유한계급론(The Theory of Leisure Class)에서

---

14) 보드리야르(Baudrillard, J.), 1992, 318쪽.

15) 스코트 래쉬·존 어리, 박형준·권기돈 옮김, 『기호와 공간의 경제』, 현대미학사, 1998, 508쪽.

16) 이유선·정헌주·김정로·박선권·정용찬·이우관, 2005, 256쪽.

17) 보록 로버트(Robert bocock), 양건열 옮김, 『소비 - 나는 소비한다. 고로 나는 존재한다』, 시공사, 2003, 210쪽.

과시 소비(conspicuous consumption)를 "재화·용역의 사용을 통해 효용을 얻기 위한 목적보다는 금전력을 과시하는 것을 목적으로 되도록 많은 재화와 용역을 소비하는 것"으로 정의하였다.[18] 즉, 과시적 소비는 안정된 물적 기반을 바탕으로 인생을 즐기며 사는 유한계급에서 나타나는 소비로, 이를 통해 타인으로부터 인정받으려는 지향이 담긴 소비 행위이다.[19] 따라서 본 연구에서는 과시적 소비를 "유명상표의 제품이나 제품의 상징성(기호)을 통해 특별한 지위를 획득·유지하거나 타인의 인정을 얻기 위한 소비"로 규정한다.

그런데 과시 소비를 이해하는 방식에는 학문적 관점과 사회문화적 이해에 따른 차이가 존재한다.[20] 인류학적 관점에서 매크래켄(McCracken)은 상류계층이 자신의 지위를 다른 계층과 '차별화'하기 위해 행하는 전략으로 과시 소비를 이해한다.[21] 더글러스와 이셔우드(Douglas & Isherwood)는 과시 소비를 필요와 욕구 충족이 아닌 (문화적) '의미 창출'을 동인으로 설명한다.[22] 사회심리학적 관점에서는 과시 소비의 목적을 상층계급에는 '계급 간 차별화' 하층계급에는 '상층계급으로의 소속감'으로 보기도 한다(Dubois & Duquesne). 이밖에도 과시 소비를 사회적 지위를 드러내기 위한 '부의 전시'(Mason), '특정 재화의 향유'(Mammen & Whan), '상품의 상징성 소유'(Labarbera; Lury) 등 다양한 관점으로 정의한

---

18) Veblen, Thorstein, The Theory of the Leisure Class, Dover Publications, 1994(1899).

19) 박창호, 2008, 27쪽.

20) 박상미·이은희, 「대학생 소비자들의 가격지향과 과시 소비성향의 관계」, 『한국생활과학회지』, 16(2), 2007, 14쪽.

21) 매크래켄 그랜트(Grant McCracken), 이상률 옮김, 『문화와 소비』, 문예출판사, 1996, 334쪽.

22) Douglas, M., and B. Isherwood, "The World of Goods: Towards Anthropology of Consumption", *Allen Lane*, 1979.

다.23) 한편, 사회학적 관점에서 베블렌 이후 부르디외(Bourdieu)와 보드리야르는 '상류계층의 우월성'을 확인하고, 하위 계층과의 사회적 차이를 문화 자본 혹은 문화적 기호로 연결시켜 '과시적 소비'를 설명한다.24) 요컨대, 과시적 소비에 관한 다양한 정의들은 과시적 소비가 상품의 사용가치가 아니라 기호 가치로서 '사회적인 것'을 소비한다는 점을 공유한다.25)

한편, 한국사회에서는 집단 심리로서 '유행(fashion)'을 집합적으로 추구하는 소비 경향이 상류층의 문화 자본을 따라잡으려는 사회 현상으로 기능하기도 한다.26) 짐멜(Simmel)에 의하면, 유행은 집단에 동조하고 순응함으로써 외부로부터 안정감을 확보하려는 사회성을 드러내는 심리이다.27) 한국의 중·고등학생들이 하나같이 명품 롱패딩을 교복처럼 입고 통학하는 모습이 단적인 예라고 할 수 있다. 이처럼 명품 소비 혹은 과시적 소비성향에 길들여진 습관(*habitus*)은 소비문화 양식에서 일종의 (몸 안에 깃들어진) 강한 성벽 혹은 '중독(addiction)'으로 연결될 가능성이 크다.28)

---

23) Mason, Roger S., "Conspicuous consumption", *Gower*, 1981; LaBarbera, Priscilla A., "The nouveaux riches: Conspicuous consumption and the issue of self fulfillment." *Research in consumer behavior 3*, 1988, p. 32; Lury, Celia., *Consumer culture*. Rutgers University Press, 1996.

24) 정성원, 「현대인들의 과시 - 자아정체성의 (재) 생산 -」, 『담론201』, 2007, 29쪽.

25) 한편, 과시적 소비는 다양한 사회적 맥락에서의 윤리적 코드로 확장되기도 한다. 사람들은 친환경 제품이나 하이브리드 차량을 소비함으로써 자신이 환경에 관심이 많은 선량한 사람임을 보여주고자 하며, 인디밴드의 공연을 관람하거나 특정 브랜드의 제품을 소비함으로써 남들과는 다른 자신의 독특한 취향을 과시하고자 한다(조원광, 2014). 이처럼 과시 소비는 계급적 차별화와 부의 과시에 한정되는 것이 아니라, 다양한 기호와 상징으로 자신을 치장하기 위한 행위로 확대된다.

26) 부르디외(Pierre Bourdieu), 최종철 옮김, 『구별 짓기』, 새물결, 2005. 463쪽; 박은희·구양숙, 「대학생의 과시 소비성향과 청바지 착용 태도 및 구매 행동」, 『한국 의상 디자인학회지』, 16(1), 2014, 12쪽.

27) 게오르그 짐멜(Georg Simmel), 김덕영 외 옮김, 『짐멜의 모더니티 읽기』, 새물결, 2005, 304쪽.

28) 중독은 크게 "약물"과 "행동" 차원으로 구분된다(우상우 외 2010). 한국사회에서 규정한 4대 중독의 사례를 보면, 마약, 알코올 중독의 경우 특정 물질에 대한 중독성향을 지칭하는 데 비

2) 실제적 소비

과시적 소비가 계층적 지위와 사회문화적 인식을 반영하는 (외재적) 소비방식이라면, 실제적 소비는 자기의 (내면적) 정체성 혹은 실용적 가치를 우선시하는 소비방식이다. 홀트(Holt)는 소비 행위의 목적을 기준으로, 소비재의 본원적 가치와 특성을 경험하고자 하는 추구를 '자기 목적적 소비'로 정의한다.[29] 나아가 그는 소비자가 추구하는 상품에 대한 가치와 그로부터 얻을 수 있는 혜택의 차원에서 '실제적·개인적 가치재'와 '심미적·감각적 가치재', '사회적 공공재' 세 가지로 분류한다.[30] 이에 본 연구에서는 '자기 목적적 소비' 성향에서, 소비의 본원적 혹은 실제적 가치를 실현하고자 할 때 표현되는 '진정성(authenticity)'과 '실용성(utility)'을 '실제적 소비'로 규정하고자 한다.

본 연구에서 실제적 소비(practical consumption)는 '소비재의 본원적 가치를 실현하고, 소비자 개인의 경험과 유희 및 만족을 위한 소비'로 정의되며, 개인의 취향과 개성이 반영된 진정성과 실제적 사용가치를 추구하는 실용성의 차원을 포함한다. 또한, 실제적 소비는 개인 행위자가 성찰성을 바탕으로 자신의 주체적 목적에 맞는 소비 행동을 실천하는 것을 의미한다. 이는 소비시장 사회에서 이

해서 인터넷, 도박 중독의 경우는 특정한 행동으로 기우는 "조절 불가능한" 행위성을 담고 있다(김교현, 2002). 하지만, 일상생활에서는 이 밖에도 다양한 방식의 중독이 존재한다. 게임중독, 소비 중독, 스포츠 중독, 일중독 등. 한편, 현실 치료 요법을 강조하는 윌리엄 글래서(2004)는 (본인이 스스로 통제하기 어려운) 중독성향이 모두 부정적인 것만은 아니며 긍정적인 것도 있다고 말한다. (글래서, 2004).

29) 홀트(Holt, 1995)는 소비의 양식을 행위 목적과 행위구조에 따라서 경험(experience), 사회적 유희(play), 통합(integration), 분류(classification)로 유형화한다.

30) 신은주·이영선, 「문화예술 상품에 대한 소비자의 가치 인식과 추구 혜택에 관한 질적 연구」, 『한국마케팅저널』, 12(4), 2010, 28쪽.

미 통용되는 구조화된 기호 혹은 문화적 코드를 수용하고 소비함으로써 자기만의 특별한 정체성을 부각하고자 하는 '과시적 소비'와는 질적으로 다른 차원의 소비이다. 또한, 초기 혹은 후기 근대사회에서 '과시적 소비'가 계층 간 차이를 강조하는 차원에서 부각되었다면, 포스트모던 소비사회에서는 개인의 '성찰성' 혹은 '진정성'이라는 코드를 바탕으로 개인이 소비를 선택하고 행하는 경향이 부각된다.[31]

현대사회에서 주체적인 소비자는 자신의 내면적 가치와 진정성을 반영하는 기호 가치를 소비하는 경향이 크다.[32] 아울러, 소비시장의 브랜드 판도를 단순히 답습하지 않는 소비자는 소비의 실제적 목적과 사용가치를 성찰적으로 추구하며 '실용적 소비'를 주체적으로 선택하기도 한다. 이처럼 주체적이며 실용적인 소비 활동은 자신을 규정하고 정서적 만족을 높이며, 나아가 주관적 차원뿐 아니라 객관적 차원에서의 삶의 질을 향상시키기도 한다.[33]

2. 행복 (삶의 질)

행복에 관한 연구는 디너(Diener)가 제시한 '주관적 안녕감(subjective well-being)'에서 출발한다. 디너는 행복을 '주관적 안녕감'으로 정의하고, 삶(자신, 타인 관계, 집단)에 대한 만족, 긍정적

---

31) 스코트 래쉬(Scott Lash) · 존 어리(John Urry), 1998, 508쪽; Holt, D. B., "How Consumers Consume: A Typology of Consumption Practices", *Journal of Consumer Research,* 22, 1995, p. 16.

32) 박남희 · 이종현 · 정성원, 「(예술)작품과 상품(명품)과의 상호전환에 관한 철학적 고찰-현대 자본주의 사회 예술품의 상품화와 상품의 예술화를 중심으로」, 『해석학연구』, 23, 2009, 28쪽.

33) 박남희 외, 2009, 28쪽; Baudrillard, 1970, 318쪽; McCracken, 1996; 정철현 · 황소하, 「문화예술 향수의 영향요인에 관한 연구」, 『한국행정학회 학술발표논문집』, 2007, 23쪽.

정서 체험, 부정적 정서 체험이라는 세 차원에서 접근하였다.[34] 이
후 리프(Ryff)는 행복의 주요인으로 '내적 역량'을 강조하였고[35],
나아가 키스(Keyes)는 개인적 차원뿐 아니라 '사회적 차원'도 깊이
반영하여 행복을 분석해야 한다고 주장하였다.[36] 한편 오세일은 행
복을 개인의 인지・정서 차원뿐 아니라 사회적 관계와 문화를 반영
하여 대인・관계, 사회・공동체 차원에서의 '삶의 질(the quality of
life)'도 반영하여 다룬다.[37] 요컨대, 심리학적 관점에서 진행된 행
복연구는 개인의 인지, 정서, 안녕감 등 내적 상태를 강조하는 경향
이 크고, 사회과학에서는 '삶의 질'과 연관되어, 계층적 지위, 상대
적 우월감, 사회구조 등 개인에게 영향을 미치는 외적 요인에 치중
하는 경향이 크다.[38] 따라서 본 연구에서는 행복을 개인의 내면적・
의식적인 차원에서의 '내적 행복'과 외면적・관계적 차원에서의 '외
적 행복'으로 구분하고자 한다.[39] 이를 위해 한국인의 행복한 삶에
관한 연구에서 김명소가 제시한 다양한 항목 중, 내면적 차원과 외
면적 차원의 특질(typical attributes)들을 구분하였다.[40] 특히, 인정
(recognition)의 준거가 외부(사회)인지 개인(성취)인지, 행위의 정
향성이 대인관계인지 자기의 목표추구에 있는지, 삶의 의미와 에너

---

34) Diener, E., "Subjective Well-Being", *Psychological Bulletin*, 95, 1984, p. 34.

35) Ryff, C. D., "Happiness is Everything, Or Is It? Explorations on the Meaning of Psychological Well-Being", *Journal of Personality and Social Psychology*, 57, 1989, p.13.

36) Keyes, C. L. M., "Social Well-Being", *Social Psychology Quarterly*, 61, 1998, p. 20.

37) 오세일, 「행복과 영성에 관한 사회학적 고찰: 한국 청년세대 연구를 향한 시론」, 『인문사회21』, 6(20), 2015, 27쪽.

38) 김명소・김혜원・차경호・임지영・한영석, 「한국 성인의 행복한 삶의 구성요인 탐색 및 척도 개발」, 『한국심리학회지 : 건강』, 8(2), 2003, 28쪽; 한준・김석호・하상응・신인철, 「사회적 관계의 양면성과 삶의 만족」, 『한국사회학』, 48(5), 2014. 24쪽.

39) 행복 혹은 삶의 질 연구에서 측정방식은 매우 다양하다(오세일, 2015). 본 연구는 "한국 청년 세대를 위한 '행복균형' 지수 계발" 차원의 사회 이론적 성찰이 담겨 있다(오세일, 2017 참조).

40) 김명소 외, 2003, 28쪽.

지의 원천이 상대적 우월감인지 긍정적 인생관에서 오는지, 삶의 가치가 물질적(경제력)인지 인간적(이타심)인지, 네 가지 기준을 적용하였다. 이 중 대인관계의 경우, 외면적 차원과 내면적 차원의 행복이 중첩되어 발현될 수 있다.

1) 외적 행복

본 연구에서 외적 행복이란 '개인의 외면적 혹은 관계적 차원에서 충족되는 삶의 질 혹은 만족도'로 규정하며, '사회적 인정', '대인관계', '상대적 우월감', '경제력' 네 차원에서 접근한다.[41]

먼저, '사회적(외부로부터의) 인정'은 행복의 주요인으로 작용한다.[42] 문성훈의 정의에 따르면 인정이란 "상대방을 긍정하려는 일차적 의도에 따라 수행된 행위"를 말하며, "개인의 성공적인 자아실현을 위한 필수 조건"이다.[43] 특히 한국의 유교식 집합문화에서 사회적 인정으로서 사회적 지위는 타인과의 관계 속에서 느끼는 행복의 주요 요인으로 기능한다.[44]

둘째, '대인관계' 역시 외적 행복의 중요한 요인 중 하나이다. 대인관계는 "자신과 친밀한 대화를 나눌 수 있는 친구 혹은 타인이 있는 것, 그리고 이들과 원만한 관계를 유지하는 것"을 의미한다.[45] 원

---

41) 김명소는 '사회적 지위 및 인정'으로 정의한 것을 본 연구에서는 '사회적 인정'으로 개념화한다.

42) 한준 외, 2015, 24쪽.

43) 문성훈, 「하버마스에서 호네트로: 프랑크푸르트학파 사회비판 모델의 인정 이론적 전환」, 『철학연구』, 73, 2006, 27쪽.

44) 김명소 외, 2003, 28쪽; 김의철·박영신, 「한국사회에서 삶의 질을 구성하는 요인들에 대한 탐구」, 『한국 심리학회지』, 12(5), 2006, 28쪽.

45) 김명소 외, 2003, 28쪽.

만한 대인관계를 유지하고자 하는 사회적 욕구는 인간의 보편적이고 근본적인 욕구이다.[46] 진화론적 관점에서 사회적 관계는 다방면으로 생존과 번식에 도움을 주었기에 인간은 적응적이며, 따라서 사회적 욕구가 충족될 때 행복감을 느끼도록 진화해왔다.[47] 한편, 정은의 · 노안영의 연구에서 행복은 "자신이 타인과 연결되어 있다고 지각하고 남들과 어울리기를 좋아하며 타인의 행동에 민감하게 반응하는 관계성"에 의해 가장 유의미하게 예측된다고 보고한다.[48][49]

셋째, 다른 사람과의 비교를 통해 얻는 '상대적 우월감'도 외적 행복의 중요한 요인이다. 가령, 상대적 서열이 반영되어 있는 '지위재'의 획득을 통한 행복감이 대표적이다.[50][51] 특히 사회적으로 희소한 지위를 둘러싼 경쟁은 제로섬 게임의 특징을 지니며[52], 이는 재화의 (절대적) 소유 여부가 아닌 남들과의 비교 속에서 느끼는 상대적 우월감이 행복의 준거가 됨을 의미한다. 한준 외는 한국인의 행복감에서 상대적 우월감의 효과를 개인의 객관적 소득계층에 대한 주관적 평가를 통해 측정하였는데, 자신의 객관적 소득수준에 비해 주관적 소속 계층을 낮게 평가하거나 타인으로부터 상대적 박

46) 허청라 · 구재선 · 서은국, 「기본적 욕구 충족 이후의 행복」, 『한국심리학회지』, 28(2), 2014, 20 쪽; Leary, M. R., and Baumeister, R. F., "The nature and function of self-esteem: Sociometer theory", *Advances in Experimental Social Psychology*, 32, 2000, p. 62.

47) Baumeister & Leary, 1996; Henrich & Boyd, 1998; Hill & Hurtado, 1989.

48) 정은의 · 노안영, 「사회경제적 요인과 기혼여성 행복 간 관계」, 『한국심리학회지』, 26(1), 2007, 24쪽.

49) Howell, Chenot, Hill과 Howell(2009)의 연구에서는 자율성(autonomy)과 관계성(relatedness)이 목표달성을 이루는 데 긍정적 경험을 주어 순간의 행복감을 증가시킴을 보였다.

50) 이재열, 「사회의 질, 경쟁, 그리고 행복」, 『아시아 리뷰』, 4(2), 2015, 27쪽.

51) 허쉬(Fred Hirsch)는 재화를 물질재(material good)와 지위재(positional good)로 구분하고, 물질재는 기본적인 의식주의 욕구를 충족시키는 데 필요한 재화로, 지위재는 상대적으로 희소하며, 대체재의 존재 여부나 다른 사람들의 요구에 따라 그 상대적 가치가 결정되는 재화로 정의했다.

52) 이재열, 2015, 27쪽.

탈감을 느낄 경우 낮은 행복도를 보이는 것으로 나타났다.[53]

넷째, 개인이 획득한 경제적 풍요 혹은 물질재 역시 외적 행복의 주요 요인 중 하나이다. 현대사회에서 돈은 인간의 기본적 욕구를 충족시키는 대표적인 수단으로 인식된다.[54] 오늘날 돈은 그 자체로 최고의 물질적 가치를 반영하며, 안락하고 '여유 있는 행복한 삶'을 위한 필수 요인으로 인식되어 가고 있다.[55]

2) 내적 행복

본 연구에서는 내적 행복을 '개인의 내면적 의식과 가치가 반영된 삶의 질 혹은 만족도'로 규정하며, '개인적 성취', '자기 목표추구', '긍정적 인생관', '이타심'의 네 차원에서 접근한다.[56] 사회심리학적 관점하에 진행된 디너와 리프의 연구에서 '주관적 안녕감'은 개인의 인지 및 정서의 측면이 매우 부각되었다. 이러한 연구는 개인의 주관적 혹은 심리적 상태만을 주목한다는 한계가 있다.[57] 그래서 본 연구는 '가치관 혹은 사회적 의식'과 삶의 (내적) 태도를 보다 체계적으로 반영하고자 한다.

---

53) 한준 외, 2015, 24쪽.

54) 허청라 외, 2014, 20쪽; 게오르그 짐멜(Georg Simmel), 김덕영 옮김, 『돈의 철학』, 길, 2013, 1092쪽.

55) 홍경자, 「행복한 삶과 돈의 의미」, 『현대 유럽 철학연구』, 38, 2015, 27쪽.

56) 김명소의 연구에서 활용된 '성취감 및 자기수용감'을 '개인적 성취'로, '자기 계발'과 '삶의 목표 및 추구'를 '자기 목표추구'로 개념화한다.

57) 주관적 안녕감 혹은 주관적 만족도만을 행복으로 규정하는 연구에서는, 실제로 '계층' 즉, 물질적으로 잘 사는 정도가 미치는 영향이 가장 유의미하게 나타나는 경향이 크다. 다른 한편, 사회 불평등(inequality)에 대한 이슈를 깊이 있게 분석하는 사회과학자들은 행복의 인지, 정서적 차원에 관한 연구를 경계하는 경향이 크다. 본 연구는 '삶의 질'에 관한 사회 이론적 연구를 반영하여 구성하였다(오세일 2015 참조)

첫째, '개인적 성취'는 내적 행복의 중요한 요인이다. 긍정심리학에서 강조하는 것처럼 자기 자신에 대한 근본적인 이해와 수용, 그리고 자기 행위 및 성취에 대한 만족도는 행복의 중요한 차원을 구성한다.58) 한편, 사회심리학적 기제로 많이 활용되는 '자기효능감'과 '자기 탄력성' 같은 변수들은 근본적으로 자기 성취와 수용에 대한 강한 자기 이해를 반영하고 있다고 볼 수 있다.

둘째, '자기 목표추구'는 개인의 가치관과 삶의 의미를 반영하는 내적 행복의 요인이다. 사람들은 생애 경로(life course)에 따라 각기 다른 수준의 '삶의 통합성'을 보이지만, 일반적으로 자기 '삶의 목표를 추구하며 의미 있는 행동'을 통해 자신을 성장시키는 데에서 커다란 행복을 체험한다.59) 이때 자기 계발이란 자기 삶의 의미를 추구하며 자발적으로 수행하는 여정에서, 자신을 정신적으로 혹은 영적으로 성장시키는 과정으로 인식하는 것을 의미한다.60)61)

셋째, '긍정적 인생관'은 개인의 가치관 혹은 세계관으로 발현되는 내적 행복의 특질이다. 행복은 무엇보다도 주관적 차원에서 인지될 수 있는데, 삶의 긍정적이고 적극적인 차원을 중요하게 반영한다.62) 긍정심리학의 관점에서, 긍정적 인생관 역시 자아존중감, 자기통제감, 관계 효능감 등 자기와 타인, 세계를 의식하며 관계를

---

58) 유나영 · 정여진 · 김비아 · 정영숙 · 신현정, 「한국인의 행복 개념 탐색연구」, 『한국민족문화』, 55, 2015, 34쪽; Seligman, M. E. P., Csikszentmihalyi, M., "Positive Psychology: an Introduction", *American Psychologist*, 55, 2000, p. 10.

59) 오세일, 2015, 27쪽.

60) 김건순 · 김남진 · 오세일, 「한국 대학생의 자기 계발과 삶의 질」, 『사회과학연구』, 24(2), 2017, 36쪽.

61) 다른 한편으로, 사회구조의 압력에 의해서 타율적으로 '자기 계발'을 수행하게 되는 경우, 행위자는 자기 계발을 위해서 더 많은 시간을 할애하면서 동시에 강박적으로 '중독'에 빠지는 경향도 발견된다(김건순, 김남진, 오세일, 2017: 278).

62) Bradburn, N. M., *The structure of psychological well-being*, Chicago: Aldine, 1969.

맺는 역량의 인식론적 기저를 제공한다고 볼 수 있다.

넷째, '이타심'은 보다 구체적인 관계 양식에서 발현되는 내적 행복의 요인이다. 외적 행복이 타자 혹은 외부 사회구조에서 오는 힘(power)에 의해 개인의 의식과 행동에 정향되어 나타나는 경향이 큰 데 비해서, 내적 행복에서 나타나는 관계 양식은 자기의 내면적 요인으로 인해서 타인에게 향하는 긍정적 행동을 반영한다. 이타심 혹은 봉사 활동은 개인의 욕구와 필요를 충족하는 데서 체험하는 만족도와는 달리, 타인의 필요와 욕구를 충족시켜주는 자기-초월적 행위를 통한 만족감으로 이해할 수 있다.63) 이는 자기의 긍정적 의식과 에너지를 내부에서 외부 세계로 '흘러넘치는 효과(spill-over effect)'로 인식할 때, 내적 차원의 행복이라는 것이 더욱 명확히 설명된다.

3. 대학생의 (의류) 소비와 행복

대학생은 후기청소년기에 해당하며, 특히 신자유주의 체제 한국 사회에서는 노동시장에서의 취업을 준비하는 자기 계발에 관한 부담과 스트레스가 많다.64) 대학생의 소비에 관한 연구로는 과시적 소비 혹은 명품소비성향에 관한 연구가 많은 편이다. 이계석 외는 과시적 소비성향으로서 브랜드(유명상표 선호)에 관한 이미지, 충성도 등의 경로가 유의미하게 연결되어 있음을 분석하였는데65),

---

63) Oh, Seil, and Natalia Sarkisian, "Spiritual individualism or engaged spirituality? Social implications of holistic spirituality among mind-body-spirit practitioners." *Sociology of Religion* Vol. 73, No. 3, 2011, p. 24.

64) 김건순·김남진·오세일(2016)에 의하면, 저학년보다 고학년일수록 '자기 계발'에 대한 압박이 높게 나타나는데, 이는 취업 노동시장의 구조적 압박으로 해석된다.

'개성추구 지향'을 과시적 소비성향에 국한시킨 한계가 있다. 박혜령 외는 오가닉 의류제품 소비에서 나타나는 라이프 스타일로 웰빙, 변화, 친환경, 트렌드 혁신 간의 상관성을 보고하는데, 유용성과 유행, 사회의식은 반영하지만, 개인의 개성 혹은 진정성 차원의 변인은 검토하지 못하였다.[66)]

한편, 구혜경은 대학생 소비자의 자기 결정성이 소비자의 행복에 연관됨을 경로 분석을 통하여 설명하는데, 특히 자율성(p=.013)과 관계성(p=.000)이 '윤리적 소비 행동'과 유의미한 관계임을 드러낸다.[67)] 박미혜는 대학생의 소비 행복 실천에 관한 수기를 분석하여, 소비를 통한 만족 뒤에 오는 공허함과 후회와 대비해서 절제 있고 의식 있는 소비가 소비 행복을 진작시킴을 설명한다.[68)]

다른 한편, 대학생은 스마트폰 중독과 더불어 (인터넷 매체 등의 매개를 통한) 소비 중독 증세가 높다는 연구가 있다.[69)] 하지만, 소비 중독의 함의는 매우 다양하고 복잡하다. 소비 중독은 일반적인 4대 중독(알코올, 도박, 마약, 인터넷)으로 취급되지는 않지만, 충동적, 강박적, 과시적 혹은 과잉적 소비 양태를 모두 포괄한다.[70)] 또한, 소비 중독과 마음 챙김 간의 치료적 효용성에 관한 연구는 개

---

65) 이계석·김봉경·한태용, 「대학생의 스포츠의류 소비에 대한 과시적 소비성향과 브랜드 태도, 브랜드이미지, 브랜드 충성도의 구조적 관계」, 『한국체육과학회지』, 21(4), 2012, 13쪽.

66) 박혜령·박미령·조신현, 「라이프 스타일 특성에 따른 오가닉 의류제품 구매 경험과 구매 의도」, 『한국산학기술학회』, 16(5), 2015, 12쪽.

67) 구혜경, 「소비자의 자기 결정성이 윤리적 소비 행동과 소비자 행복에 미치는 영향」, 『사회적 경제와 정책연구』, 8(1), 2018, 31쪽.

68) 박미혜, 「대학생의 소비 행복 실천 수기의 질적 분석과 함의」, 『한국생활과학회』, 23(5), 2014, 18쪽.

69) <동아일보> 「대학생 절반이 '소비 중독 바이러스' 감염」 2004년 6월 29일. 환경단체인 녹색연합과 국민대가 함께 시행한 '대학생의 소비의식 현황'에서 무의식적 습관적 소비가 55%로 보고되었다고 밝힌다. https://www.kookmin.ac.kr/site/ecampus/new/press/915

70) 유연재·김완석(2014)은 충동구매, 구매중독, 과잉소비, 과시 소비를 '문제 소비 행동'의 하위 범주로 다룬다.

인 행위자의 주체적 역량이 시장가치(브랜드) 혹은 대인적 과시 욕망보다 더 중요함을 시사하고 있다.[71]

본 연구는 개성을 반영하는 소비성향으로 '진정성' 차원을 포함하고 있는데, 이는 과시적 소비 혹은 명품 소비와 대비되는 개념으로서 내적 차원의 행복과 우선적으로 상관됨을 검증하고자 한다. 또한 (개인 행위자의 주체적 역량이 근본적으로 작동하는) 자율성은 진정성을 실현하는 실천적 토대가 되기 때문에, 진정성과 실용성은 개인의 내적 가치뿐 아니라 외적 관계에도 긍정적인 영향을 미칠 것으로 기대한다. 다만 대학생 의류 소비에서 중독의 문제는 중요한 문제일 수 있으나, 유연재·김완석의 연구가 제시한 것처럼 소비성향과 수준이 복합적으로 연결되어 있기 때문에, 본고에서는 과시적 소비를 통한 간접적 함의만을 논의할 것이다.

Ⅲ. 연구 방법

1. 연구 모형

본 연구는 아래의 <표 1> 연구 모형에서 나타난 바와 같이, 대학생의 의류 소비성향을 과시적 소비와 실제적 소비로 나누고, 행복 유형을 외적 행복과 내적 행복으로 나누었다. 소비성향 중 과시적 소비는 '타인 인정지향'과 '유명상표 선호' 두 개의 척도로 구성되어 있으며, 실제적 소비는 '진정성'과 '실용성' 두 개의 척도로 구성되어 있다. 행복 유형 중 외적 행복은 '사회적 인정', '대인관계',

---

71) 유연석, 김완석, 2014.

'상대적 우월감', '경제력'을, 내적 행복은 '개인적 성취', '자기 목표 추구', '긍정적 인생관', '이타심'의 4가지 척도를 각각 두고 있다.

<표 1> 연구 모형

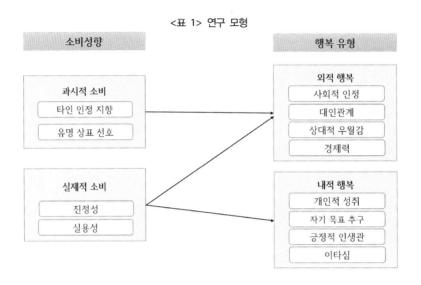

본 연구의 목적은 첫째, 소비성향의 과시적 소비에 속한 '타인 인정지향', '유명상표 선호' 등 두 개의 요인과 실제적 소비에 속한 '진정성(심미적 가치 표현)', '실용성' 등 두 개의 요인을 도출하고, 둘째, 행복의 두 가지 유형 중 외적 행복에 해당하는 '사회적 인정', '대인관계', '상대적 우월감', '경제력' 등 네 개의 요인과 내적 행복에 해당하는 '개인적 성취', '자기 목표추구', '긍정적 인생관', '이타심' 등 네 개의 요인을 도출하는 것이다. 셋째, 도출된 과시적 소비 및 실제적 소비에 속한 세부 요인들이 두 가지 행복 유형인 외적 행복과 내적 행복 요인에 속한 세부 요인들에 미치는 영향을 분석하는 것이다.

본 연구의 가설은 아래와 같다.

> 가설1) 과시적 소비성향이 강할수록, 외적 행복이 높을 것이다.
> 가설2) 실제적 소비성향이 강할수록, 내적 행복과 외적 행복이 높을 것이다.

2. 연구 방법 및 대상

본 연구는 대학생들의 소비성향이 행복에 미치는 영향을 분석하기 위해, 서울 소재 S 대학교를 대상으로 설문을 진행하였다. 2016년 발표된 '2015년 인구·주택 총 조사 결과'[72])에 근거하여 남녀별 '할당표집'을 통해 총 221부를 수거하여 최종분석에 사용하였다.[73]) 설문은 2017년 5월과 9월 두 차례에 걸쳐, 온라인(82.8%)과 오프라인(17.2%)을 통해 진행되었다. 온라인 설문은 S 대학교 학생들만 접근 가능한 커뮤니티에서 수집하였고, 오프라인 설문은 S 대학의 학생식당, 동아리방 등의 공공장소에서 수집하였다.

---

72) 2015년 통계청이 실시한 인구·주택 총 조사(시군구에 따른 연령 및 성별 인구)에 따르면 서울시의 20~24세 성비는 98.5이다. 참고로 25~29세의 성비는 97.8이다.

73) 본 연구에서는 온라인 설문지를 통해 (S 대학교 외의) 수도권역 대학생들로부터 데이터를 수집하였으나, 응답자의 규모가 작고 이들의 특성을 판별해 내기 어려워, 전체 데이터에서 배제하였다.

<표 2> 설문응답자의 사회인구학적 특성 (n=221)

변수		평균	표준 편차	변수		빈도	%
나이		21.99	2.215	소득	하	32	14.5
변수		빈도	%		중	68	30.8
성별	남자	107	48.4		상	121	54.8
	여자	114	51.6	계층 의식	하	5	2.3
전공	인문	50	22.6		중하	24	10.9
	사회	37	16.7		중	76	34.4
	이공계	57	25.8		중상	99	44.8
	상경	77	34.8		상	17	7.7
종교	천주교	28	12.7	정치 성향	매우 보수	4	1.8
	개신교	31	14.1		보수	34	15.7
	불교	8	3.6		중도	90	41.5
	무교	153	69.5		진보	81	37.3
					매우 진보	8	3.7

3. 측정 도구

본 연구를 위한 설문지의 구성은 과시적 소비에 관한 22문항과 실제적 소비에 관한 19문항, 외적 행복에 관한 17문항, 내적 행복에 관한 15문항 및 인구통계학적 변수 12문항으로 구성되어 있으며, 총 85문항으로 구성하였다. 각 문항은 본 연구대상의 특성을 고려하여 수정 및 보완하여 구성하였다.

1) 독립변수

<표 3> 독립변수(요인)

변수	차원	내용	문항 수	신뢰 계수 (Cronbach's α)
과시적 소비	타인 인정지향	의류 소비를 통해 자신이 속한 집단으로부터 인정받고자 하는 성향	8	.892
	유명상표 선호	유명브랜드에 대한 태도가 우호적이고 유명브랜드 제품의 소비를 통해 자신을 과시하려는 성향	11	.919
실제적 소비	진정성	자신의 이미지를 표현할 수 있는지 고려하여 제품을 소비하는 성향	8	.887
	실용성	의류 소비에 있어 제품의 내구성과 관리의 용이성을 중시하는 소비성향	5	.862

(1) 과시적 소비

과시적 소비는 "유명상표의 제품이나 제품의 상징성을 통해 지위를 획득·유지하거나 타인의 인정을 얻기 위한 소비"로 정의하며 크게 '타인 인정지향'과 '유명상표 선호' 두 차원으로 나누었다. 설문항목은 길수영·이승희의 연구에서 물질주의, 과시 소비성향, 브랜드 선호도 요인 분석을 위해 사용된 항목 중 10항목을 '타인 인정지향'에 맞도록 재구성하였으며, 9항목을 '유명상표 선호'에 맞게 재구성하였다. 또한, 송은경의 연구에서 사용된 과시 소비 성향 척도의 19문항 중 1항목을 '타인 인정지향', 2항목을 '유명상표 선호'에 맞게 재구성하였다. 각 문항은 설문응답자들이 응답하기 어려우면 평균치를 고르는 경향으로 인해 생기는 오류를 방지하기 위해 리커어트 6점 척도('매우 그렇지 않다(1점) - 매우 그렇다(6점)')로 측정하였다.

본 연구에서는 각 소비성향의 문항들을 요인점수로 활용하여, 다른 변수들과 작용하는 방식을 파악하고자 하였다. 타인 인정지향은 8개 문항의 요인점수를 활용하였고(Cronbach's α= .892)[74], 유명 상표 선호는 11개 문항을 활용하였다(Cronbach's α= .919).

(2) 실제적 소비

실제적 소비는 "소비재의 본원적 가치를 실현하고, 소비자 개인의 경험과 유희, 만족을 위한 소비"로 정의하며 크게 '진정성'과 '실용성' 두 차원으로 나누었다. 이주연·이영주의 연구에서 표현 심미적 가치, 황진숙·조재정과 나수임의 연구에서 자기 표현적 가치와 실용적 혹은 기능적 가치의 항목을 대학생 연구에 맞게 적용하여 구성하였다.[75]

소비에서 진정성 요인은 구입한 옷의 특성에 관한 질문으로 '나의 개성을 잘 표현해 준다.', '내 이미지와 잘 어울린다.', '내 외모 및 체형의 결정을 잘 보완해준다.', '나의 가치관을 잘 표현해 준다.', '나의 라이프 스타일을 잘 표현해 준다.', '나를 매력적으로 보이게 한다.', '나에게 자신감을 준다.', '색상이 나에게 어울린다.' 총 8항목이다.

실용성에 관한 질문들은 구입한 옷의 특성을 묻는 질문으로 '편

---

74) 참고로 '어떤 옷을 입었는지에 따라 그 사람의 지위가 달라 보인다', '내가 입은 옷이 저렴한 경우, 가격을 말하지 않는다', '이 옷을 사면 사회적으로 받아들여지는 기분을 느낀다' 세 문항은 요인부하량(factor loading value)가 낮아서 제외하였다.

75) 이주연·이영주(2013)의 연구에서 사용한 유아복 표현 심미적 가치에 관한 문항 중에서 6항목을 '진정성', 2항목을 '실용성'에 맞게 재구성했다. 또한, 황진숙·조재정(2012)의 연구에서 한국과 중국 소비자의 의복 소비가치 연구에서 표현적 가치 항목 중 2항목을 '진정성', 실용적 가치 4항목을 '실용성'에 맞게 재구성했다. 그리고 나수임(2004)의 연구에서 사용된 소비가치 문항 자기 표현성 가치에 관한 요인 중 2항목을 '진정성', 기능적 가치 3항목을 '실용성'에 맞게 재구성했다.

안함을 준다.', '튼튼한지 고려한다.', '관리 용이성을 고려한다.', '바느질이 잘 되어 있는지 확인한다.', '오래 입을 수 있을지 고려한다.' 총 5항목이다. 진정성과 실용성에 관한 모든 문항은 리커어트 6점 척도로 측정하였고, 신뢰 계수(Cronbach's α)는 진정성 0.887, 실용성 0.862이다.[76]

2) 종속변수

<표 4> 종속변수(요인)

변수	차원	내용	문항 수	신뢰 계수 (Cronbach's α)
외적행복	사회적 인정	타인이나 가족 등으로부터 인정받는 현재의 사회적 위치나 지위를 가지고 있는 것	5	.772
	대인관계	자신과 친밀한 대화를 나눌 친구 또는 타인이 있는 것과 이들과 원만한 관계를 유지하는 것	4	.718
	상대적 우월감	다른 사람들과의 비교를 통해 얻는 상대적 행복	4	.798
	경제력	생활하는 데 불편하지 않고, 사고 싶은 것을 살 수 있는 금전적 여유 정도	4	.886
내적 행복	개인적 성취	지금까지 살아온 삶에 대해 만족스러워하고, 자랑스러움을 느끼는 정도	4	.905
	자기 목표추구	현재 자신의 모습에 만족하지 않고 미래의 자기 성장과 잠재력을 개발하기 위해 노력하며, 삶을 살아가는데 분명한 목표, 계획 및 비전을 가지고 이를 위	4	.871

---

76) 진정성의 경우 '내가 산 옷은 독특하다.', '남들과 차별화할 수 있는 옷인지 고려한다' 두 문항을, 실용성의 경우 '내가 산 옷은 가격 대비 만족을 준다', '옷이 변색되지 않는지 고려한다', '교환·환불이 쉬운지 고려한다', '사이즈가 잘 맞는지 확인한다' 네 문항은 요인부하량이 낮아 제외하고 분석에 사용하였다.

변수	차원	내용	문항 수	신뢰 계수 (Cronbach's α)
		해 준비, 노력하는 정도		
	긍정적 인생관	삶에서 살아가면서 벌어지는 일들에 대해 긍정적으로 해석하고, 어려움에 잘 대처해 나갈 수 있다고 생각하는 정도	4	.815
	이타심	현재 타인과 어려운 이웃을 위해 봉사 활동을 하고 있는 정도	3	.822

본 연구의 행복과 관련된 여덟 차원은 김명소의 연구에서 사용된 18개의 차원 중 7개의 차원과 기본스와 뷰크(Gibbons & Buunk)의 연구에서 착안한 하나의 차원으로 구성한 것이다.

(1) 외적 행복

외적 행복은 "외면적 혹은 관계적 차원에서 충족되는 삶의 질 혹은 만족도"로 정의하며 크게 '사회적 인정', '대인관계', '상대적 우월감', '경제력' 네 차원으로 나누었다. 설문항목은 김명소의 연구에서 사용한 질문항목에서 본 연구에 알맞은 것으로 생각되는 항목을 '사회적 인정'은 5개, '대인관계'는 4개, '경제력'은 4개씩 추출하여 말을 재구성하였다. '상대적 우월감'은 기본스와 뷰크의 연구에서 사용된 11항목 중 4항목을 선정하여 본 연구에 맞게 번역하고 재구성하였다. 각 문항은 리커어트 6점 척도로 측정하였고, 신뢰 계수(Cronbach's α)는 사회적 인정 0.772, 대인관계 0.718, 상대적 우월감 0.798, 경제력 0.886이다.

(2) 내적 행복

내적 행복은 "개인의 내면적 의식과 가치가 반영된 삶의 질 혹은 만족도"로 정의하며 크게 '개인적 성취', '자기 목표추구', '긍정적 인생관', '이타심' 네 차원으로 나누었다. 설문항목은 김명소의 연구에서 사용한 질문항목에서 본 연구에 알맞은 것으로 생각되는 항목을 각각 4개, 4개, 4개, 3개씩 추출하여 표현 및 내용을 재구성하였다. 각 문항은 리커어트 6점 척도로 측정하였고, 신뢰 계수(Cronbach's α)는 개인적 성취 0.905, 자기 목표추구 0.871, 긍정적 인생관 0.815, 이타심 0.822이다.

Ⅳ. 분석 결과

1. 상관분석

<표 5>는 본 연구의 주요 독립변수인 과시적 소비(A, B)와 실제적 소비(C, D), 그리고 종속변수인 외적 행복(E, F, G, H)과 내적 행복(I, J, K, L) 간의 모든 요인 간의 상관관계를 보여준다.

먼저, 과시적 소비는 외적 행복과 유의미한 상관관계를 보인다. 과시적 소비 차원의 '타인 인정지향'은 외적 행복의 사회적 인정, 대인관계, 상대적 우월감과 유의미한 정적 상관관계를 보이고 유명상표 선호의 경우 사회적 인정, 상대적 우월감, 경제력과 정적 상관관계를 보인다. 이는 소비재의 사용가치보다 다른 사람들로부터 인정받기 위한 기호 가치를 소비하는 경향이 클수록, 외적 행복에 관심을 두는 것으로 이해할 수 있다.

다음으로 과시적 소비와 내적 행복의 경우, 과시적 소비의 타인 인정지향과 유명상표 선호 모두에서 내적 행복의 개인적 성취와 정적 상관관계를 보인다.

	A	B	C	D	E	F	G	H	I	J	K	L
A	1											
B	.253**	1										
C	.439**	.088	1									
D	.051	.197**	.241**	1								
E	.249**	.168*	.251**	.233**	1							
F	.240**	-.085	.476**	.203**	.318**	1						
G	.459**	.195**	.252**	.130	.300**	.186**	1					
H	.044	.214**	.117	.069	.444**	.230**	.175**	1				
I	.142*	.154*	.303**	.222**	.528**	.341**	.081	.271**	1			
J	.108	.069	.297**	.304**	.478**	.349**	.218**	.162*	.604**	1		
K	.034	.128	.322**	.214**	.323**	.330**	.006	.192**	.568**	.405**	1	
L	.020	.072	.120	.268**	.261**	.195**	-.078	.120	.378**	.275**	.429**	1

*p<.05, **p<.01, ***p<.001

실제적 소비와 외적 행복의 경우, 실제적 소비의 진정성은 외적 행복의 사회적 인정, 대인관계, 상대적 우월감과 정적 상관관계를 보인다. 그리고 실용성의 경우, 사회적 인정과 대인관계와 정적 상관관계를 보인다.

---

77) 앞의 4개 변수는 독립변수로, 각각 A는 타인 인정지향, B는 유명상표 선호, C는 진정성, D는 실용성을 의미한다. 뒤이어 4개는 외적 행복의 하위 변수로 E는 사회적 인정, F는 대인관계, G는 상대적 우월감, H는 경제력을 의미한다. 마지막 4개 변수는 내적 행복으로 I는 개인적 성취, J는 자기 목표추구, K는 긍정적 인생관, 그리고 L은 이타심을 의미한다.

마지막으로 실제적 소비와 내적 행복의 경우, 외적 행복에서보다 더 많은 하위 변수에서 정적 상관관계를 보였다. 구체적으로 진정성은 개인적 성취, 자기 목표추구, 긍정적 인생관과 정적 상관관계를, 실용성은 내적 행복의 모든 하위 변수와 정적 상관관계를 보인다. 이는 소비재의 본원적 가치를 실현하고자 하는 실제적 소비가 개인의 내면적 가치 및 의식의 만족도와 상관관계를 보임을 의미한다.

2. 회귀분석

1) 외적 행복에 대한 회귀분석

<표 6> 외적 행복에 대한 OLS 다중 회귀분석

변수		외적 행복							
		사회적 인정		대인관계		상대적 우월감		경제력	
		B	t	B	t	B	t	B	t
사회 인구 학적 변인	나이	-.008	-.244	-.032	-1.025	-.032	-1.025	-.054	-1.910
	남자	-.086	-.619	.226	1.668	.226	1.668	.065	.528
	소득 하	-.305	-1.202	.159	.647	.159**	.647	-.174	-.782
	소득 중	-.058	-.372	.151	.989	.151	.989	-.177	-1.281
	계층 하	-.882	-1.923	-.180	-.405	-.180	-.405	-1.532***	-3.802
	계층 중하	-.287	-1.063	-.148	-.565	-.148**	-.565	-1.076***	-4.529
	계층 중	-.475**	-3.104	-.380*	-2.560	-.380	-2.560	-.746***	-5.547
	계층 상	.623*	2.499	.014	.057	.014	.057	.728***	3.322
	매우 보수	-.191	-.399	-.062	-.133	-.062	-.133	-.217	-.517
	보수	.281	1.447	.436*	2.313	.436	2.313	.205	1.202
	진보	.026	.184	.091	.673	.091	.673	-.100	-.821
	매우 진보	.269	.772	-.280	-.826	-.280	-.826	.190	.620
	천주교	-.302	-1.617	-.132	-.727	-.132	-.727	.004	.024
	기독교	.101	.558	-.109	-.619	-.109*	-.619	-.087	-.550
	불교	-.029	-.085	-.076	-.229	-.076	-.229	.277	.919

변수		외적 행복							
		사회적 인정		대인관계		상대적 우월감		경제력	
		B	t	B	t	B	t	B	t
과시적 소비	타인 인정	.207**	2.667	.104	1.378	.104***	1.378	-.001	-.019
	유명 상표	.001	.016	-.236***	-3.564	-.236	-3.564	.058	.960
실제적 소비	진정성	.132	1.750	.436***	5.971	.436	5.971	.138*	2.088
	실용성	.153*	2.302	.138*	2.145	.138	2.145	.031	.529
수정된 R 제곱		.223		.272		.272		.385	
F		4.272***		5.246***		5.034***		8.110***	
N		221		221		221		221	

*p<.05, **p<.01, ***p<.001
더미 변수 준거집단 : 여자, 소득 상, 계층의식 중상, 중도, 무교

<표 6>은 외적 행복에 대한 OLS 다중 회귀분석의 결과이다. 대학생들이 의류 소비를 통해 느끼는 외적 행복 정도를 알아보기 위해 과시적 소비와 실제적 소비를 독립변수로 투입하고, 통제 변인으로서 사회인구적변인(연령, 성별, 소득, 주관적 계층의식, 정치성향, 종교)을 활용하였다. 참고로, 다중공선성(multi-collinearity)의 문제는 발생하지 않았다.

먼저, 과시적 소비성향의 '타인 인정지향'은 외적 행복 차원의 사회적 인정(p<.01)과 상대적 우월감(p<.001)에 유의미한 정적 영향을 보인다. 한편, 과시적 소비성향의 '유명상표 선호'는 대인관계에 부정적으로 영향을 주는 것으로 나타난다(p<.001).

실제적 소비 차원에서 '진정성'이 높을수록, 즉 의복을 통한 자기의 심미적 가치 표현이 클수록 대인관계(p<.001)와 경제력(p<.05)과 유의미한 정적 상관을 보인다. 이는 의복을 통해 자신의 심미적 가치를 표현하기 위해서는 어느 정도의 경제력이 뒷받침되어야 함을 함의하며, 진정성은 대인관계에 긍정적인 효과를 나타내

는 것으로 검증된다.[78) 한편 '실용성'의 경우, 사회적 인정(p<.05)과 대인관계(p<.05)와 유의미한 정적 상관을 보인다.

특히 외적 행복의 '대인관계'는 (과시적 소비성향인) 유명상표를 선호하는 성향을 가진 대학생일수록 원만하지 않은 반면, (실제적 소비성향인) 소비의 진정성과 실용성을 추구하는 대학생일수록 원만한 것으로 나타난다. 이러한 결과를 통해 대학생들이 의류 소비 과정에서 유명상표를 선호함으로써 얻는 기호 가치보다는 자기표현의 기호 가치 혹은 실용적 사용가치를 대인관계 속에서 편안하게 수용하는 것을 알 수 있다.

2) 내적 행복에 대한 회귀분석

<표 7> 내적 행복에 대한 OLS 다중 회귀분석

변수		내적 행복							
		개인적 성취		자기 목표 추구		긍정적 인생관		이타심	
		B	t	B	t	B	t	B	t
사회 인구 학적 변인	나이	.052	1.566	.057	1.721	.035	1.044	.017	.486
	남자	.129	.893	.140	.984	.216	1.506	-.173	-1.154
	소득 하	-.170	-.647	.094	.365	.272	1.047	.316	1.162
	소득 중	-.038	-.235	.060	.373	.027	.167	-.119	-.705
	계층 하	.374	.788	-.010	-.022	-.210	-.446	-.102	-.206
	계층 중하	-.548	-1.958	-.266	-.965	-.490	-1.764	-.358	-1.232
	계층 중	-.246	-1.551	-.382*	-2.445	.005	.032	-.009	-.055
	계층 상	-.081	-.313	.080	.315	.310	1.210	.254	.949
	매우 보수	.242	.489	.069	.142	-.436	-.890	-.276	-.538

---

78) 김한결·오세일, 「대학생 연애에서의 만족과 자아 성장 - 연애유형, 진정성 및 성찰성을 중심으로」, 『생명연구』, 44권, 2017, 29쪽.

변수		내적 행복							
		개인적 성취		자기 목표 추구		긍정적 인생관		이타심	
		B	t	B	t	B	t	B	t
	보수	.426*	2.125	.153	.773	.377	1.891	-.199	-.955
	진보	.210	1.456	-.164	-1.153	.107	.749	-.068	-.453
	매우 진보	.266	.739	-.047	-.131	-.336	-.939	-.088	-.236
	천주교	-.280	-1.452	-.520**	-2.735	-.422*	-2.204	-.018	-.092
	기독교	.225	1.204	.105	.572	.164	.884	.444*	2.291
	불교	.038	.107	.663	1.892	.308	.874	.906*	2.456
과시적 소비	타인 인정	.030	.371	.001	.013	-.112	-1.404	-.056	-.678
	유명 상표	.065	.922	-.040	-.573	.070	1.004	.045	.608
실제적 소비	진정성	.293***	3.770	.295***	3.838	.380***	4.927	.084	1.041
	실용성	.116	1.690	.216**	3.194	.106	1.558	.222**	3.123
수정된 R 제곱		.169		.186		.179		.058	
F		3.305***		3.596***		3.484***		1.694*	
N		221		221		221		221	

*p<.05, **p<.01, ***p<.001
더미 변수 준거집단 : 여자, 소득 상, 계층의식 중상, 중도, 무교

<표 7>은 내적 행복에 대한 OLS 다중 회귀분석의 결과를 보여준다. 대학생들이 의류 소비를 통해 느끼는 내적 행복 정도를 알아보기 위해 앞서 외적 행복에 대한 다중 회귀분석에서와 마찬가지로 과시적 소비와 실제적 소비를 독립변수로 투입하고, 통제 변인으로서 사회인구적 변인을 활용하였다(내적 행복에 대한 다중 회귀분석 역시, 다중공선성의 문제는 발생하지 않았다.).

흥미롭게도 과시적 소비의 경우, 모든 척도에서 내적 행복과 유의미한 결과가 나타나지 않는다. 이는 과시적 소비가 개인의 내면적 욕구와 정신적 가치를 충족하면서 얻는 내적 행복보다는 타인과

의 관계, 비교, 평가 등에서 얻게 되는 사회문화적 차원의 외적 행복과 더욱 밀접한 연관이 있음을 의미한다.

반면 실제적 소비의 경우, 두 척도 모두에서 내적 행복의 하위 척도에 유의미한 정적 영향을 미친다. 먼저 진정성은 내적 행복의 개인적 성취(p<.001), 자기 목표추구(p<.001), 긍정적 인생관 (p<.001)과 유의미한 정적 영향을 보인다. 또한, 실용성의 측면에서는 옷의 실용성을 추구할수록 자기 목표추구(p<.01)와 이타심 (p<.01)에 유의미한 정적 영향을 미친다.

V. 토의 및 제언

본 연구는 대학생들의 의류 소비방식을 과시적 소비와 실제적 소비로 구분하고, 각각의 소비성향이 외적 행복 혹은 내적 행복과 어떻게 상관되는지를 경험적으로 분석하고자 하였다.

분석 결과, 본 연구의 두 가설 "과시적 소비성향이 강할수록, 외적 행복이 높을 것이다"와 "실제적 소비성향이 강할수록, 내적 행복과 외적 행복이 모두 높을 것이다"가 검증되었다. 과시적 소비의 '타인 인정지향'은 외적 행복의 사회적 인정, 대인관계, 상대적 우월감과 정적으로 연관된다. '유명상표 선호'의 경우 사회적 인정, 상대적 우월감, 경제력과 정적 상관관계를 보이는 반면, 대인관계에는 부정적으로 영향을 준다. 흥미롭게도, 과시적 소비의 경우 모든 척도에서 내적 행복과 유의미한 결과가 나타나지 않았다. 이는 수치심으로 인해 야기된 사회적 인정의 훼손이 소비에 대한 '자아

변화 기대'를 증폭시킴으로써 과시적 소비가 발생할 수 있음을 밝힌 김가은 외의 연구결과와 연결된다.[79] 과시적 소비는 개인의 내면적 가치의 만족보다는 자신을 대외적으로 드러내고 외부로부터 인정받고자 하는 욕구 안에서 작동한다는 것을 검증한 것이다. 또한, 본 연구에서는 소비와 행복 간의 관계만을 직접 다루었지만, 과시적 소비의 사회·문화적 함의는 유연석·김완석이 분석한 소비로 인한 문제행동인 중독성과 연결될 수도 있다. 일상생활의 압박 혹은 무료함을 넘어서 (인터넷) 쇼핑몰의 진열대에 가득 차려진 상품들의 세계에 함몰되어가는 충동적, 강박적, 과잉적, 과시적 소비 행동이 '일상으로부터의 탈출'로 습관화될 때, 중독으로 발전될 가능성이 커진다.[80] 더욱이, 자기의 정체성 혹은 삶의 의미를 실제적 소비가 아니라 유행이나 과시적 소비를 통해서 구현하고자 할 때, 즉 외면적 차원의 물질성에 의존하게 될 때 외면적 행복(만족감)은 일시적으로 고취될 수 있으나, 성영신 외와 박미혜의 연구결과처럼 내면적 공허감과 부정적 감정은 해소하기가 어렵기 때문에 중독성이 강화될 수 있음을 본 연구는 함의한다.

이와 달리, 실제적 소비의 진정성은 내적 행복의 개인적 성취, 자기 목표추구, 긍정적 인생관과 정적 상관관계를, 그리고 실용성의 경우 내적 행복의 모든 하위 변수와 정적 상관관계를 보인다. 이는 진정성 있는 삶과 자아실현, 삶의 만족도, 환경에 대한 인식 등이 '소비절제 행동'과 정적 상관을 보이는 최경숙·박명숙의 연

---

79) 김가은·손영우·임혜빈, 「수치심이 과시적 소비에 미치는 영향」, 『한국심리학회지: 소비자·광고』, 37(3)권, 2015, 22쪽.

80) 이민규·김교헌·권선중, 「쇼핑중독(구매중독)을 설명하기 위한 심리학적 모형의 탐색」, 『사회과학연구』, 24(3), 2013, 20쪽; 지혜경, 「소비자의 쇼핑성향과 충동구매성향이 인터넷 패션 제품 쇼핑중독에 미치는 영향」, 『한국의상디자인학회지』, 15(2), 2013, 15쪽.

구결과를 반영한다.[81] 하지만 본 연구는 '진정성'이 내포된 소비유형을 다루었고 그것의 사회문화적 함의를 분석하였다는 점에서 새로운 학문적 의의를 갖는다. 한편, 실용성의 경우 '실용적 가치'를 추구하는 소비 행동은 개인의 합리적 의사결정을 통해서 내면적 정서와 기능적 만족에 긍정적 영향을 미친다는 구혜경, 소영호·조현익의 연구결과와 상통한다.[82] 과시적 소비와 달리, 실제적 소비의 진정성은 외적 행복의 대인관계와 경제력, 실용성은 대인관계와 유의미한 정적 상관성을 보이는데, 이를 통해 실제적 소비는 내적 행복뿐 아니라 외적 행복과도 연관됨을 확인할 수 있었다.

본 연구의 의의는 대학생들의 소비성향의 사회문화적 함의를 다루었다는 데 있다. 요컨대 소비성향을 '과시적 소비'와 '실제적 소비'란 개념으로 척도화하여 행복의 내면적 혹은 외면적 차원에 각각 어떻게 영향을 미치는지 분석하였다는 데 있다. 소비생활에서 브랜드 선택의 취향으로 한정 짓지 않고, 개인의 자율성에 기초한 '진정성'의 소비유형을 새롭게 개발한 것은 본 연구의 학술적 의의라고 하겠다.[83] 또한, 실제적 의의는 (후기 청소년인) 대학생들이 소비시장의 영향력에서 과시적 소비나 브랜드(명품) 소비를 유행으로 따르고자 할 때, 개인의 내면적 행복을 담지하기 어렵다는 점을 분명히 시사한 데 있다. 아울러 소비생활에서 진정성을 추구하는 태도는 어느 정도 경제력과 상관될 수도 있지만, 개인의 목표와 성

---

81) 최경숙·박명숙, 「대학생 소비자의 소비절제 행동에 관한 연구」, 『한국소비문화학회』, 20(3권, 2017, 7-25쪽.

82) 구혜경, 2018, 31쪽; 소영호·조현익, 「스포츠용품 소비자의 실용적/쾌락적 쇼핑 가치와 쇼핑 만족 및 쇼핑 행동 의도의 구조적 관계」, 『한국사회체육학회지』, 37(1)권, 2009, 14쪽.

83) 이주연·이영주(2013), 황진숙·조재정(2012), 나수임(2001) 등의 연구에서 '자기 표현적 가치' 혹은 '표현 심미적 가치'에 관한 요인이 진정성을 반영하고는 있지만, 사회적 맥락에서 개인의 자율성과 관계성의 문화적 의미를 담아내지는 못하였다.

취, 긍정적 세계관 형성에 의미 있는 영향을 미치고, 실용성을 추구하는 태도 역시 자기의 목표추구뿐 아니라 이타심에도 커다란 영향을 미친다는 점을 확실히 제시하고 있다.

끝으로, 연구 과정에서 분석대상으로 서울지역 S 대학교 학생들만을 선정하였다는 한계를 지닌다. 향후 전국의 대학생들을 포괄하는 연구가 진행되어 지역별 대학생들의 소비성향에 차이가 나타나는지를 검증해 볼 필요도 있겠다. 다른 한편, 소비의 유형에 관한 좀 더 깊은 질적 연구의 필요가 제기된다. 다른 차원의 소비양식, 가령 불매운동 혹은 사회 윤리적 소비 등을 포괄하지 못한 점은 본 연구의 한계에 해당한다.

참고문헌

구혜경, 「소비자의 자기 결정성이 윤리적 소비 행동과 소비자 행복에 미치는 영향」, 『사회적 경제와 정책연구』, 8(1), 2018.

김가은·손영우·임혜빈, 「수치심이 과시적 소비에 미치는 영향」, 『한국심리학회지: 소비자·광고』, 37(3), 2015.

김건순·김남진·오세일, 「한국 대학생의 자기 계발과 삶의 질」, 『사회과학연구』, 24(2), 2017.

김경자·천경희·남유진·임하나, 『대한민국 대학생 소비자 Facebook』, 이담북스, 2010.

김명소·김혜원·차경호·임지영·한영석, 「한국 성인의 행복한 삶의 구성요인 탐색 및 척도개발」, 『한국심리학회지 : 건강』, 8(2), 2003.

김미린·홍은실, 「절제와 간소, 자율성, 소득수준에 따른 성인소비자 유형 분류와 유형별 행복 비교」, 『한국 지역사회 생활과학회지』, 27(1), 2016.

김의철·박영신, 「한국사회에서 삶의 질을 구성하는 요인들에 대한 탐구」, 『한국 심리학회지』, 12(5), 2006.

김한결·오세일, 「대학생 연애에서의 만족과 자아 성장 - 연애유형, 진정성 및 성찰성을 중심으로」, 『생명연구』, 44권, 2017.

게오르그 짐멜(Georg Simmel), 김덕영 옮김, 『돈의 철학』, 길, 2013.

길수영·이승희, 「청소년의 명품 복제품 구매 태도에 미치는 영향요인」, 『한국디자인문화학회지』, 17(2), 2011.

권석만, 『긍정심리학: 행복의 과학적 탐구』, 학지사, 2008.

나수임, 「직장여성의 의복 소비가치에 따른 패션 트렌드 선호 경향」, 『한국의 상디자인학회지』, 6(3), 2004.

나윤경, 「한국 여자대학교의 존재 이유」, 『교육과학연구』, 42(3): 145~177, 2011.

대학 내일 20대 연구소, 『2017 20대 트렌드 리포트』, 대학 내일, 2016.

문성훈, 「하버마스에서 호네트로: 프랑크푸르트학파 사회비판 모델의 인정 이론적 전환」, 『철학연구』, 73, 2006.

문성훈, 「행복의 조건과 인정」, 『범한철학』, 63, 2011.

매크래켄 그랜트(Grant McCracken), 이상률 옮김, 『문화와 소비』, 문예출판사, 1996.

박남희·이종현·정성원, 「(예술)작품과 상품(명품)과의 상호전환에 관한 철학적 고찰-현대 자본주의 사회 예술품의 상품화와 상품의 예술화를 중심으로」, 『해석학연구』, 23, 2009.

박미혜, 「대학생의 소비 행복 실천 수기의 질적 분석과 함의」, 『한국생활과학회』, 23(5), 2014.

박상미·이은희, 「대학생 소비자들의 가격지향과 과시 소비성향의 관계」, 『한국생활과학회지』, 16(2), 2007.

박선영, 「대학생들의 자기관과 주관적 안녕감에 대한 연구: 서울과 대구 지역을 중심으로」, 『청소년학연구』, 212(3), 2005.

박수홍·이민정, 「행복 요인으로서의 사회적 인정」, 『사회와 이론』, 23, 2013.

박은희·구양숙, 「대학생의 과시 소비성향과 청바지 착용 태도 및 구매 행동」, 『한국의상디자인학회지』, 16(1), 2014.

박정은·류웅재, 「미디어로서의 명품 가방 소비에 관한 연구」, 『한국언론정보학보』, 2015.

박정자, 『로빈슨 크루소의 사치』, 기파랑, 2006.

박종구·공자원, 「문화 소비성향, 라이프 스타일별 문화마케팅 7P를 활용한 여가 소비 촉진방안」, 『관광학연구』, 6(58), 2006.

박창호, 「소비주의 사회와 인터넷 소비의 문화 지형」, 『현상과 인식』, 32(3), 2008.

박혜령·박미령·조신현, 「라이프 스타일 특성에 따른 오가닉 의류제품 구매 경험과 구매 의도」, 『한국산학기술학회』, 16(5), 2015.

보드리야르 장(Jean Baudrillard), 이상률 옮김, 『소비의 사회』, 문예출판사, 1992.

보콕 로버트(Robert bocock), 양건열 옮김, 『소비 – 나는 소비한다. 고로 나는 존재한다』, 시공사, 2003.

부르디외 피에르(Pierre Bourdieu), 최종철 옮김, 『구별 짓기』, 새물결, 2005.

성시정, 「고전, 맥락으로 파고들다 - 물건이 아니라 기호가 소비되는 현대사회」, 『논』, 2007.

성영신·이진용·유창조·박은아·신은희·백인기, 「소비 활동이 행복에 기여할 수 있을까?」, 『마케팅연구』, 28(6), 2013.

소영호·조현익, 「스포츠용품 소비자의 실용적/쾌락적 쇼핑 가치와 쇼핑 만족 및 쇼핑 행동 의도의 구조적 관계」, 『한국사회체육학회지』, 37(1), 2009.

송은경, 「청소년소비자의 물질주의 및 과시 소비성향과 관련 요인: 인천광역시를 중심으로」, 인하대학교대학원 석사 논문, 1997.

스코트 래쉬(Scott Lash)・존 어리(John Urry), 박형준・권기돈 옮김, 『기호와 공간의 경제』, 현대미학사, 1998.

신은주・이영선, 「문화예술 상품에 대한 소비자의 가치 인식과 추구 혜택에 관한 질적 연구」, 『한국마케팅저널』, 12(4), 2010.

신은주・이영선, 「문화예술 상품 소비자의 가치 인식이 추구 혜택과 상품 속성에 미치는 영향」, 『ASIA MARKETING JOURNAL』, 14(2), 2012.

양윤・조가람, 「소비유형, 소비맥락, 자기해석이 소비자 행복에 미치는 영향」, 『한국심리학회지: 소비자・광고』, 16(1), 2015.

염동섭・이철영, 「한국인의 사회심리 특성과 소비 의례화 성향이 명품 소비자 태도에 미치는 인과모형 분석」, 『한국 심리학회지; 소비자 광고』, 14(2), 2013.

오세일, 「행복과 영성에 관한 사회학적 고찰: 한국 청년세대 연구를 향한 시론」, 『인문사회 21』, 6(20), 2015.

오세일, 「한국 청년세대를 위한 '행복균형 지수' 개발」, 서강대학교 철학 중점 연구소 콜로키엄 발표문, 2017. 6.

유나영・정여진・김비아・정영숙・신현정, 「한국인의 행복 개념 탐색연구」, 『한국민족문화』, 55, 2015.

이계석・김봉경・한태용, 「대학생의 스포츠의류 소비에 대한 과시적 소비성향과 브랜드 태도, 브랜드 이미지, 브랜드 충성도의 구조적 관계」, 『한국체육과학회지』, 21(4), 2012.

이민규・김교헌・권선중, 「쇼핑중독(구매중독)을 설명하기 위한 심리학적 모형의 탐색」, 『사회과학연구』, 24(3), 2013.

이수정, 「의생활 양식에 따른 의복구매 행동에 관한 연구: 서울 시내 남녀대학생을 중심으로」, 숙명여대 교육대학원 석사학위 논문, 1993.

이유선・정헌주・김정로・박선권・정용찬・이우관, 『현대사회와 소비문화』, 일신사, 2005.

이주연・이영주, 「어머니의 유아복 관여도 조절 효과에 따른 유아복 소비가치, 구매 만족, 브랜드 충성도의 관계연구」, 『한국의상디자인학회지』, 15, 2013.

이재열, 「사회의 질, 경쟁, 그리고 행복」, 『아시아 리뷰』, 4(2), 2015.

장상환, 「자본주의와 과시적 소비; 한국과 중국의 비교」, 『사회과학연구』, 33, 2015.

장현선, 「소비자의 소비 행복을 어떻게 측정할 수 있나?」, 『한국가정관리학회지』, 32(6), 2014.

정보람·김휘정, 「소비 의도와 동기성향이 문화예술 소비에 미치는 영향」, 『예술경영연구』, 25, 2013.

정성원, 「현대인들의 과시 - 자아정체성의 (재)생산」, 『담론201』, 10(1), 2007.

정윤희·이종호, 「경험적 소비에서 경험특성, 즐거움과 죄책감, 재경험 의도의 관계」, 『경영학연구』, 38(2), 2009.

정은의·노안영, 「사회경제적 요인과 기혼여성 행복 간 관계」, 『한국심리학회지』, 26(1), 2007.

정철현·황소하, 「문화예술 향수의 영향요인에 관한 연구」, 『한국행정학회학술발표논문집』, 2007.

정해숙, 「대학의 성별 구성이 여학생의 교육경험 및 교육적 결과에 미치는 영향분석」, 동국대학교 교육학과 박사학위 논문, 1997.

조광익, 「여가 소비와 개인의 정체성」, 『관광연구논총』, 22(2), 2010.

조원광, 「한국 소비사회의 등장과 미시권력의 변화」, 『한국사회학』, 48(1), 2014.

지혜경, 「소비자의 쇼핑성향과 충동구매성향이 인터넷 패션 제품 쇼핑중독에 미치는 영향」, 『한국의상디자인학회지』, 15(2), 2013.

최말옥, 「남성과 여성의 행복감에 영향을 주는 요인 비교」, 『사회과학연구』, 27(2), 2001.

한영호, 「현대 소비사회의 웰빙 트랜드 개념과 소비성향에 대한 연구」, 『동서언론』, 8, 2004.

한준·김석호·하상응·신인철, 「사회적 관계의 양면성과 삶의 만족」, 『한국사회학』, 48(5), 2014.

허청라·구재선·서은국, 「기본적 욕구 충족 이후의 행복」, 『한국심리학회지』, 28(2), 2014.

홍경자, 「행복한 삶과 돈의 의미」, 『현대 유럽 철학연구』, 38, 2015.

홍은실, 「여성 소비자의 사치 - 검약 소비유형 분류 및 특성분석」, 『한국생활과학회지』, 22(1), 2013.

황진숙·조재정, 「한국과 중국 소비자의 의복 소비가치 및 패션 브랜드 선호 차이」, 『한복문화』, 15(1), 2012.

Bradburn, N. M., *The structure of psychological well-being*, Chicago: Aldine, 1969.
Campbell, Colin, "The Sociology of Consumption", Daniel Millser(엮음). *Acknowledging Consumption : A Review of New Studies*, 1995.

Costa, P. T., McRae, R. R., and Norris, A. H., "Personal Adjustment to Aging: Longitudinal Prediction from Neuroticism and Extraversion", *Journal of Gerontology,* 36, 1981.

Diener, E., "Subjective Well-Being", *Psychological Bulletin,* 95, 1984.

Douglas, M., and B. Isherwood, "The World of Goods: Towards Anthropology of Consumption", *Allen Lane,* 1979.

Gibbons, F.X. and Buunk, B.P., "Individual Differences in Social Comparison: Development of a Scale of Social Comparison Orientation", *Journal of Personality and Social Psychology,* 76(1), 1999.

Hanson, D.S. and Arjoon S., "Marketing for Happiness", *Advances in Management,* 3(10), 2010.

Holt, D. B., "How Consumers Consume: A Typology of Consumption Practices", *Journal of Consumer Research,* 22, 1995.

Keyes, C. L. M., "Social Well-Being", *Social Psychology Quarterly,* 61, 1998.

K.Kim, "Consumption Life Well-being, How Can We Measure It?", *Journal of Consumer studies,* 21(3), 167-194, 2010.

Leary, M. R., and Baumeister, R. F., "The nature and function of self-esteem: Sociometer theory", *Advances in Experimental Social Psychology,* 32, 1-62. 2000.

Lu, L., "Social Support, Reciprocity and Wellbeing", *Journal of Social Psychology,* 137, 1997.

Oh, Seil, Natalia Sarkisian. "Spiritual Individualism or Engaged Spirituality? Social Implications of Holistic Spirituality among Mind–Body–Spirit Practitioners," *Sociology of Religion* 73(3), 2011.

Peterson C., Seligman, M. E. P., "Character Strengths and Virtues: A Handbook and Classification", *Oxford University Press,* 2004.

Ryan, R. M., "On Happiness and Human Potentials: a Review of Research in Hedonic and Eudaimonic Well-Being", *Annual Review of Psychology,* 52, 2002.

Ryff, C. D., "Happiness is Everything, Or Is It? Explorations on the Meaning of Psychological Well-Being", *Journal of Personality and Social Psychology,* 57, 1989.

Seligman, M. E. P., Csikszentmihalyi, M., "Positive Psychology: an Introduction", *American Psychologist,* 55, 2000.

Schor, Juliet, Douglas Holt, *The Consumer Society Reader*, edited by Juliet
Schor and Douglas Holt, The New Press, 2000.

Sweetman, M. E., Munz, D. C., Wheeler, R. J., "Optimism, Hardiness, and
Explanatory Style as Predictors of General Well-Being Among
Attorneys", *Social Indicators Research*, 29, 1993.

Veblen, Thorstein, *The Theory of the Leisure Class*, Dover Publications,
1994(1899).

문제성 주식투자의 도박성 고찰[*]

강준혁(을지대학교 중독재활복지학과 교수)

맹성준(성균관대학교 사회복지연구소 연구원)

I. 서론

대한민국은 1992년 주식시장 활성화를 위해 외국인 투자를 허용하여 외국 자본이 국내로 유입되었고, 이로 인해 일반 투자자들의 관심이 증대되어 왔다. 증권거래 현황을 살펴보면 2009년 12월 말에는 약 3,925조 원이었던 거래량이 지속해서 증가하여 2016년 12월 말에는 15,474조 원에 다다랐다. 단순히 산술적으로만 살펴보더라도 약 4배 이상이 증가한 수치이다.[1) 또한, 과거에는 증권사를 직접 방문하거나 전화를 해야만 주식투자를 할 수 있었다. 하지만 현재는 정보통신기술의 발달로 컴퓨터뿐만 아니라 스마트폰을 이용

---

[*] 이 글은 생명연구 제49집(2018년 8월)에 실렸던 글을 수정·보완하여 수록하였다.

1) 「금융통계정보시스템」, http://fisis.fss.or.kr/fss/fsiview/indexw.html, 2018. 03. 20.
   (검색일: 2018. 06. 19.)

하여 주식시장이 개장된 동안엔 어디서든 주식투자를 할 수 있게 되었다. 즉, 공간적 제약이 사라지면서 주식시장에 대한 접근성이 높아져 개인들의 투자가 늘어났다.

개인 투자가 늘어나면서 부작용도 나타나기 시작했는데, 대표적인 것이 경제적 위험에 빠지는 사람이 증가한 것이다. 금융투자실태조사에 따르면 2004년부터 2012년까지 9년간 일반 투자자들의 경우 수익을 창출한 사람은 10%에 불과하였고, 나머지는 경제적 손실을 입은 것으로 나타났다.2) 또한, 주식투자로 인하여 경제적 손실을 경험한 사람의 경우 우울 증상을 보이는 경우도 있으며, 심지어는 자살로 이어지기도 한다.3)4) 특히, 이러한 문제들은 가족갈등을 야기할 수 있고, 더 나아가 가족의 해체로 이어질 수 있다.5) 대한민국은 이미 1997년 외환위기 당시 개별 가정이 직면한 경제적 문제가 사회문제로 발전하는 것을 경험했기 때문에,6) 과도한 주식투자에 대해서 사회적 개입과 관심이 필요하다.

물론, 주식시장에는 주가의 급등락으로 인해 시장이 과열되는 것을 막기 위한 장치들이 있다. 이를테면 주식시장이 개장하고 있을

---

2) 김기범·김민선·박재표, 「주식투자 격언에 대한 시장 반응 비교분석」, 『한국산학기술학회 논문지』, 16권 9호, 2015, 5982~5988쪽.

3) <뉴스1>, 「정부청사에서 투신한 김 씨 아들 "아버지 주식투자로 돈 잃은 데다 우울증도 심해져"」, http://news1.kr/articles/?851332, 2012. 10. 14. (검색일: 2018. 6. 19.)

4) <부산일보>, 「60대 남성, 주식투자 큰 손실 후 목매 숨겨」, http://news20.busan.com/controller/newsController.jsp?newsId=20180118000111, 2018. 01. 18. (검색일: 2018. 6. 19.)

5) Conger, R. D., Ge, X., Elder, G. H., Lorenz, F. O., and Simons, R. L, "Economic stress, coercive family process, and developmental problems of adolescents", *Child Development*, Vol. 65, No. 2, 1994, p. 541-561.

6) 조준배, 「경제적 스트레스 요인이 부부갈등 대처방법에 미치는 영향에 관한 연구 - 자아존중감과 자기 생활만족도 그리고 우울의 매개 효과를 중심으로」, 『한국 가족 복지학』, 27, 2009, 153~174쪽.

때에 발동하는 서킷브레이커(Circuit Breakers), 사이드카(Side Car) 등이 있고, 종목이 투기적이거나 불공정거래의 개연성이 있으면 시장경보/투자 유의 제도를 운용하여 이를 투자자에게 안내하는 것 등이 바로 그것이다. 하지만 안전장치가 있다 하더라도 변동성 때문에 주가는 언제든 폭락할 수 있다. 게다가 2015년부터 주식시장 가격제한폭이 기존 15%에서 30%로 커지면서 주식투자의 위험성이 더 증가했다.

상술한 것처럼 주식투자로 인해 다양한 문제가 발생할 수 있음에도 불구하고, 선행연구들은 주식투자의 경제적 효과나 법적인 문제에 주로 관심을 가져왔다[7][8][9][10][11]. 반면 주식투자가 개인에게 미치는 영향에 대해서는 크게 관심을 갖지 않았다. 더욱이 주식투자가 도박성향을 띠고 있음을 밝혀낸 연구[12]가 있음에도 불구하고 주식투자의 도박성, 중독성으로 인한 개인의 심리 사회적 문제를 다루는 후속연구가 제대로 이루어지지 않았다. 이에 본 연구에서는 과도한 주식투자로 인해 개인이 겪게 되는 내적 갈등과 사회적 갈등을 경험자의 이야기를 통해 탐구하고자 한다.

---

7) 김순석, 「주식 제도의 개선: 종류주식을 중심으로」, 『상사법연구』, 28권 3호, 2009, 131~173쪽.

8) 김희철, 「주식매수청구권 차익거래 예방을 위한 법적 기반 연구 - 미국 델라웨어 주의 최근 법 개정 논의를 중심으로」, 『경희법학』, 50권 4호, 2015, 347~368쪽.

9) 김현석·서정원, 「무상증자, 액면분할, 주식배당: 주가와 거래량 효과」, 『한국증권학회지』, 47권 1호, 2018, 27~67쪽.

10) Butler, A. W., Grullon, G., and Weston, J. P., "Stock market liquidity and the cost of issuing equity", *Journal of Financial and Quantitative Analysis*, Vol. 40, No. 2, 2005, p. 331-348.

11) Jacoby, G. and Zheng, S. X., "Ownership dispersion and market liquidity", *International Review of Financial Analysis*, Vol. 19, 2010, p. 81~88.

12) 백용호·차명준, 「도박심리를 이용한 주식투자 행태분석」, 『한국증권학회지』, 16권 1호, 1994, 395~435쪽.

Ⅱ. 이론 검토

1. 주식의 도박성

본 연구의 초점인 주식의 도박성에 관한 논의를 하기 위해서는 도박에 대해 이해하고 넘어가야 할 필요가 있다. 구체적으로 도박의 개념과 특성을 살펴보고, 왜 주식투자가 도박적 특성을 갖는지를 논해보고자 한다. 도박은 기원전 약 6,000년부터 전 세계에서 행해졌으며, 문화의 경계를 뛰어넘는 인류의 보편적인 행동이다.[13][14] 기존 문헌에서는 도박을 '재화를 얻거나 재미를 위해 도박장에서 우연에 의해 결정되는 불확실한 사건에 베팅을 하는 행위'라 정의하고 있다.[15][16][17][18][19] 이 개념에 담긴 용어들을 재정리하면 우연성, 유희성, 자본성, 공간성이 도박의 특징이라 할 수 있다.

그렇다면 주식투자는 상술한 도박의 특성들을 가지고 있는 것일까? 첫째, 주식투자는 도박의 특성 중 우연성을 가지고 있다. 주식투자는 기업의 가치에 투자를 하는 개념이지만, 기업의 가치가 높

---

13) Custer, R. and Milt, H., *When Luck Runs Out : Help for Compulsive Gamblers and Their Families*, New York: Facts on File, 1985.

14) Sifakis C., *The Encyclopedia of Gambling*, New York: Facts on File, 1990.

15) 김교헌, 「병적 도박 선별을 위한 K-NODS의 신뢰도와 타당도」, 『한국심리학회지: 건강』, 8권 3호, 2003, 487~509쪽.

16) 이순묵·김종남, 「도박 중독문제의 본질에 충실한 평가/진단 및 비율 산정」, 『한국심리학회지: 건강』, 14권 1호, 2009, 1~26쪽.

17) 강준혁, 「도박중독자의 회복과정과 실존체험」, 성균관대학교 대학원 박사학위 논문, 2015.

18) Problem Gambling Institute of Ontario, *Problem Gambling: The Issues, the Options,* Canada: Centre for Addiction and Mental Health, 1990.

19) McGurrin, M. C., *Pathological Gambling : Conceptual, Diagnostic, and Treatment Issues*, Sarasota, Florida: Professional Resource Press, 1992.

더라도, 주가는 다양한 변수(경기전망, 금리, 통화량, 물가, 환율, 원자재가격 등)에 의해 영향을 받기 때문에 투자 성공을 예측하기란 쉽지 않다.[20]

둘째, 유희성이다. 도박의 동기로서 금전적 보상과 쾌감을 언급할 수 있는데, 주식투자 역시 투자자가 예측한 것이 맞았을 때, 금전적 보상을 얻을 수 있고, 예측한 것이 맞았다는 것에서 기인하는 승리감과 우월감 등의 쾌감을 느낄 수 있다.

셋째, 자본성인데, 주식투자는 기업의 주식을 매매하는 것이기 때문에 자본금이 없으면 애초에 성립할 수 없다. 따라서 자본성 역시 주식투자에도 적용이 가능하다고 할 수 있겠다.

넷째, 공간성이다. 주식투자 역시 주식을 거래할 수 있는 주식시장이라는 개념이 존재하며, 물리적으로 여러 증권회사의 본·지점이 있으며, 최근에는 정보통신기술의 발달로 어느 공간에서든 주식시장에 참여할 수 있다.

한편 일반 주식시장의 경우에는 서론에 기술한 것처럼 가격제한폭이 30%로 제한되어 있고, 여러 가지 장치들이 존재하지만, 파생상품 시장의 경우에는 다르다. 일반 주식시장의 경우에는 낮은 가격에 주식을 매수해서, 높은 가격에 주식을 매도함으로써 차익을 실현하거나 배당금을 받음으로써 경제적 이익을 취할 수 있지만, 파생상품 시장은 미래에 가격이 상승하거나 하락하거나를 예측해서 거기에 베팅을 하는 것이고 가격제한폭이 없기 때문에 도박적인 특성이 더 강하다. 물론 3천만 원 정도 증거금이 있어야 하고, 20시간의 교육을 이수해야 하기 때문에 진입장벽이 일반 주식시장보다

---

20) 장경천·김현석, 『증권투자론』, 삼영사, 2009.

높다고 할 수 있지만, 그렇다고 해서 파생상품 시장의 도박적인 특성이 사라진다고 말할 수는 없을 것이다.

2. 주식의 중독성

도박이 사람의 행동을 강제하는 중독성향을 가지고 있는지를 확인하기 위해서는 그 마력(魔力)에 대해 살펴볼 필요가 있다. 도박의 중독적인 특성은 재미를 느끼면서 돈을 버는 것, 일확천금을 벌 수 있다는 거짓희망을 심어주는 것, 결과를 알 수 없기에 호기심의 세계로 유혹하는 것, 현실도피의 수단으로 작용하는 것으로 크게 네 가지가 있다.[21][22][23]

주식 역시 상술한 도박의 중독성향을 어느 정도 가지고 있다고 할 수 있다. 먼저 주식은 재미와 돈을 동시에 추구할 수 있다. 투자자는 투자할만한 여러 기업을 물색하고, 재무제표 및 기업에 호재가 될 만한 정보들을 살펴본 다음에 주식투자를 한다. 이 과정에서 투자자들은 투자가치가 높은 기업을 찾아냄으로써 흥미를 느끼기도 하며, 투자한 기업의 주가가 상승한다면 경제적인 이익도 얻을 수 있다.

둘째, 주식투자는 많은 투자자에게 거짓희망을 심어주기도 한다. 주식투자는 정부에서 사행산업으로 분류하지도 않았고, 경제부흥에

---

21) Martin, H. P. & Schumann, H., 강수돌 옮김, 『세계화의 덫: 민주주의와 삶의 질에 대한 공격』, 영림카디널, 2003.

22) Griffiths, M. D., "The role of subjective mood states in the maintenance of fruit machine gambling behaviour", *Journal of Gambling Studies*, Vol. 11, No. 2, 1995, p. 123-135.

23) Dickerson, M. G., Baron, E., Hong, S. M., & Cotrell, D., "Estimating the extent and degree of gambling related problems in the Australian population: A national survey", *Journal of Gambling Study*, Vol. 12, No. 2, 1996, p. 161-178.

도움도 주는 등 숨기지 않아도 되는 합법적인 행위이다. 이러한 이유로 도박과는 다르게 좀 더 쉽게 접근할 수 있으며, 주변에서 주식투자에 관한 이야기도 쉽게 접할 수 있다. 주변 지인이 주식투자로 수억 원을 벌었다는 소식에 많은 사람이 섣불리 투자를 했다가 크게 실패를 하고, 심지어 불안정한 정신 상태를 보여 병원에 입원하는 경우도 있다.24)

셋째, 사람들의 호기심을 자극하는 것인데, 주식 역시 투자자의 호기심을 자극한다. 주식투자는 다양한 정보에 기반을 두고 이루어지지만 너무나 많은 변수가 영향을 미치기 때문에 결과를 예측하기는 매우 어렵다.25) 이러한 특성은 투자자의 기대감과 궁금증을 유발한다.

마지막으로 현실도피의 수단인데, 많은 투자자는 경제적으로 자유로운 '전업투자자'를 꿈꾼다. 전업투자자는 거래처나 직장 상사의 눈치를 보면서 월급쟁이로 고단하게 살 필요가 없다. 그래서 일부 투자자들은 이 고단한 현실에서 벗어나기 위해 직장을 그만두고 전업 투자의 길로 들어선다. 전업 투자로 성공한 사례도 있지만, 모두가 성공하는 것은 아니다.

주식의 마력에 빠져든다고 해서 모든 투자자를 중독자라고 할 수는 없다. 냉정한 판단에 기초한 투자로 이익을 창출하는 건전한 투자자들이 과도한 투자자들보다 많을 것이다. 그렇다면 건전한 투자와 중독적인 투자를 구분할 수 있는 기준은 무엇일까? 일반적으로 중독을 가르는 기준은 금단 현상, 내성, 일상생활의 부적응 등이 있다.26)

---

24) 장진모, 『주식의 역사』, 한국경제신문, 2004, 52쪽.

25) 윤재수, 『대한민국 주식투자 100년사』, 길벗, 2015.

26) American Psychiatric Association, *Diagnostic and Statistical Manual of Mental Disorders-5th edition(DSM-5)*, Washington DC: Author, 2013.

과도하게 주식에 몰입된 투자자들 역시 위와 같은 현상들을 경험한다. 문제성 투자자들은 주식시장 개장 전·후 그리고 주식시장이 열리지 않는 공휴일에도 계속 주가를 확인하고, 관련된 인터넷사이트 등을 계속 바라보며 불안해하는데 이는 일종의 금단 현상이다.27) 또한, 주식투자는 현금이 아닌 숫자로 이루어지기 때문에 자칫 돈에 대한 감각을 상실할 수 있다. 이 경우 개인은 현실을 고려하지 않은 과도한 투자를 하게 되는데, 투자에 대한 내성이 생겼다고 할 수 있다. 마지막으로 일상생활 부적응이 있는데, 문제성 투자자는 주식에 대한 과도한 몰입으로 일에 집중하지 못하거나 빚 때문에 대인관계 문제를 경험한다.28) 심지어 주식투자를 위해 회삿돈을 횡령하는 경우도 있다.

이미 중독관리센터나 단도박 모임에서는 과도한 주식투자를 도박으로 인정하고 문제성 투자자에게 도움을 주고 있다. 정부에서 정한 사행산업 종류에 주식투자가 포함되어 있지 않았지만, 이미 도박 중독 관련 기관에서는 과도한 주식투자를 도박 중독으로 보는 것이다. 이렇듯 과도한 주식투자는 개인뿐만 아니라 사회에도 악영향을 주기 때문에 문제성 주식투자를 도박 중독의 시각으로 접근할 필요성이 있다.

---

27) 박영옥, 『주식투자자의 시선』, 프레너미, 2016.
28) 이규성, 『개미가 주식시장에서 손해 볼 수밖에 없는 이유』, 문예출판사, 2011.

Ⅲ. 연구방법

1. 내러티브 탐구

연구자들은 '문제성 주식투자 경험'을 살펴보기 위해 Connelly와 Clandinin[29]이 제안한 내러티브 탐구(Narrative Inquiry) 방법을 활용했다. 내러티브 탐구란 경험을 이해하기 위한 하나의 방법으로서 개인의 경험을 이야기하고 다시 이야기하는 과정에서 연구자와 참여자가 함께 경험의 의미와 본질을 찾아가는 방법이다.[30][31] 내러티브 탐구에서 이야기를 강조하는 이유는 이야기가 인간의 경험과 삶을 가장 효과적으로 이해할 수 있는 방법이기 때문이다.[32][33][34]

그렇다고 모든 이야기가 내러티브가 되는 것은 아니다. 이야기는 그냥 이야기일 뿐이지만, 내러티브는 경험의 맥락을 드러내 보여준다. 예를 들어 이야기는 별 하나하나를 말하지만, 그 하나하나를 연결하면 별자리가 된다. 이처럼 내러티브는 단순한 이야기를 넘어 시간, 사회, 장소적 맥락으로 구성된 삶의 이야기이다.

내러티브 탐구에서는 네 가지 핵심용어인 삶을 살아내기(living), 이야기하기(telling), 다시 이야기하기(retelling), 다시 살아내기

---

29) Connelly, F. M. & Clandinnin, D. J., "Stories of Experience and narrative Inquiry", *Educational Researcher*, Vol. 19, No. 5, 1990, p. 2~14.

30) 염지숙, 「내러티브 탐구(Narrative Inquiry)를 통한 유아 세계 이해: 유치원에서 초등학교 1학년 전이 경험 연구를 중심으로」, 『교육인류학연구』, 2권 3호, 1999, 57~82쪽.

31) Clandinnin, D. J. & Connelly, F. M., *Shaping a professional identity: stories of educational practice*, Albany, New York: Columbia University, 1990.

32) 김필성, 「내러티브 탐구에 대한 비교 고찰」, 『내러티브와 교육연구』, 2권 3호, 2014, 83~96쪽.

33) Bruner, J., *Acts of meaning*, Cambridge, MA: Harvard University Press, 1990.

34) Clandinin, D. J. & Connelly, F. M., 소경희·강현석·조덕주·박민정 옮김, 『내러티브 탐구: 교육에서의 질적 연구 경험과 사례』, 교육과학사, 2007.

(reliving)를 강조한다.35) 내러티브 탐구에서 참여자는 연구자에게 자신의 삶에 관해 이야기하고, 연구자는 참여자와 함께 이야기를 탐구한다(다시 이야기하기). 이후 반성과 재구성을 통해 참여자의 삶은 의미 있는 이야기로 엮어지고 참여자는 이야기되는 삶을 살게 된다.36) 이러한 이유로 연구자들은 문제성 주식투자 경험을 이해하고 그 경험의 의미를 탐구하는데 내러티브 탐구 방법이 적합하다고 판단했다.

2. 내러티브 주인공 선정

이 연구에서는 세평적 사례선택(reputational case selection)방법으로 내러티브 주인공을 선정했다. 세평적 사례선택이란 특정 분야에서 오랜 경험과 지식을 가지고 있는 전문가의 도움을 얻어 연구주제에 맞는 참여자를 선정하는 방법이다.37) 연구자들은 과도한 주식투자로 어려움을 겪은 내러티브 주인공들을 선정하기 위해 다음과 같은 몇 가지 기준을 만들고 이에 부합하는 사람을 소개받았다. 기준은 첫째, 과도한 주식투자로 인해 경제적 손실을 본 경험이 있을 것, 둘째, 주식투자 문제로 인한 내적(심리적), 외적(사회적 관계 문제) 갈등 경험이 있을 것, 셋째, 문제성 주식투자로 인해 중독상담을 받은 경험이 있을 것으로 정했다. 연구자는 이 기준을 중독관

---

35) Clandinin, D. J., 염지숙·강현석·박세원·조덕주·조인숙 옮김, 『내러티브 탐구의 이해와 실천』, 교육과학사, 2015.

36) 최희진, 「중등체육 예비교사의 교육실습 체험에 관한 내러티브 탐구」, 『한국스포츠교육학회지』, 16권 1호, 2009, 57~75쪽.

37) Miller, L. M. & Carpenter, C. L., "Altruistic leadership strategies in coaching: A case study of Jim Tressel of the Ohio State University", *A Journal for Physical and Sport Educators*, Vol. 22, No. 4, 2009, p. 9~12.

리센터와 단도박 모임에 설명하고 총 3명의 내러티브 주인공을 추천받았다. 이 연구에서 주인공 수를 최소화해 선정한 이유는 내러티브 연구의 특성상 한 개인의 삶의 이야기를 구체적으로 다루기 때문에 많은 수의 사례를 다루는 것은 적합하지 않기 때문이다. 이같은 이유로 내러티브 방법을 다룬 문헌에서는 연구참여자 수를 최소화할 것을 권한다.[38][39][40][41]

<표 1> 내러티브 주인공들의 기초정보

구분	연령	주식투자 당시 직업	손실액	기타
주인공 1	50대	자영업 (통신사)	3억	종목 변경 (주식 → PC 게임방)
주인공 2	40대	회사원 (무역회사)	10억	종목 변경 없음
주인공 3	30대	학원 강사	1억	종목 변경 (주식 → 카지노, 경마)

3. 자료수집 및 분석

분석에 활용된 자료는 1:1 심층 면담을 통해 수집했다. 면담은 2018년 1월부터 동년 5월까지 주인공 당 3회에 걸쳐 실시했다. 면담 시간은 평균 90분이었다. 원활한 면담 진행을 위해 연구자들은

---

38) 김진우, 「질적 연구의 자료수집방법에 대한 이해」, 『한국 청소년 정책연구원』, 발표자료, 2012, 22쪽.

39) 유기웅·정종원·김영석·김한별, 『질적 연구방법의 이해』, 박영사, 2012, 148쪽.

40) 홍현미라·권지성·장혜경·이민영·우아영, 『사회복지 질적 연구방법론의 실제』, 학지사, 2011, 207쪽.

41) Cresswell, J. W, 조흥식·정선욱·김진숙·권지성 옮김, 『질적 연구방법론: 다섯 가지 접근』, 학지사, 2010.

주식투자 계기, 주식투자의 매력, 주식투자의 위험성 등을 포함하는 면담질문지를 준비했으며, 이를 면담에 활용했다. 무엇보다 주인공들이 면담 질문 외에 다양한 경험을 이야기할 수 있도록 하는데 신경을 썼다. 면담은 내러티브 주인공의 사무실, 거주지 주변 카페에서 진행했다.

자료수집과 분석은 Clandinin과 Connelly(2000)가 제안한 내러티브 탐구의 5단계 절차에 기초하여 수행하였다. 구체적인 절차는 다음과 같다. 1) 현장에 들어가기: 이야기 속으로 걸어 들어가기 2) 현장에서 현장 텍스트(field texts)로: 이야기의 장소에 존재하기 3) 현장 텍스트 구성하기 4) 현장 텍스트로부터 연구 텍스트(research texts)로: 경험에 대한 의미 만들기 5) 연구 텍스트 구성하기이다.[42)43)] 더불어 자료를 수집하고 분석하는 과정에서 가능하면 '은유적인 삼차원적 내러티브 탐구 공간(시간성-사회성-장소)'이 드러날 수 있도록 신경 썼다.[44)] 삼차원적 은유 공간은 Clandinin과 Connelly(2000)가 내러티브 탐구의 틀을 제시하기 위해 발전시킨 은유적 용어이다. 이것은 과거·현재·미래라는 시간의 연속성(continuity), 개인적·사회적 상호작용(interaction), 그리고 장소라는 개념의 상황(situation)을 말한다.[45)]

---

42) 염지숙, 「교육연구에서 내러티브 탐구(Narrative Inquiry)의 개념, 절차, 그리고 딜레마」, 『교육인류학연구』, 6권 1호, 2003, 119~140쪽.

43) Clandinin, D. J. & Connelly, F. M., 소경희·강현석·조덕주·박민정 옮김, 2000.

44) 김병국, 「내러티브 탐구의 존재론적, 방법론적, 인식론적 입장과 탐구과정에 대한 이해」, 『교육인류학연구』, 15권 3호, 2012, 1~28쪽.

45) 염지숙·Jennifer, M. K., Yi, L., 「내러티브 탐구를 통한 교수 경험에 대한 성찰」, 『한국교원교육연구』, 24권 2호, 2007, 243~262쪽.

4. 연구의 윤리적 이슈 고려 및 엄격성 확보 노력

1) 윤리적 이슈 고려

이 연구는 기본적으로 기관 생명윤리위원회(IRB)의 승인하에 이루어졌으며, 연구자들은 IRB의 연구윤리 기준을 준수했다. 이밖에도 연구자들은 내러티브 주인공들에게 연구의 취지에 대해 직접 설명했으며, 언제든지 연구 참여를 철회할 수 있음을 고지한 후 동의를 얻었다. 그리고 비밀보장과 사생활 보호를 위해 이름, 직장 등 연구주인공의 직접적인 정보는 모두 익명으로 처리했다.

2) 엄격성 확보 노력

이 연구에서는 다양한 엄격성 확보 전략 중 '장기간에 걸친 관계 형성(prolonged engagement)', '동료집단의 조언 및 지지(peer support group)', '다원화 전략(triangulation)', '연구참여자를 통한 재확인(member checking)' 전략을 활용했다. 첫째, 장기간에 걸친 관계 형성을 위해 연구자들은 면담 수행 전 연구주인공들과 사전 만남을 가졌다. 이 과정에서 연구의 취지에 대한 이해와 참여에 대한 동의를 구할 수 있었다. 둘째, 동료집단의 조언 및 지지를 위해 중독재활 전문가 1인, 주식투자 전문가 1인, 질적 연구 전문가 1인을 동료집단으로 구성하고 이들로부터 연구 전반에 대한 조언을 얻었다. 셋째, 다원화 전략에서는 자료의 다원화 전략을 활용했는데, 연구자들은 면담 자료 이외에 주인공들의 단도박 소감문, 현장 연구 노트를 분석에 활용했다. 넷째, 참여자를 통한 재확인을 위해 분석결과를 주인공들에게 설명하고 조언을 구했다.

Ⅳ. 연구결과

1. 내러티브 주인공들의 문제성 주식투자 경험 이야기

1) 내러티브 주인공 1의 주식투자 경험

내러티브 주인공 1은 50대 남성으로, 1990년대 초 친구들의 권유로 주식투자를 했다. 당시 자영업으로 번 돈을 주식에 투자했으며, 주식투자로 인해 3억 원가량 손실을 보았다. 투자 실패로 인한 괴로움을 잊기 위해 PC 게임방에 출입했고 심각한 도박 중독 증상을 보였다. 현재는 모든 도박을 끊고 단도박 모임에서 활동하고 있다.

이야기 01 -만만했던 세상

90년대 초 내러티브 주인공 1은 나이 서른에 이동통신 대리점 사업을 했다. 사업은 잘 됐고 쉽게 큰돈을 벌었다. 장사가 잘 되는 날에는 일반 직장인의 한 달 월급을 하루에 벌었다. 지갑에는 늘 백만 원씩 넣고 다닐 정도로 돈도 잘 썼다. 이때까지만 해도 점점 커지는 허영심과 자만심 때문에 세상 무서운 줄 몰랐다고 한다. 파김치가 되어 가게 앞을 지나가는 직장인들을 보면서 "아니 저 사람들은 왜 저렇게 미련하게 살까?"라고 비웃을 정도였다. 당시 주인공의 모든 판단 기준은 돈이었다. 그래서 더 쉽게 많은 돈을 벌려고 했다.

이야기 02 -친구 따라 강남(주식투자)
그리고 과감한 베팅

주인공은 자영업을 해서 번 돈과 자신감으로 새로운 투자처를 찾았다. 그러던 중 금융권에서 일하는 후배와 증권회사에서 일하는 친구들과 어울리면서 자연스럽게 주식에 관심을 두게 되었다.

주인공은 처음부터 과감하게 투자했다. 그의 투자 방식은 대기업 우량주를 구입해서 5년, 10년을 기다리는 장기투자 방식이 아니었다. 단기간에 승부를 보는 단타 매매였다. 투자 금액은 억 단위를 넘어갔다. 그렇다 보니 주식시장이 열리는 오전 9시부터 오후 3시 30분까지 약 여섯 시간 사이에 2~3천만 원 정도는 쉽게 잃고 땄다. 투자 단위가 크다 보니 1~2백만 원 가지고 하는 다른 도박이 시시하게 느껴질 정도였다. 그는 당시 1~2천만 원도 적은 베팅 금액이라고 느꼈다고 한다. 여기서 주인공이 '땄다!'라는 표현을 썼다는 것에 근거할 때 그가 주식을 도박처럼 했다는 것을 간접적으로 파악할 수 있다.

이야기 03 -발동한 승부욕과 미래 계획

주인공이 단기간에 승부를 보려고 했던 데에는 '발동한 승부욕'도 한몫했다. 주인공은 어린 시절부터 승부욕, 집착 같은 것들을 가지고 있었다고 한다. 그는 이것을 "생물학적인 인자"라고 표현했다. 친구들과 딱지치기를 하거나 구슬치기를 하더라도 잃으면 승부욕이 작동해 딸 때까지 하지 않으면 직성이 풀리지 않았다고 한다. 심지어 밤늦게까지 친구들과 딱지 따먹기를 하다가 집에 들어가지 않아 모친에게 자주 혼난 기억이 있을 만큼 승부에 강한 집착이 있었다고 한다.

승부욕과 함께 미래에 대한 계획이 주식투자 동기로 작용했다. 주인공은 주식을 할 때 나름의 계획을 가지고 있었다. 투자 금액이 억 단위로 왔다 갔다 했기 때문에, 집을 바꾸거나 차를 바꾸거나 여행을 가거나 하는 여러 계획을 세웠다. 실제로 그는 주식으로 돈이 생기면 아내와 함께 해외여행도 가고 명품가방도 사주고 외식도 했다. 하지만 이런 생활은 잠시였을 뿐 투자 실패로 인해 미래 계획은 실행할 수 없었다.

이야기 04 -투자 실패로 생긴 좌절감을 다른 도박으로 달램

주인공은 결국 주식투자로 3억 원까지 손실을 봤다. 그럼에도 불구하고 그는 가족에게 이 사실을 알리지 않았다. 오히려 티를 내지 않으려고 노력했다. 가족 역시 이 사실을 알 수 없었다. 왜냐하면, 주식시장의 특성상 매매 시간이 정해져 있기 때문에 표면적으로 정상적인 생활을 할 수 있었기 때문이다. 심지어 2억 원을 잃었을 때도 아내는 이 사실을 전혀 몰랐다고 한다.

설상가상으로 주인공은 친구한테 사기를 당해 1억 원 정도 손해를 보고, 투자했던 부동산 가격이 하락해 2억 원을 더 손해 봤다. 상황이 이렇다 보니 주인공은 죽고 싶은 심정이었다고 한다. 그래서 그는 이 괴로운 심정을 달래기 위한 방법을 찾아야 했다. 방법을 찾기는 찾았다. 건전한 방법이 아니었을 뿐이다. 주인공의 괴로움을 달래줄 유일한 방법은 또 다른 도박을 하는 것이었다. 베팅 금액은 주식보다 훨씬 적었다. 그래서 더 쉽게 할 수 있었다. 주변에서 쉽게 발견할 수 있는 PC 게임방에 출입했던 것이다. 주인공의 구술에 의하면 PC게임은 투자 실패로 괴로워하던 그에게 마약 같은 것이었다. 도박이 괴로움을 달래줄 유일하고 강력한 수단이었던 것이다.

이야기 05 -돈이 없어서 못 했지 안 한 게 아님

주인공은 PC게임을 시작한 후 더 이상 주식에 손을 대지 않았다. 사실 하지 못한 것이지, 안 한 것은 아니었다. 주식을 하기 위해서는 큰돈이 필요했기 때문이다. 주인공은 만약 큰돈이 계속 뒷받침됐다면 주식을 계속했을 것이라고 언급했다. 그는 몇백만 원은 주식에 투자할 수 있었다. 그럼에도 불구하고 억 단위의 큰돈을 가지고 있지 않았기 때문에 더 이상 주식투자를 해야 할 동기를 찾지 못했다. 주인공의 구술에 의하면 주식으로 잃은 돈이 몇억 원이기 때문에 500만 원이나 천만 원이 있다고 해도 큰돈을 딸 수가 없다고 한다. 그래서 그는 적은 돈으로 하는 투자를 시시하다고 여겼다. 주식투자자들이 자주 쓰는 'high risk high return'이란 말이 실감 나게 하는 대목이다. 이것을 통해 주식이 사행산업 범주에 속한 일반 도박보다 더 위험할 수 있음을 알 수 있다. 주인공 역시 주식을 일반 도박보다 더 위험한 도박으로 여겼다. 액수로만 보면 주식으로 더 많은 돈을 잃었기 때문이다.

이야기 06 -망가진 내 삶

불행인지 다행인지 주인공은 10년 넘게 PC게임을 하면서 단 한 번도 돈을 따보지 못했다. 오히려 1억 원 정도를 잃었다. 쌓이는 건 돈이 아니라 자책감, 좌절감, 분노와 같은 부정적인 감정들뿐이었다. 매일같이 돈을 잃는데 기분이 좋을 리가 없었다. 이때부터 심각한 일들이 벌어졌다. 매일 아내와 다투고 자녀에게 말대꾸한다는 이유로 욕하고 폭력을 가하기도 했다. 외부로 향하던 분노는 결국 주인공 자신에게로 향했다. 자신의 삶을 비관하고 자살시도를 하는 상황까지 벌어진 것이다. 차 안에서 연탄불을 피워놓고 눈을 감았던 그는 병원 응급실에서 깨어났다. 간신히 살아난 것이다.

이야기 07 -회복의 길

자살시도 후 응급실에서 깨어난 주인공은 세상을 달리 보기 시작했다. 생명의 소중함을 깨달았다. 그리고 어느 날 우연히 텔레비전 방송에 나온 다른 도박자들의 비참한 삶을 보면서 자신의 삶을 돌아봤다. 가족, 따뜻한 집 등 자신에게 도박보다 소중한 것들이 있음에도 불구하고 도박이라는 작은 것에 빠져 살았던 지난날을 반성하기 시작했다. 주인공은 자신이 행복하다고 느끼는 순간과 기쁨의 순간을 혼동하고 살았다고 구술했다. 많은 사람이 큰집으로 이사를 했을 때, 새 차를 샀을 때, 월급이 올랐을 때 느끼는 기쁨을 행복이라고 착각하면서 살았다는 것이다. 주인공은 단지 살 집이 있고, 탈 차가 있고, 일할 수 있는 직장이 있다는 것만으로도 행복하다는 것을 깨달았다.

주인공은 현재 회복을 위해 단도박 모임에 꾸준히 참석하고 있다. 그의 최종 목표는 인간개조이다. 주인공의 구술에 의하면 이것은 성격 변화와 내적 성장을 의미한다. 그는 단순히 단도박만 해서는 억제력만 생길 뿐 근본적인 문제가 해결되지 않는다고 언급했다. 주인공은 자신을 도박 중독에 빠트린 충동성, 조절 장애 문제를 극복하기 위해 오늘도 단도박 모임 참석, 인성 공부, 운동 등 다양한 활동을 하고 있다.

2) 내러티브 주인공 2의 주식투자 경험

내러티브 주인공 2는 40대 남성으로, 2006년경 무역회사에 다니면서 주식투자를 시작했다. 주인공은 대학에 다닐 때 이미 학교 선배에게서 주식을 배웠다. 주식투자로 인해 10억 원가량 손실을 보았다. 주식투자에 실패하면서 시련을 겪었지만 다른 도박을 하지는 않았다. 현재는 회복을 위해 단도박 모임에 참석하고 있다.

이야기 01-부자에 대한 동경

주인공은 90년대 후반부터 2000년대 중반까지 무역회사에 다녔다. 무역회사는 ○○동 무역센터 안에 자리했다. 무역센터 주차장에는 수입차가 즐비했으며, 국산 차라고 해도 비싼 고급승용차들이 자리를 차지했다. 회사에서 업무용으로 나온 주인공의 차와 비교될 수밖에 없었다. 당시 30대 초반이었던 그는 젊은 나이에 고급 차를 타고 다니는 사람들이 너무 부러웠다고 한다. 주인공에게 있어 그들은 선망의 대상이었다. 450만 원 정도 하는 적지 않은 월급에 급여보다 더 많은 인센티브까지 받는 그였지만 부자들이 마냥 부럽기만 했다. 그래서 주인공은 월급 외로 나오는 수당을 가족에게 알리지 않고 주식에 투자했다.

이야기 02-정보에 기초한 투자

주인공은 대학 다닐 때 선배에게서 배웠던 주식투자 방법을 일하면서 얻게 되는 정보와 결합시켰다. 그는 무역회사에서 해외 건설 사업에 필요한 대형 건축자재 납품회사와 직접 공사를 수행하는 대기업들을 연결해 주는 일을 하고 있었다. 직업상 ○○건설, ○

○중공업 같은 대기업 직원들을 자주 만날 수밖에 없었다. 기업 사람들을 만나다 보니 자연스럽게 어떤 회사가 어느 나라 개발사업에 사활을 거는지 알 수 있었다. 이렇게 얻은 정보를 바탕으로 주인공은 사업 수주 가능성이 큰 회사에 투자했으며, 투자는 성공적이었다. 주인공은 주식투자로 단박에 5천만 원을 벌었다. 당시 주인공은 인센티브와 주식투자로 5억 원 이상의 현금을 만질 수 있었다. 주인공의 말처럼 수입차 몇 대를 살 수 있는 돈이었다.

이야기 03 -기세등등

주식투자와 인센티브로 돈을 번 주인공은 세상에 부러울 것이 없었다고 한다. 주인공이 회사를 그만둘 시점인 2000년대 후반에는 회사가 성장해 회사에서 지급한 차지만 고급승용차를 타고 다녔기 때문에 외제 차도 부럽지 않았다. 주인공의 구술에 의하면 세상 모든 사람이 소위 "알로 보였다."고 한다. '알로보다.'는 아래로 보다, 깔보다, 무시하다의 뜻을 갖고 있다. 얼마나 자존감이 올라갔는지 알게 하는 말이다. 심지어 운전하다 다른 차가 끼어들어도 한심하다는 말투로 "끼어들어라, 너네 그리고 살아야지 뭐, 열심히 살아야 집도 사고 그러면서 살 거 아냐"라며 빈정거렸다고 한다. 그는 그때 당시 자신의 모습을 '기세등등'으로 표현했다.

이야기 04 -과도한 욕심이 부른 위험한 투자

상승하는 자신감과 더불어 욕심, 조급함 또한 커갔다. 주식투자에서 백전백승이었던 주인공은 한 방에 끝내야겠다는 생각을 했다. 업무를 보면서 동시에 주식시장을 확인해야 했기 때문에 힘들었다고 한다. 주인공은 투자를 한 방에 끝내기 위해 선물옵션에 손을 대기 시작했다. 행운이 따랐는지 처음에는 2억 원 이상의 높은 수익을 올렸다. 이처럼 주식투자에 자신이 있던 주인공이었지만 선물옵션은 달랐다. 주가 등락 폭이 너무 크고 빠르게 변하는 상황을 예측하기는커녕 쫓아가기도 힘들었던 것이다. 주인공은 선물옵션에 손을 댄 것이 결정적인 실수라고 언급했다. 특히, 주인공은 선물옵션에 손을 대면서 투자가 아닌 도박에 들어갔다고 회상했다.

이야기 05 -꿈에도 나오는 주식
차트와 둔감해지는 현실감각

선물옵션에 한창 빠져있을 당시 주인공은 꿈에서도 베팅을 했다. 밤마다 주식 차트가 꿈에 나왔고 자신이 투자한 회사 주식들만 환하게 빛이 났다고 한다. 이만큼 주식투자에 깊이 빠져있었다. 반면 선물옵션에 손을 대면 댈수록 돈에 대한 감각은 둔해졌다고 한다. 주인공은 큰돈을 잃어도 크게 낙심하지 않았다. 왜냐하면 잃어도 또 한방이 있다고 믿었기 때문이다. 일종의 내성이다. 그러면서 점점 더 많은 돈을 잃어갔다.

이야기 06 -드러난 바닥

점점 많은 돈을 잃다 보니 모든 가족이 주인공의 주식투자 문제를 알아버렸다. 이때부터 가족갈등이 시작됐는데 특히, 모친이 배신감을 많이 느꼈다고 표현했다고 한다. 가족이 알아버린 상황에도 주인공은 주식투자를 멈추지 않았다. 더 이상 투자할 돈도 빌릴 수 없는 지경에 가서야 주식투자를 포기할 수 있었다. 주인공은 주식투자 손실로 인해 가지고 있던 적금도 깨고 심지어는 가지고 있던 집까지 팔아야 했다. 5억짜리 집에서 2억짜리 집으로 다시 월세 집으로 이사를 해야 했다. 당시 주인공은 극심한 스트레스로 인해 잠자리에서 숨을 쉬기 힘들 정도로 힘들었다고 한다. 결국, 주인공은 죄책감, 좌절감 등의 부정적 감정에 휩싸이다 자살까지 고려했으나, 시도 직전 포기하고 대안을 찾아 나섰다.

이야기 07 -경청하지만 공감하지 못함

주인공은 회복을 위해 상담을 받았다. 도박문제 상담기관에서 상담을 받았지만 별 도움이 되지 않았다고 한다. 왜냐하면, 상담사가 도박은 알았지만, 주식에 대해 알지 못했기 때문이다. 그래도 상담사는 열심히 들어주었다고 한다. 그럼에도 불구하고 주식 관련 용어를 잘 이해하지 못하는 상담사를 보며 공감하지 못하고 있음을 느낀 것이다. 그래서 주인공은 상담사를 신뢰하지 못했다. 상담기관에서 도움을 받지 못한 그는 결국 아내의 도움으로 단도박 모임에 찾아갔다. 단도박 모임에서는 다양한 도박문제를 겪은 협심자들과 이야기를 나누면서 많은 도움을 받았다고 한다.

이야기 08 -새로운 습관 형성

주인공은 2014년부터 4년 넘게 단도박 모임에 나가고 있다. 그는 단도박 교본을 읽고 동료 단도박자들과 이야기를 나누면서 자신의 지난날을 반성하게 됐다고 한다. 그럼에도 불구하고 힘든 일이 생길 때면 '내가 왜 이렇게 살고 있나, 나름대로 많이 가지고 있었는데' 하는 생각이 문득 든다고 한다.

그럼에도 불구하고 주인공이 다시 주식투자를 하지 않는 이유는 우선 돈이 없다는 것이다. 투자를 위해서는 최소 5천만 원은 있어야 하는데, 돈이 없고 그 정도 규모가 아니면 해봐야 답이 없다고 한다. 그래서 주인공은 애초에 하고 싶은 생각이 들지 않도록 새로운 금융거래 습관을 만들었다. 새로운 습관은 금전 통제 방법을 생각하면서 형성할 수 있었다. 가령 모든 금전거래 상황을 아내가 휴대전화로 확인할 수 있게 한다던가, 모든 카드 한도를 축소한다던가 해서 투자 기회를 차단해 버렸다. 연구주인공은 앞으로 주식투자를 하게 만드는 모든 변수를 통제해서 경제적으로 회복하고 가족들의 행복을 위해 살고 싶다고 한다.

3) 내러티브 주인공 3의 주식투자 경험

내러티브 주인공 3은 30대 남성으로, 2009년경 경제공부와 재테크를 위해 주식투자를 시작했다. 스스로 정보를 찾으면서 투자를 했다. 주식투자로 인해 1억 원가량 손실을 보았다. 주인공은 주식투자를 하면서 카지노, 경마 등 다양한 도박을 했다. 현재는 모든 도박을 끊고 중독문제 상담기관에서 상담을 받고 있다.

이야기 01 -돈에 대한 열망

주인공은 2009년경 주식광고를 통해 주식에 대해 알았으며, 경제 공부도 하고 재테크도 할 겸 주식을 시작했다. 주식투자를 해서 돈을 벌고 싶었던 것이다. 당시 학원에서 학생들을 가르치고 있던 주인공은 적은 월급은 아니지만, 더 큰돈을 벌길 바랐다. 돈을 벌어서 가족들에게 주고 집도 사고, 차도 사고 싶은 마음에 주식투자를 했다. 2009년까지만 해도 이른바 '리먼 브라더스 사태'로 시장이 위축된 상태였다. 그럼에도 불구하고 초심자인 주인공은 자신이 있었다. 주위 사람들이 주식을 하다가 반토막이 났다든지 망했다든지 이런저런 말을 많이 했지만, 자신은 할 수 있다고 믿었다. 지금 와서 생각해보면 일종의 망상이었다고 한다.

이야기 02 -주식의 마력

주인공이 주식투자를 한 이유는 단순히 돈 때문만은 아니었다. 처음에는 돈을 벌기 위해 주식투자를 했지만, 시간이 갈수록 돈을 땄을 때 느끼는 쾌감 그것을 추구했다고 한다. 그것은 마치 누군가와 싸워서 이긴 것과 비슷했다. 주식시장과 싸워서 이기는 것이다. 자신의 실력으로 분석을 해서 투자를 하고 주가가 오르면 기분이 좋았다고 한다. 마치 하늘을 날 것 같은 기분이었다고 구술했다. 주식으로 돈을 벌 때면 마치 세상을 다 얻은 것 같았고, 앞으로도 더 잘 될 것 같은 기대감이 커졌다는 것이다. 그도 그럴 것이 주인공은 주식투자 3개월 만에 파생상품에 손을 댔다. ELW(Equity Linked Warrant)라는 파생상품을 했는데, 100만 원어치 주식을 사면 하루 만에 800만 원이 되기도 하고 300만 원이 2,000만 원이 되는 경험을 했다. 수익이 700%, 1,000%를 넘나든다. 이 엄청난 변동성에 매료됐던 것이다. 이러한 변동성 때문에 주인공은 주식 차트에서 호가 창이 올라가는 것을 보면 엄청난 흥분이 찾아온다고 구술했다.

이야기 03 -과도한 몰입

주인공은 주식에 매료되어 점점 깊이 빠져들었다. 큰 변동성에 승부를 건 그는 미수, 신용을 활용해 주식투자를 했다. 쉽게 말해 외상으로 투자를 한 것이다. 과도한 욕심을 부린 것이다. 이때부터 그는 점점 더 큰돈을 주식에 쏟아부었다. 결국, 주인공은 1억을 날렸다. 그래도 주인공은 주식을 멈출 수 없었다. 중독된 것이다. 이것은 마치 자신의 몸이, 뇌가 쾌감을 기억해 그 행위를 함으로써 돈과 기쁨을 동시에 추구하는 것과 같았다. 주인공의 구술에 의하면 "자꾸 생각나고 또 하게 되고, 안 한다고 결심을 했는데 또 하게 됐다"라고 한다.

이야기 04 -늘어나는 거짓말과 무너진 신뢰

주인공은 주식투자 6개월이 지난 시점부터 주식을 하기 위해 돈을 빌렸다. 이때부터 머릿속에는 온통 주식에 투자할 생각밖에는 없었다고 한다. 그래서 주인공은 가족과 친구들에게 사업을 한다고 돈을 빌렸으며, 월급이 나와도 집에 가져가지 않고 주식에 투자했다. 상황이 이렇다 보니 학원 수업도 소홀히 할 수밖에 없었다. 일하는 중간중간 주식시장 돌아가는 상황만 예의주시하고 있었다. 주식 차트만 뚫어지게 보고 있었다. 유능한 강사로 인정받던 그였지만 주식투자에 과도하게 몰입하면서 평판도 점점 안 좋아졌다. 엎친 데 덮친 격으로 학생도 줄어들었다. 결국, 다른 학원으로 이직을 해야만 했다.

이야기 05 -소강기

6개월간 주식에 정신이 팔려있던 주인공은 평판이 떨어져 이직을 해야 했다. 그리고 이직한 새 학원에 적응하기 위해 주식투자를 잠시 접었다. 주식투자를 접고 학원 수업에 몰두했다. 시간이 얼마 지나지 않아 주인공은 새 학원에서 다시 인정받기 시작했으며, 학생 수가 늘어나자 급여도 나날이 올라갔다. 많이 벌 때는 월 800만 원 이상을 벌었다. 1년간 열심히 일을 했으며 경제적으로 회복하고 마음에 여유도 생겼다.

이야기 06 -악순환의 고리

마음의 여유가 생긴 것이 문제였는지, 주인공은 다시 주식을 했다. 경제적 여유가 있고 시간적 여유로 인한 무료함을 달래기 위해 다시 주식에 손을 댄 것이다. 그러면서 다시 강의 능력이 떨어지고 평판이 떨어져 새로 옮긴 학원을 떠나야 했다. 물론 돈도 잃었다. 이후에도 이 같은 일은 반복됐다. 이직한 학원에 집중하고 다시 주식에 집중하고를 반복하면서 주인공은 여러 번 학원을 옮겨 다녀야 했다.

이야기 07 -고기 맛을 본 맹수처럼

주인공은 1년 정도 주식에 몰입한 후 지속적인 쾌감을 느끼기 위해 카지노, 경마, 인터넷 도박 등 다른 도박에 손을 대기 시작했다. 주말에는 주식시장이 문을 닫기 때문이다. 주인공은 주식이나 도박이나 다 성향이 비슷하다고 보았다. 불확실한 상황에서 무엇인가 베팅을 하고 운이 좋으면 돈도 따고 큰 쾌감을 얻는 것이 비슷하다는 것이다. 이러한 비슷한 점 때문에 주인공은 다른 도박에 더 쉽게 빠져들었다. 주식 장이 열리지 않는 주말이면 카지노, 경마장에 다니고 그것도 아니면 인터넷에 접속해 다른 도박거리를 찾았다.

사실 주인공은 주식을 하기 전에는 도박에 대해 전혀 몰랐다. 화투패의 숫자도 볼 줄 몰랐고 심지어는 포커 룰도 알지 못했다. 그러던 주인공이 변한 것이다. 주인공은 주식이란 걸 시작하면서 도박중독자로 변했다고 회한 섞인 말투로 말했다. 그리고 그는 자신의 상황을 고기 맛을 본 맹수로 표현했다. 사자가 처음에 고기 맛을 보지 않았다면, 고기를 갈망하지 않았을 텐데 한번 고기 맛을 본 사자는 계속해서 고기를 찾게 된다는 것이다.

이야기 08 -자의 반 타의 반으로 안 함

주식과 도박으로 주인공은 많은 돈을 잃었다. 주식으로 1억 원가량을 손해 봤고 다른 도박으로 4천만 원가량 손해를 봤다. 상황이 이렇다 보니 가족들과의 갈등이 시작됐으며, 주인공 역시 도박을 이길 수 없으며, 계속하면 자신의 삶이 피폐해진다는 것을 깨달았다. 이후 주인공은 도박을 끊기 위해 상담사를 찾아갔으며 상담사의 도움으로 병원에 입원했다. 퇴원 후 주인공은 모든 금전 관리를 아내에게 맡겼으며 더 이상 주식에 손을 대진 않았다. 하지만 그 욕망이 완전히 사라진 것은 아니었다. 주인공의 구술에 의하면 그는 주식을 안 하는 것이 아니라 여건이 안 돼서 못하는 것이었다. 파생상품에 투자를 하려면 증거금(담보)이 1,500만 원 정도는 있어야 하는데, 그 정도 돈이 없어서 못 한다는 것이다. 그리고 일반 주식은 회전율이 떨어져 의미가 없다는 것이다.

이야기 09[2]-다른 곳에서 즐거움을 찾음

현재 주인공은 주식을 포함한 모든 도박의 유혹에서 벗어나기 위해 다양한 노력을 하고 있다. 그 방법의 하나는 다른 곳에서 즐거움을 찾는 것이다. 주인공은 혼자 있는 무료한 시간에 도박의 유혹을 자주 느꼈다. 그래서 무료한 시간을 만들지 않기 위해 음악, 운동 등 다양한 취미 활동을 하고 있다. 끝으로 주인공은 열심히 노력해서 빚도 갚고 가족들에게 경제적 지원을 충분히 해주고 싶다는 희망을 밝혔다.

2. 내러티브 주인공들의 주식투자 경험 재구성

1) 돈에 대한 열망

내러티브 주인공들은 모두 돈에 대한 열망을 갖고 있었다. 돈에 대한 열망은 주식투자를 하는 하나의 동기로 작용했다. 주인공 1은 쉽게 더 많은 돈을 벌려고 했으며, 주인공 2는 부자들을 동경했고, 주인공 3은 경제적으로 여유로운 삶을 원했다. 우리는 자본주의 사회에 살기 때문에 누구나 돈에 대한 열망을 가질 수 있다. 그리고 열심히 일하면 누구나 돈을 벌 수 있다. 하지만 주인공들의 열망은 일해서 돈을 버는 것 이상이었다. 주인공들은 쉽게 더 많이 벌기 위해 주식투자를 했다. 쉽게 돈을 딸 수 있다는 희망을 품게 한다는 측면에서 주식의 도박적 특성을 읽을 수 있다.

> "장사가 잘 되는 날에는 직장인의 한 달 월급을 하루에 벌 때도 있었습니다. 가게 앞이 버스정류장이었는데, 매일 파김치가 되어 만원 버스로 퇴근하는 직장인들을 보면서 '아니 저 사람들은 왜 저렇게 미련하게 살까?'라고 비웃으며 더 쉽게 더 많은 돈을 벌려고 했습니다. 젊은 나이에 제 인생의 모든 판단 기준은 돈이었습니다(주인공 1의 소감문)."

> "인제 월급쟁이로 생활을 하고 있는데, 저만 인제 회사 차를 타고 왔다 갔다 영업을 하고 있고, 주차장(무역센터)에 보면 대부분 수입차가 많아요. 국내 차는 세단 뭐, 비싼 차들? 그런 차 타고 다니는 사람들 보면 부럽고 선망이 그러다 보니 굉장히 좋아 보였어요(주인공 2)."

> "처음에는 돈을 벌려고 했어요. 돈 벌어서 집도 사고, 차도 사고 성공해서 가족들한테 돈도 주고, 저도 여유롭게 살고 노후에 편안하게 살고(주인공 3)"

2) 주식정보 입수

내러티브 주인공들은 친구, 학교 선후배, 광고 등 여러 경로를 통해 주식에 대한 정보를 입수하고 배웠다. 주인공 1의 경우 친구와 학교 후배를 통해 주식을 배웠으며, 주인공 2는 학교 선배에게서 배운 주식과 거래처 직원들로부터 얻은 정보를 가지고 주식에 투자했다. 주인공 3은 주식광고와 소문을 통해 주식을 접했다. 인간은 혼자서 살 수 없기 때문에 사회적 관계와 같은 주변 환경은 인간의 행동에 영향을 미칠 수밖에 없다. 주식투자 역시 마찬가지다. 돈에 대한 열망과 더불어 주변에서 제공하는 주식정보는 주식투자를 하게 만드는 원인이자 동기로 작용한다고 해석할 수 있다. 어쩌면 돈에 대한 열망만 있고 주식에 대한 정보를 입수하지 않았다면 주인공들은 다른 투자처를 찾았을지도 모르겠다.

> "금융권에 근무하는 후배가 있었는데, ○○증권에 근무하는 친구가 있었고 뭐 자연스럽게 이렇게 제가 자영 사업을 할 때 좀 굉장히 여유가 있었으니깐 알게 됐죠(주인공 1)."

> "인센티브를, 제가 받는 부분의 일정 부분만 이제 대학 다닐 때 인제 선배한테 배웠던 주식을 …어… 그거를 회사에서 접목이 되더라구요(주인공 2)."

> "주위에서 광고도 하고 그냥 주위 사람들이 주식을 하다가 반토막이 났다든지 그 당시 리먼 브라더스 사태가 일어났기 때문에 뭐 반토막이 났다느니 뭐 어쩌고 저쩌고 뭐 그런 소리를 듣다가 나는 잘 할 수 있다! 라는 생각이 들어 시작하게 됐죠(주인공 3)."

3) 변동성의 유혹: high risk high return

내러티브 주인공들은 큰 수익 변동성에 매료되어 주식에 깊이 빠져들었다. 투자 대비 큰 수익을 올릴 수 있다는 점에 주목한 것이다. 특히, 주식은 베팅 규모가 다르다. 쉽게 말해 일반 도박보다 더 큰 판돈이 오고 가는 것이다. 베팅 규모나 판돈이 커지면 손실 위험성은 더 커질 수밖에 없다. 단기간에 높은 수익을 올릴 수 있는 만큼 손실 위험성 또한 매우 크다. 그렇기 때문에 투자자는 불확실한 미래에 모험을 걸어야만 한다. 아무리 정확한 정보를 가지고 투자를 한다고 해도 너무나 많은 변수가 작용하는 것이 주식이기 때문이다. 불확실한 미래 사건에 내기를 거는 것 자체가 도박이다. 주식은 베팅 금액이 일반 도박보다 훨씬 많기 때문에 어쩌면 일반 도박보다 더 위험한 속성을 갖고 있는지도 모른다. 주식 전문가들이 이구동성으로 말하는 'high risk high return'이 바로 주식의 도박성을 보여준다고 해석할 수 있다.

> "주식은 인터넷 고스톱과는 비교가 되지 않죠. 그 한판을 치더라도 또 한 5분이고 뭐 이렇게 걸리고 그래서 그 거기서는 하루에 잃어봐야 천만 원이에요. 그리고 따 봐도 2~3백. 근데 주식은 1억만 투자했어도 이익이죠. 1억만 투자해도 뭐 아침에 9시부터 오후 3시까지니깐 6시간의 뭐 2~3천 정도는 쉽게 잃게 따죠(주인공 1)."

> "선물옵션으로 갈아타면…하루에도 칠팔천을 막! 당길 때는 확~ 땡기니까. 이거 두 달에 어떻게 삼천을 기다려. 그리고 또 내 돈 2억 넣고. 이거는 뭐, 오천 집어넣고 칠천도, 하루 만에 뺄 수 있는데 제대로 맞으면. 두 번, 물타기 몇 번만 해가지고 그냥 뺄 수도 있는데. 그러니 이 매력에 빠질 수밖에 없는 거예요(주인공 2)."

> "ELW란 파생상품을 하게 됐는데, ○○전자를 100만 원어치를 샀는데 ○○전자 ELW를 하루 만에 800만 원이 되기도 하고. 그런 걸 경험하면서 이게 엄청난 변동성에 매력을 느꼈고, 그 이후에도 이제 뭐 300만 원이 2,000만 원이 되기도 하고 그 다음에 또 300만 원이 2,400이 되기도 하고 뭐 그런 경험을 하면서 더 빠지게 됐어요(주인공 3)."

4) 돈의 가치 상실

주인공들은 주식을 하면서 돈의 가치를 상실해 갔다. 주인공 1은 처음부터 억 단위의 많은 돈을 주식에 투자했기 때문에, 그보다 적은 금액은 시시하게 생각했다. 그리고 주인공 2, 3은 돈을 잃어도 한방에 복구할 수 있다는 생각에 잃어버린 돈에 대한 미련을 크게 갖지 않았다. 투자에 대한 내성이 생긴 것이다. 투자에 대한 내성은 자신의 경제적 여건이 어떻든 상관없이 지속적인 투자를 가능하게 만든다. 미래에 대한 희망이 아직 남아있기 때문이다. 그래서 사람들은 시시하지 않게 점점 더 많은 돈을 주식에 투자한다.

> "처음부터 억 단위로 했었기 때문에 그러니깐 그러면 잃은 돈도 벌써 몇억인데, 아 뭐 5백만 원, 천만 원 있다고 해봐야 뭐 그 돈을 딸 수도 없고 또 시시한 거죠(주인공 1)."

> "선물업체에 손대기 시작하면 시작하는 거죠. 그리고 그게 반복이 됐어요. 그 반복이라는 거는 똑같죠. 어, 이렇게 넣다가 어? 에이~ 그래 뭐, 어차피 또 한방 있으니까(주인공 2)"

> "경제관념이 많이 손상된 거 같아요. 건강한 경제관념을 놓치게 된 거 같아요… 금방 잃고 따고를 반복하니까 돈을 잃어도 크게 생각 안 하는 거죠(주인공 3)."

5) 차트에 갇힌 영혼

주인공들은 주식투자에 몰입하면서, 온정신을 주식시장에 집중했다. 주인공 2와 3의 구술에서 주인공들이 얼마나 주식투자에 빠져 있었는지를 짐작할 수 있다. 주인공 2의 경우 주식 차트가 꿈에 나올 정도로 주식에 몰입했으며, 주인공 3의 경우 일이 손에 안 잡힐 정도로 주식에 몰두했다. 일종의 중독 증상이자 금단 증상이다.

> "꿈에도 나와요. 인제 등하락 표시가…빨간 거, 파란 거가 쫘~아악 나옵니다. 주요 상장주가 나오는데, 제가 주로 사는 건설이나 중공업주들만 이렇게 막 빛이 나요. 판에서 그 주들만 빛이 촤악 나와요. 그러면 '아, 이제 할 때가 됐구나' 이렇게 되는 거죠 (주인공 2)."

> "수업 중간에 이제 장이 열리기 시작하니까 중간에 내려와서 이제 컴퓨터 검색해보기도 하고. 미국시장에서 주식시장에서 다우하고 나스닥 이런 게 오르냐, 내리냐 밤에 이제 확인하고 있죠. 그러니까 생각이 완전히 딴 데에 가 있는 거죠. 그러면 이제 수업에 집중이 안 되죠(주인공 3)."

6) 남아있는 불씨(하고 싶어도 못함)

내러티브 주인공들은 더 이상 주식투자를 하지 않지만, 아직 불씨는 남아있었다. 모든 주인공은 안 하는 것이 아니라 못하는 것이 정확한 표현이라 구술했다. 주인공 1은 1억 정도의 큰돈이 뒷받침될 수 있다면 주식을 다시 할지도 모른다고 했고, 주인공 2는 5천만 원 정도의 돈이 생기면 다시 주식투자를 할 것 같다고 했으며, 주인공 3은 1,500만 원 정도의 돈이 생기면 다시 할 수 있다고 언급했다. 금액은 각자 달랐지만, 어느 정도 자신이 생각하는 정도의 돈이 생기면 주식에 다시 손을 댈 수 있다는 것은 같았다. 여기서 중요한 것은 돈의 액수가 아니라 주식투자의 중독성이다. 주인공들 스스로가 다시 투자를 감행할 가능성 있다는 것을 인정한 것이다. 투자가 나쁜 것은 아니지만 그 위험성 역시 존재하기 때문에 주인공들은 그것을 염려하는 것이다. 주식중독의 재발 가능성을 염려하는 것이다. 그래서 모든 주인공은 주식투자의 기회를 미리 차단하기 위해 금전 관리를 아내에게 맡기고 용돈을 받고 있었다.

> "이제 안 했다기보다는 못한다는 거죠. 내가 만약에 계속 그러면 그런 큰돈(억 단위)이 계속 뒷받침될 수 있었다면 저는, pc 게임이 아니라 계속 주식을 했을지도 모르죠. 몇백, 몇천, 적은 돈으로 하는 도박은 어쩌면 주식에 비해 시시하죠(주인공 1)."

> "정확하게 표현하면요, 돈이 없어요. 돈만 생기면 할 것 같아요. 나 스스로를 못 믿겠더라고요. 지금도 마찬가지. 현재진행형인데요. 저는 돈이 한 5,000이 안되면 시작을 안 해요. 해봐야 답이 없으니까. 5,000 정도는 모여야 시작을 해야 해요. 근데 돈이 이제 없고 그것도 할 수도 있었는데 날 못 믿겠으니까 내 은행(계좌)에 돈이 들어오면 집사람이 알 수 있게 해놨어요. 그리고 신용에 변동이 생기면 알림 문자가 가는 게 있어요. 그런 장치를 걸었어요(주인공 2)."

> "파생상품은 안 해요. 파생상품을 할 여건이 안 돼서 못하는 거예요. 그거는 증거금이 필요하거든요. 1500만 원 정도의 증거금이 필요해요. 그 정도 돈이 있으면 어쩌면 할 수도 있겠죠(주인공 3)."

문제성 주식투자 경험의 본질을 탐구하기 위해 내러티브 주인공들의 경험을 종합해 보면, 주인공들은 돈에 대해 열망을 하고 있었으며 주식정보를 입수하면서 주식투자를 통해 이 열망을 실현하고자 했다. 주식투자 과정에서 주인공들은 '변동성'이 주는 매력에 빠져들었다. 이 변동성 때문에 과도하게 몰입하기 시작한 것이다. 과도한 몰입으로 인해 그들은 돈의 가치를 상실했으며, 주식 차트가 꿈에 나올 정도로 온 정신을 주식시장에 집중했다. 차트에 영혼을 빼앗겨 버린 것 같았다. 주식으로 큰 손해를 본 후 주인공들은 단도박 모임이나 상담센터에 나가면서 회복의 길로 나아갔다. 그럼에도 불구하고 재발의 불씨는 여전히 남아있었으며, 주인공들 역시 이를 인지하고 있었다. 재발 가능성을 낮추기 위해 주인공들은 금전 관리에서 손을 떼고 용돈을 받아 생활하고 있다.

주인공들의 이 경험을 통합해 볼 때 주인공들의 내러티브는 결국

"돈에 대한 열망과 주식정보로 '주식도박'에 중독된 후 벗어났지만, 단도박을 장담할 수 없음"으로 귀결되고 있었다. 이를 그림으로 표현하면 다음과 같다.

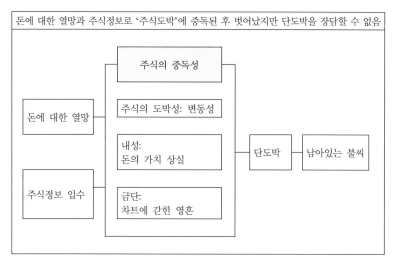

<그림 1> 문제성 주식투자 경험 재구성

V. 논의 및 결론

이 연구의 목적은 주식투자의 도박성과 중독성을 탐구하는 데 있다. 주식에 관한 기존 연구들은 주식의 경제적 효과나 법적인 문제에 집중하고 있어 주식에 대한 과도한 투자나 중독성과 같은 부정적 측면을 제대로 다루지 못하고 있다.[46][47][48][49][50] 이 연구는 주식

---

46) 김순석, 2009, 131~173쪽.

에 대한 기존 연구들이 간과 했던 도박성과 중독성을 파악했다는 것에 의의와 차별성이 있다. 이 같은 연구결과를 바탕으로 실천 및 정책적 함의를 제시하면 다음과 같다.

첫째, '돈의 의미에 대한 성찰 기회 제공'에 관한 논의이다. 연구 결과 내러티브 주인공들은 모두 '돈에 대한 열망'을 가지고 있었다. 어쩌면 주식에 투자하는 많은 사람이 돈에 대해 열망을 하고 있을 것이다. 돈에 대한 열망이 나쁘다는 것은 아니다. 다만 돈 자체를 목적으로 보는 것이 아니라 수단으로 볼 것을 권하고자 한다. 자본 주의 사회에서 돈이 없으면 할 수 있는 것이 거의 없을 것이다. 그 래서 돈은 필수불가결한 가치를 지닌다. 그럼에도 불구하고 돈이 목적 그 자체가 돼서는 안 된다. 돈 이전에 돈을 통해 어떤 삶을 살고자 했는지를 깨닫는 것이 중요하다. 따라서 실천가들은 돈이 자신에게 왜 필요한지, 돈을 통해 궁극적으로 달성하고자 하는 것 이 무엇인지를 성찰하도록 상담과정에서 도와줄 필요가 있다. 어쩌 면 이 과정에서 가족이나 친구와의 사랑, 우정과 같은 돈보다 더 가치 있는 무엇인가를 발견하게 될지도 모른다.

둘째, '도박 중독 상담자에 대한 주식 및 경제 교육'에 관한 논의 이다. 연구결과 내러티브 주인공 2의 경험에서 과도한 주식투자에 대한 상담이 쉽지 않다는 것을 확인할 수 있었다. 주인공은 주식문 제로 인해 상담을 받았지만, 실질적인 도움을 받지 못했다고 구술 했다. 왜냐하면, 상담사가 공감할 수 없었기 때문이다. 그렇다고 상

---

47) 김희철, 2015, 347~368쪽.

48) 김현석·서정원, 2018, 27~67쪽.

49) Butler, A. W., Grullon, G., and Weston, J. P., 2005, p. 331~348.

50) Jacoby, G. and Zheng, S. X., 2010, p. 81~88.

담자가 주식을 해보라는 말은 아니다. 적어도 주식의 도박성, 중독성에 대해 인지하고 있어야 한다는 것을 말하고 있다. 따라서 중독 상담 현장에 있는 실천가들은 주식의 도박성에 대해 이해하고 관련 정보를 습득할 필요가 있다. 왜냐하면, 일반 도박보다 훨씬 많은 사람이 주식에 투자하고 있기 때문이다. 정부에서는 인정하고 있지 않지만, 과도한 주식투자를 주식도박으로 받아들일 경우, 도움을 받아야 할 잠재적 내담자는 훨씬 더 많을 것으로 보인다. 따라서 상담 현장에 있는 실천가 역시 이러한 현실을 고려하여 관련 정보를 습득하고 주식문제로 찾아온 내담자를 도와줄 필요가 있다.

셋째, '주식투자 절제 프로그램 개발 및 도입'에 관한 논의이다. 잘못된 주식투자로 인해 발생할 수 있는 개인의 문제를 예방하기 위해 정부에서도 과도한 주식투자의 위험성을 사전에 안내하도록 하고 있다. 그러나 그것은 주식투자 위험성을 경고하는 수준에 그친다. 물론 주식투자의 위험성을 지나치게 강조하다 보면 개인의 투자심리를 위축시킬 수 있다. 따라서 투자심리를 위축시키지 않는 범위 내에서 스스로 주식투자를 절제할 수 있게 하는 교육프로그램을 개발하고 보급할 필요가 있다. 특히, 예방 차원에서 주식투자를 아직 시작하지 않은 사람들까지 대상 범위를 확대하여 프로그램을 개발해야 한다.

넷째, '사행산업 개념에 대한 재논의'이다. 주식은 정부의 관리 규정상 도박에 포함되지 않는다. 사행산업 종류에 포함되지 않기 때문이다. 이러한 사회적 조건 때문에 사람들은 주식투자를 온전히 건전한 것으로 인식하는 경향이 있다. 어느 분야든, 어느 종목이든 과도한 투자는 항상 위험을 동반한다. 주식 역시 마찬가지다. 주식이 건전한 투자를 표방하지만, 연구결과에서도 확인할 수 있듯이 일정 부분 도박적 특성을 가진 것은 분명하다. 가령 파생상품 같은 경우 어쩌면 일반 도박보다 더 투자자를 위험 상황으로 이끈다. 따라서 파생상품과 같은 위험성을 가진 주식투자를 사행산업으로 규정하지 않더라도 그에 준하는 것으로 사회가 인식할 수 있도록 학계에서 논의를 시작할 필요가 있다.

끝으로 이 연구의 한계점을 밝히고 후속연구를 위한 제언을 하고자 한다. 우선 이 연구에서는 소수의 구체적인 경험에 집중하고자 했기 때문에 주식의 다양한 도박성을 보여주는 데 한계가 있다. 따라서 후속연구에서는 다양한 참여자들을 선정하여 주식의 다양한 도박적 특성을 보여줄 필요가 있다. 더불어 이 연구에서는 주식의 도박성을 다룬 초기 연구이기 때문에 주식의 어떤 면들이 도박과 유사한지에 주로 관심을 가졌다. 때문에, 소위 '주식중독'을 일으키는 다양한 요인들을 살펴보지 못했다. 이에 후속연구에서는 주식중독 예방과 치료를 위해 주식중독에 영향을 미치는 여러 요인을 발견할 필요가 있다.

참고문헌

강준혁, 「도박중독자의 회복과정과 실존체험」, 성균관대학교 대학원 박사학위 논문, 2015.

김교헌, 「병적 도박 선별을 위한 K-NODS의 신뢰도와 타당도」, 『한국심리학회지: 건강』, 8권 3호, 2003.

김기범·김민선·박재표, 「주식투자 격언에 대한 시장 반응 비교분석」, 『한국산학기술학회 논문지』, 16권 9호, 2015.

김병국, 「내러티브 탐구의 존재론적, 방법론적, 인식론적 입장과 탐구과정에 대한 이해」, 『교육인류학연구』, 15권 3호, 2012.

김순석, 「주식 제도의 개선: 종류주식을 중심으로」, 『상사법연구』, 28권 3호, 2009.

김진우, 「질적 연구의 자료수집 방법에 대한 이해」, 『한국 청소년 정책연구원』, 발표자료, 2012.

김필성, 「내러티브 탐구에 대한 비교 고찰」, 『내러티브와 교육연구』, 2권 3호, 2014.

김현석·서정원, 「무상증자, 액면분할, 주식배당: 주가와 거래량 효과」, 『한국증권학회지』, 47권 1호, 2018.

김희철, 「주식매수청구권 차익거래 예방을 위한 법적 기반 연구 - 미국 델라웨어주의 최근 법 개정 논의를 중심으로」, 『경희법학』, 50권 4호, 2015.

박영옥, 『주식투자자의 시선』, 프레너미, 2016.

백용호·차명준, 「도박심리를 이용한 주식투자 행태분석」, 『한국증권학회지』, 16권 1호, 1994.

염지숙, 「교육연구에서 내러티브 탐구(Narrative Inquiry)의 개념, 절차, 그리고 딜레마」, 『교육인류학연구』, 6권 1호, 2003.

염지숙, 「내러티브 탐구(Narrative Inquiry)를 통한 유아 세계 이해: 유치원에서 초등학교 1학년 전이 경험 연구를 중심으로」, 『교육인류학연구』, 2권 3호, 1999.

염지숙·Jennifer, M. K., Yi, L., 「내러티브 탐구를 통한 교수 경험에 대한 성찰」, 『한국 교원 교육 연구』, 24권 2호, 2007.

유기웅·정종원·김영석·김한별, 『질적 연구방법의 이해』, 박영사, 2012.

윤재수, 『대한민국 주식투자 100년사』, 길벗, 2015.

이규성, 『개미가 주식시장에서 손해 볼 수밖에 없는 이유』, 문예출판사, 2011.

이순묵 · 김종남, 「도박 중독문제의 본질에 충실한 평가/진단 및 비율 산정」, 『한국심리학회지: 건강』, 14권 1호, 2009.

장경천 · 김현석, 『증권투자론』, 삼영사, 2009.

장진모, 『주식의 역사』, 한국경제신문, 2004.

조준배, 「경제적 스트레스 요인이 부부갈등 대처방법에 미치는 영향에 관한 연구 - 자아존중감과 자기 생활만족도 그리고 우울의 매개 효과를 중심으로」, 『한국 가족 복지학』, 27, 2009.

최희진, 「중등체육 예비교사의 교육실습 체험에 관한 내러티브 탐구」, 『한국 스포츠교육학회지』, 16권 1호, 2009.

홍현미라 · 권지성 · 장혜경 · 이민영 · 우아영, 『사회복지 질적 연구방법론의 실제』, 학지사, 2011.

American Psychiatric Association, *Diagnostic and Statistical Manual of Mental Disorders-5th edition(DSM-5)*, Washington DC: Author, 2013.

Bruner, J., *Acts of meaning*, Cambridge, MA: Harvard University Press, 1990.

Butler, A. W., Grullon, G., and Weston, J. P., "Stock market liquidity and the cost of issuing equity", *Journal of Financial and Quantitative Analysis*, Vol. 40, No. 2, 2005.

Clandinin, D. J. & Connelly, F. M., 소경희 · 강현석 · 조덕주 · 박민정 옮김, 『내러티브 탐구: 교육에서의 질적 연구 경험과 사례』, 교육과학사, 2007.

Clandinin, D. J., 염지숙 · 강현석 · 박세원 · 조덕주 · 조인숙 옮김, 『내러티브 탐구의 이해와 실천』, 교육과학사, 2015.

Clandinnin, D. J. & Connelly, F. M., *Shaping a professional identity: stories of educational practice*, Albany, New York: Columbia University, 1990.

Conger, R. D., Ge, X., Elder, G. H., Lorenz, F. O., and Simons, R. L, "Economic stress, coercive family process, and developmental problems of adolescents", *Child Development*, Vol. 65, No. 2, 1994.

Connelly, F. M. & Clandinnin, D. J., "Stories of Experience and narrative Inquiry", *Educational Researcher*, Vol. 19, No. 5, 1990.

Cresswell, J. W, 조흥식 · 정선욱 · 김진숙 · 권지성 옮김, 『질적 연구방법론:

다섯 가지 접근』, 학지사, 2010.

Custer, R. and Milt, H., *When Luck Runs Out : Help for Compulsive Gamblers and Their Families*, New York: Facts on File, 1985.

Dickerson, M. G., Baron, E., Hong, S. M., & Cotrell, D., "Estimating the extent and degree of gambling related problems in the Australian population: A national survey", *Journal of Gambling Study*, Vol. 12, No. 2, 1996.

Griffiths, M. D., "The role of subjective mood states in the maintenance of fruit machine gambling behaviour", *Journal of Gambling Studies*, Vol. 11, No. 2, 1995.

Jacoby, G. and Zheng, S. X., "Ownership dispersion and market liquidity", International Review of Financial Analysis, Vol. 19, 2010.

Martin, H. P. & Schumann, H., 강수돌 옮김, 『세계화의 덫: 민주주의와 삶의 질에 대한 공격』, 영림카디널, 2003.

McGurrin, M. C., *Pathological Gambling : Conceptual, Diagnostic, and Treatment Issues*, Sarasota, Florida: Professional Resource Press, 1992.

Miller, L. M. & Carpenter, C. L., "Altruistic leadership strategies in coaching: A case study of Jim Tressel of the Ohio State University", *A Journal for Physical and Sport Educators*, Vol. 22, No. 4, 2009.

Problem Gambling Institute of Ontario, *Problem Gambling: The Issues, the Options*, Canada: Centre for Addiction and Mental Health, 1990.

Sifakis C., *The Encyclopedia of Gambling*, New York: Facts on File, 1990.

「금융통계정보시스템」, http://fisis.fss.or.kr/fss/fsiview/indexw.html, 2018. 03. 20. (검색일: 2018. 06. 19.)

<뉴스1>, 「정부청사에서 투신한 김 씨 아들 "아버지 주식투자로 돈 잃은 데다 우울증도 심해져"」, http://news1.kr/articles/?851332, 2012. 10. 14.(검색일: 2018. 6. 19.)

<부산일보>, 「60대 남성, 주식투자 큰 손실 후 목매 숨져」, http://news20.busan.com/controller/newsController.jsp?newsId=2018011 8000111, 2018. 01. 18.(검색일: 2018. 6. 19.)

임금노동자의 일중독에 관한 고찰[*]

이소영(서강대학교 생명문화연구소 전임연구원)

윤수인(강남대학교 사회복지전문대학원 박사과정)

이홍직(강남대학교 사회복지학과 교수)

I. 서론

우리나라 임금노동자의 연간 근로시간은 2016년 기준 2,052시간으로 OECD 국가 중 2위를 차지할 정도로 장시간 노동에 노출되어 있다.[1] OECD 평균인 1,707시간에 비하면 345시간을 더 일하는 셈이다. 이에 고용노동부는 장시간 노동을 개선함으로써 '국민의 휴식 있는 삶'과 '일-생활 균형'을 실현하기 위하여 휴일근로 포함 1주 최대 52시간 근무를 명시한 근로기준법 개정을 공포하고 2018. 7. 1. 단계적 시행에 들어갔다.

'일-생활 균형', 혹은 '워크-라이프 밸런스(Work and Life Balance)'

---

* 이 글은 생명연구 제51집(2019년 2월)에 실렸던 글을 수정·보완하여 수록하였다.

1) 「개정 근로기준법 설명자료_노동시간 단축」,
http://www.moel.go.kr/policy/policydata/view.do?bbs_seq=20180500487, 2018. 5. 18. (검색일: 2018. 11. 26.) 참조

는 OECD에서 GDP를 비롯한 경제적·객관적 지표들로 국민의 삶을 측정하는 대신 개인적이고 주관적인 지표들을 적극적으로 반영하여 통합적인 삶의 질을 나타내는 중요한 지표이다. OECD는 주거, 소득, 직업, 커뮤니티, 교육, 환경, 시민참여, 건강, 삶의 만족, 안전, 워크-라이프 밸런스의 11개 부문을 통합적인 웰빙(well-being)을 측정하는 척도로 제시하고 있는데, 이 중 워크-라이프 밸런스는 근로시간과 여가시간 및 개인적 시간 배분으로써 주로 측정된다. 근로시간이 길어지면 개인의 신체적·정신적 건강을 손상시킬 뿐 아니라 가족관계 및 개인의 사생활 영역에도 부정적인 영향을 미치지만, 여가 시간과 개인 생활에 충분한 시간을 할애할 수 있다면 개인의 전반적인 웰빙에 도움이 된다는 것이다. OECD에 따르면 50시간 이상 장시간 노동을 하는 한국인의 비율은 OECD 평균인 13%보다 훨씬 많은 20.8%에 달해 전체 38개 회원국 중 4번째로 높은 비율을 보인다.[2]

1971년 Oates가 일중독을 "끊임없이 일하고자 하는 강박성이나 통제가 불가능한 욕구로 건강, 대인관계, 행복감과 일상생활을 영위하는데 심각한 장애를 주는 것"이라고 정의한 이후 일중독에 관한 다양한 정의와 논의가 이루어져 왔다.[3] 일중독의 측면 중 빈번하게 발견되는 것은 가족·사회적 관계나 여타 활동을 위한 시간을 포기하고 일에 많은 시간을 소비하는 성향이다. 장시간 노동은 일-생활 불균형 및 건강과 불가피하게 연결되고 전반적인 삶의 질을 저하시킨다.

---

2) 「Better Life Index」, http://www.oecdbetterlifeindex.org/topics/work-life-balance/ (검색일: 2018. 11. 25.)

3) Oates, 1971; 윤자영, 「일중독 측정과 결정요인」, 『1~17차 연도 노동패널 학술대회논문집』, 한국노동연구원, 2015, 3~4쪽에서 재인용.

일중독은 일에 대한 과도한 몰입과 그로 인한 생활의 다른 영역의 경시라는 부정적인 측면에서 논의되는 경우가 많으며, 일중독이 신체적, 정신적 건강과 가족관계, 직무만족도 및 삶의 만족도에 부정적인 영향을 미친다는 실증연구도 다수 존재한다. 구체적으로 살펴보면 일중독은 직무만족도와 가족 만족도, 삶에 대한 만족도를 저하시키고, 신체적·정신 심리학적 건강에도 부정적인 영향을 미친다는 것이다.[4]

한편 일에 대한 헌신과 성과를 긍정적으로 보고 일중독의 순기능적 측면을 강조한 논의도 존재한다. Spence와 Robbins(1992)의 '일 향유(enjoyment of work)' 개념과 Scott et al.(1997)이 주장한 '성취 지향적 일중독' 개념이 대표적이다. 일을 통해 만족과 즐거움을 느끼고, 일을 통한 성취는 삶에 대한 만족도와 신체적·심리적 건강에 긍정적인 영향을 미친다는 것이다.

이런 시각은 20세기 후반 성공과 성과 위주 사회로의 패러다임 전환이 일어나면서 자신의 능력과 성과를 통해서 주체로서의 존재감을 확인하고 성공하려는 욕망을 가진 '성과 주체'의 탄생과 관련된다.[5] 이러한 성과 주체들은 일에 대한 몰입을 통해서 성취감을 얻고 만족과 즐거움을 느끼며 이러한 성향이 일중독을 부추긴다는 것이다.

일중독의 긍정적 측면과 부정적 측면에 대한 논의와 실증적 연구들은 현재까지도 지속되고 있지만, 본 연구에서는 일중독과 그것에

---

4) 양희완·김진강, 「호텔종사원이 지각하는 일중독이 이직 의도에 미치는 영향에 관한 연구: 일-생활 균형의 조절 효과」, 『Tourism Research』, 43권 3호, 한국관광산업학회, 2018, 115~139쪽; 엄세원·이재림, 「한국 근로자의 일중독: 일중독 척도 타당화 및 고용불안정성과 가족 만족도와의 관계」, 『한국가정관리학회지』, 36권 1호, 한국가정관리학회, 2018, 17쪽; 윤자영, 2015 참조.
5) 한병철, 『피로 사회』, 문학과 지성사, 2012, 23~29쪽 참조.

수반되는 장시간 노동 및 다른 생활 영역에 대한 경시가 개인의 전반적인 삶의 균형과 웰빙을 위협한다는 점에 주목하고자 한다. 21세기는 경쟁과 업적, 성취를 강조한 성과주의 사회에서 피로를 느낀 개인들이 과잉성과와 과잉활동 대신 여가와 개인적 행복의 중요성을 생각하는 웰빙 사회로 전환하고 있는 시점이기 때문이다.

본 연구의 목적은 일중독에 영향을 미치는 요인을 검증해봄으로써 일중독을 완화시킬 수 있는 방법들을 모색하는 것이다. 일을 통한 성공과 성취라는 단편적인 만족이 아닌 가족 및 사회적 대인관계들에 대한 재고를 통해 타인과 더불어 사는 삶을 회복하고, 일과 여가 및 개인적 생활이 조화된 삶을 통해 전반적인 삶의 만족도를 향상시켜 행복한 삶을 살아가는 것이 외형적 성공으로 얻을 수 있는 행복의 한계가 드러난 현시점의 화두이기 때문이다.

Ⅱ. 문헌고찰

1. 일중독

일중독은 우리나라보다 서구에서 일찍부터 논의가 이루어져 왔으며, 주요 학자들의 개념 정의를 <표 1>에 간략하게 정리하였다. 1970년대 초 Oates는 "일을 하고 싶은 것을 통제하기 힘들고 계속 탐닉하는 상태"로 정의하였다. 일중독(workaholic)에 '강박'이나 욕구의 '통제'라는 개념이 최초로 등장하게 된 것이다.

학자	정의
Oates (1971)	알코올 중독과 흡사하며 끊임없이 일하고자 하는 강박성이나 통제가 불가능한 욕구로 건강, 대인관계, 행복감과 일상생활을 영위하는데 심각한 장애를 주는 것
Spence & Robbins (1992)	일 몰입, 일 강박, 일 향유의 세차원에서 일중독 정의, 일 몰입은 일하는 시간이 길고 여가와 개인 생활을 포기하고 일에만 몰두하는 것, 일 강박은 일에 대한 집착이나 강박, 통제할 수 없는 욕구를 느끼는 것, 일 향유는 일에서 만족과 즐거움을 느끼는 것으로 분류
Scott et al. (1997)	일하기 위해 다른 활동들을 포기하고 일에 많은 시간을 소비하는 것, 일하지 않을 때도 지속해서 일에 관하여 생각하는 것, 필요를 초과하여 일하는 특성으로 정의, 강박적, 완벽주의적, 성취 지향적 일중독으로 유형화
Porter (1996)	직업이나 조직의 요구보다는 내적인 동기에 의해 일에 과도하게 몰입함으로써 다른 삶의 영역이 경시되는 것
Robinson & Kelly (1998)	자신의 작업 습관 통제 불능, 모든 생활을 포기하고 일에 지나치게 몰입하는 것
Aziz et al. (2013)	다른 삶의 영역에 대한 무관심과 부정적 결과를 야기하는 심각한 일 강박을 보이는 중독으로 정의, 일 강박과 일-생활 불균형(work-life imbalance)을 주요 개념 축으로 강조
한광현 (2006)	개인의 조직과 경제적 요구를 넘어서 끊임없이 작업하고자 하는 일에 대한 과도한 몰입
김주경·김영곤 (2017)	과도한 업무 수행을 즐길 뿐 아니라 일 외의 다른 활동은 신경 쓰지 않는 경향

Spence와 Robbins(1992)는 일중독을 인간관계의 손실이나 일에 대한 집착 등의 병리적인 개념뿐 아니라 일 강박(inner drive to work)과 함께 일 즐거움(enjoyment of work), 일 몰입(work involvement)이라는 영역도 함께 제시하였다.7) 구체적으로, 일 중

---

6) 이다솔·남태우·권기현, 「일중독이 조직몰입과 직무 만족에 미치는 영향」, 『사회과학연구』, 34권 1호, 경성대학교 사회과학연구소, 2018, 140~142쪽; 서은혜·정연우·박성민, 「일중독 프로 필별 영향요인 검증: 개인, 사회환경, 제도의 다각적 연구」, 『한국경영학회 통합학술발표논문집』, 2018, 1231~1253쪽 참조; 윤자영, 2015에서 재구성.

7) J. T. Spence, & A. S. Robbins, "Workaholism definition, measurement and preliminary results", *Journal of Personality Assessment*, Vol. 58, No. 1, 1992, pp. 160-178 참조.

독자에 관해 강박적 특성이 높고 일을 즐기지 않는 노동자를 '환멸을 느낀 노동자'(disenchanted workers), 일에 대한 강박이 적고 일을 즐기는 노동자는 '일 열정자'(work enthusiasts), 일을 즐기는 노동자를 '열정 있는 일 중독자'(enthusiastic workaholics)로 분류하였고, 일을 즐기지 않고 강박 증상을 높게 보이는 노동자만을 '진정한 일 중독자'(real workaholics)라고 정의하였다. 이러한 강박적 증상의 일 중독자는 완벽주의 성향으로 스트레스, 심리적 소진이나 건강상 문제를 일으킬 소지가 크다는 특징을 보인다.[8]

일중독을 일상생활의 영역에서 바라본 Griffiths(2006)는 행동으로의 중독과 건강한 열정 중독과의 차이로부터 일상생활이 정상적인지, 정상적 생활을 방해하는지에 따라 일중독을 분류하였다.[9]

일중독의 심각성을 주장한 최삼욱(2014)은 열정적으로 일하는 사람과 일 중독자는 구별되어야 하고, 일중독에 대한 긍정적인 견해는 일중독의 개념에 혼란을 야기한다고 제시하였다.[10] 이는 열정을 가진 일중독은 다른 중독보다는 덜 심각한 것으로 잘못된 인식을 하게 만든다는 것이다.

일중독을 개념적으로 분석한 Aziz et al.(2013)의 연구에서는 일중독을 삶에 대한 무관심과 부정적 결과를 야기하는 심각한 일 강박을 보이는 중독(addiction)으로 정의하였다.[11] 일에 대한 내적 일

---

8) 김주경・김영곤, 「공공 조직구성원의 일중독과 조직 갈등의 관계에 대한 조직냉소주의의 매개효과 분석」, 『행정논총』, 55권 1호, 서울대학교 한국행정연구소, 2017, 261∼290쪽; 한광현, 「일중독이 개인과 조직에 미치는 영향」, 『인사관리연구』, 30권 1호, 한국인사관리학회, 2006; G. Porter, "Organizational impact of workaholism: Suggesting for researching the negative outcomes of excessive work", *Journal of Occupational Health Psychology*, Vol. 1, No. 1, 1996, pp. 70-84 참조.

9) M. D. Griffiths, "A 'components' model of addiction within a biopsychosocial framework", *Journal of Substance Use 10*, 2005, pp. 191-197.

10) 최삼욱, 『행위중독』, 서울 NUN 출판그룹, 2014.

11) S. Aziz, B. Uhrich, K. L. Wuensch, & B. Swords, "The workaholism analysis questionnaire:

강박(work drive)과 일과 삶의 불균형(work-life imbalance) 측면에서 분류하였으며 이를 통해 일중독을 좀 더 넓은 차원에서 접근한 것이다. 또한, 서은혜·정연우(2018)는 일중독의 선행요인을 실증분석, 개인의 일중독에 대한 조직 및 '국가 차원의 해결'이 필요함을 제시하였다. 일중독의 유형이 어떠한 맥락에 따라 발생하는지에 대해 규명하고 일중독 현상에 대한 이해와 함께 개인, 환경, 사회, 제도적 맥락의 관련성을 언급한 것이다.[12]

이러한 다양한 분류와 정의가 있음에도 불구하고 Schaufeli et al.(2008)은 일중독에 대한 개념이 명확하게 정립되지 않아 혼란을 야기한다고 주장한다.[13] 이러한 시점에서 일중독에 대한 정의를 단편적으로 내리는 것은 쉬운 일이 아니라 할 수 있겠다.

2. 선행연구: 일중독에 영향을 미치는 요인

선행연구 검토 결과, 일중독에 영향을 미치는 요인은 크게 인구사회학적 요인, 직장요인, 중독요인, 만족 요인 등의 영향요인으로 정리될 수 있다.

인구 사회학적 요인을 살펴보면, 일중독의 비중이 높은 집단은 남성일수록, 엄격한 성별 분업관념이 있을수록, 40대일수록, 별거·이혼·사별한 사람일수록 일중독의 비율이 높고 학력 수준이나 결

---

emphasizing work-life imbalance and addiction in the measurement of workaholism", *Journal of Behavioral & Applied Management*, Vol. 14, No. 2, 2013, pp. 71-86 참조.

12) 서은혜·정연우·박성민, 2018 참조.

13) W. B. Schaufeli, T. W. Taris, & W. Van Rhenen, "Workaholism, burnout, and work engagement: Three of a kind or three different kinds of employee well-being?", *Applied Psychology: An International Review*, Vol. 57, No. 2, 2008, pp. 173~203.

혼 지위는 통계적으로 유의미하지 않았으며 가족관계 만족이 낮은 경우 일중독 수준이 높아진 것으로 보고되었다.[14) 가족과 일, 성별 역할갈등 관련 연구로 일중독은 남성이 여성보다 훨씬 많으며 일중독에 있어 남성성이 고려되지 않았다는 의미로 성(gender)은 한국 사회의 일중독에 비중 있는 변수가 된다는 의견을 제시한다.[15)

직장요인에 관한 연구로는 주당 근로시간이 60시간 이상일수록, 시간당 임금이 높을수록, 고용이 안정적이지 못할 경우, 조직에서 업무성과를 정책적으로 요구하는 분위기나 조직이 구조 조정 등의 상황에 처할 경우, 강박적인 일중독에 영향을 미치는 것으로 보고되었다. 강박적 조직문화에서 일중독 성향이 강한 것으로, 정규 근로시간보다 업무량이 많다고 생각하는 사람은 그렇지 않은 집단에 비해 일중독 비중이 높은 것으로 나타났다. 또한, 서비스업과 사무직, 연구, 개발직 등이 타 직종보다 일중독 성향이 높았으며, 고용이 불안정한 경우 고용에 대한 불안이 스트레스를 일으키고 지나치게 일에 몰입하게 될 수 있으므로 일중독을 쉽게 일으킬 수 있다고 보고되었다.[16)

중독에 관한 연구로, 중독과 강박에 관해 연구했던 Oates(1971)는 일중독이 알코올 중독과 성격이 매우 유사하며 끊임없이 일하려는 충동과 일에 지나치게 집착하는 것이 건강, 대인관계 등 일상생

---

14) 윤자영, 「일중독 측정과 실태」, 『산업노동연구』, 24권 1호, 한국산업노동학회, 2018, 229~260쪽; 엄세원 「한국 근로자의 일중독: 고용불안정성과 가족관계 만족도와의 관계」, 서울대학교 석사학위 논문, 2017 참조.

15) 유승호, 「일중독과 남성성에 대한 고찰」, 『인문과학연구』, 40권, 강원대학교 인문과학연구소, 2014, 661~681쪽 참조.

16) 김왕배, 「노동중독」, 『한국사회학』, 41권 2호, 한국사회학회, 2007, 90~117쪽; 곽선화·김왕의, 「일중독이 직무성과에 미치는 영향: 사회적 지원과 통제 위치의 조절 효과를 중심으로」, 『인적자원관리연구』, 20권 4호, 한국 인적자원관리학회, 2013, 201~225쪽; 윤자영, 2018; 한광현, 2011 참조.

활을 해나가기에 장애를 갖게 한다고 보았다. 일중독을 일과 생활 사이의 균형을 상실하거나 강박적으로 일에 매달리는 현상으로 인식한 것이다.[17]

건강과 일중독의 관계에 주목하였던 이동명(2011)은 일의 중독 요인 중 신체적, 정신적 건강에 개인의 자율적 판단 개념을 도입하여 분석하고자 하였다.[18] 일중독의 문제는 선택되는 것이 아닌 강제될 수 있지만, 노동자가 본인의 판단과 의지로 일을 선택할 경우, 윤리적 기준을 충족하게 된다는 측면에서 일중독의 선행변수로 직업몰입(occupation commitment)을 도입하였다. 직업몰입이 일중독을 매개로 건강에 어떤 영향을 미치는가를 보고한 것이다. 또한 강수돌(2007)은 일중독 요인에 관해 '노동중독'이라는 표현을 사용, 중독의 유형에 관한 기존 연구에 덧붙여 노동에 중독되어 업무에 혹사당하고 과로사하는 동료를 보고 장례식을 치른 후 태연하게 업무로 복귀하는 노동자의 단상을 제시한다.[19]

만족 요인과 관련된 선행연구를 살펴볼 때, 일중독에 영향을 미치는 요인으로 고용과 불안정한 상황, 조직에 관한 일체감 정도는 일중독에 상당한 영향을 미치는 것으로 분석되었고 특별히 조직몰입은 일체감을 표현하는 기준으로써 조직 몰입도가 낮거나 직무 열정이 낮은 집단, 일이 즐겁지 않은 집단은 일 중독자 비중이 높다고 제시하고 있다.[20]

---

17) 김주경·김영곤, 2017 참조.

18) 이동명, 「직업몰입과 건강의 관계에서 일중독의 매개 효과」, 『조직과 인사관리연구』, 35권 2호, 한국인사관리학회, 2011, 25~53쪽 참조.

19) 강수돌, 「일중독의 관점에서 본 고임금 노동자」, 『월간 말』, 2007, 월간 말 주식회사, 134~135쪽 참조.

20) 윤자영, 2018 참조.

황진수(2018)는 일중독이 삶의 만족을 구성하는 요소로서의 직무 만족과 가정 만족에 미치는 영향력을 분석하며 '사회적 지원'의 효과성을 언급하였다.[21] 일중독은 직장과 가정에 부정적 영향을 미쳐 삶의 만족을 저하시키는 중요한 요인이지만, 일중독으로 인한 부정적 결과를 완화시키는 데 조직 내외적인 인간관계를 통해 제공되는 정서적 지원, 도구적 지원 등의 사회적 지원의 역할이 인정된다는 것이다.

Shimazu와 Schaufeli(2009)[22]의 일중독, 직무성과, 생활 만족, 건강과의 관계를 살펴본 연구에서 나타나듯이 일중독과 직무성과, 생활 만족은 부적인(-) 관계를 보인다는 주장[23]은 비교적 폭넓게 지지 되고 있다.

Ⅲ. 연구방법

1. 연구 모형

본 연구는 이론적 고찰과 선행연구를 바탕으로 임금노동자의 일중독에 영향을 미치는 요인을 인구 사회학적 요인, 직장요인, 중독 요인, 만족 요인을 중심으로 고찰하였다.

---

21) 황진수,「일중독의 삶의 만족에 대한 영향력과 사회적 지원의 조절 효과 검증」,『산업경제연구』, 31권 5호, 2018, 1577~1597쪽 참조.

22) A. Shimazu, & W. B. Schaufeli, "Is workaholism good or bad for employee well-being? The distinctiveness of workaholism and work engagement among Japanese employees", *Industrial Health*, Vol. 47, No. 5, 2009, pp. 495~502 참조.

23) 곽선화·김왕의, 2013 참조.

2. 연구대상

본 연구는 한국노동연구원에서 제공하는 한국노동패널 17차 연도(2014년) 본 조사와 일중독 측정 항목이 포함된 '시간 사용과 삶의 질' 부가조사를 원자료로 사용하였다. 한국노동패널조사는 올바른 노동정책의 수립과 실행을 위해 신뢰할 수 있는 통계데이터를 제공하기 위해 1998년부터 1년에 1회씩 조사를 실시하는 국내 유일의 노동 관련 가구 패널조사이다. 노동패널조사 자료는 가구용 자료와 만 15세 이상의 가구원을 대상으로 한 개인용 자료로 구분되는데, 개인용 자료는 개인의 경제활동 상태, 소득 활동 및 소비, 교육 및 직업 훈련, 고용상의 특성, 근로시간, 직무 만족 및 생활 만족, 구직활동, 노동시간 등의 다양한 내용을 담고 있다. 개인용 자료는 취업자와 미취업자로 구분되며, 취업자는 다시 임금노동자와 비임금 노동자로 구분된다.[24] 본 연구에서는 임금노동자 중 일중독 문항 및 연구에서 사용한 독립변수 문항에 모두 응답한 4,144명을 선정하여 분석대상으로 활용하였다.

3. 변수의 구성 및 측정방법

1) 종속변수: 일중독

한국노동패널에서 일중독은 Aziz et al.(2013)이 「일중독 분석 설

---

24) 한국노동연구원, 『한국노동패널 1~19차 연도 조사자료 User's Guide 2017』, 한국노동연구원, 2017, 1~4쪽 참조.

문: 일중독 측정에서 일-생활 불균형과 중독 측면을 강조하여(The Workaholism Analysis Questionnaire: Emphasizing Work-Life Imbalance and Addiction in the Measurement of Workaholism)」에서 제시한 일중독 측정 문항 29문항을 사용하여 측정되었다.

본 연구에서는 '매우 그렇지 않다', '그렇지 않다', '보통이다', '그렇다', '매우 그렇다'라는 5점 척도로 측정된 29개 문항의 평균을 구하여 일중독 수준을 나타내는 척도로 사용하였다. 일중독을 측정한 29개 문항은 <표 2>, 측정 도구는 <표 3>과 같이 구성하였다.

<표 2> 일중독 측정 문항

	항목
1	업무와 관련한 스트레스를 아주 많이 받는다.
2	업무를 안 하고 있을 때는 죄책감을 느낀다.
3	업무를 안 하고 있을 때는 조바심이 난다.
4	업무를 안 하면 지루하고 안절부절못한 느낌이 든다.
5	업무에 대한 생각이 가득 차서 집에서도 편하게 쉬지 못한다.
6	일 때문에 항상 너무 피곤해서 일 이외에 다른 활동을 하기 어렵다.
7	항상 일에 관한 생각을 한다.
8	나는 주당 60시간 이상이라도 장시간 근무하는 것을 선호한다.
9	내 업무는 나 스스로 통제하고 싶다.
10	나는 다른 사람의 업무를 관리, 감독하고 싶다.
11	나는 저녁이나 주말에 근무하는 것을 즐기는 편이다.
12	일 때문에 잠을 못 자는 불면증이 자주 있다.
13	나 자신이 일에 중독된 느낌이다.
14	업무에 대한 생각 때문에 다른 활동을 해도 재미가 없다.
15	나는 나 자신이 매우 공격적인 사람이라고 생각한다.
16	종종 다른 사람에게 짜증을 낸다.
17	사람들은 내가 조급하고 언제나 서두르는 경향이 있다고 생각한다.
18	나는 때때로 업무목표나 성과에 집착한다.
19	일이 끝나기 전에 일이 잘 되었는지 자주 확인한다.
20	다른 사람에게 내가 한 일을 점검해달라고 종종 요청한다.

21	나는 내 일에 대하여 자주 초조하고 불안해진다.
22	일이 완벽해야 하기 때문에 끝내는 데 시간이 오래 걸린다.
23	나는 가족이나 친구 간의 관계에서 갈등이 많다.
24	일 때문에 개인적인 생활이 종종 방해를 받는 것 같다.
25	직장 일 때문에 개인적으로 해야 할 일을 미루는 경우가 자주 있다.
26	직장 일 때문에 중요한 개인적인 일을 할 수 없는 경우가 자주 있다.
27	나 스스로 휴가 일정을 짜는 것이 어렵다.
28	친구 관계를 유지하는 것이 힘들다.
29	부부관계나 친밀한 이성 관계를 유지하는 것이 어렵다.

<표 3> 척도의 구성

구분	요인	변수	측정
종속 변수		일중독	1=매우 그렇지 않다, 2=그렇지 않다, 3=보통이다, 4=그렇다, 5=매우 그렇다. 의 5점 척도 로 측정된 29문항의 평균
독립 변수	인구 사회학적 요인	성별	0=여성, 1=남성
		학력	0=전문대졸 이하, 1=대졸 이상
		연령	연속(만 나이)
		혼인상태	0=미혼, 별거·이혼·사별, 1=기혼
		주관적 건강상태	1=건강이 아주 안 좋다, 2=건강하지 않 은 편이다, 3=보통이다, 4=건강한 편이 다, 5=아주 건강하다.
	직장요인	고용 안정성	0=있다, 1=없다
		월평균 임금	연속
		주당 정규 근로시간	연속
		주당 정규 근로일 수	연속
		초과근로 여부	0=없다, 1=있다
		성과급제 여부	0=없다, 1=있다
	중독요인	흡연 여부	0=아니오, 1=예
		음주빈도	0=월 2~3회 이하, 1=주 1~2회 이상
	만족요인	직무만족도	1=전혀 그렇지 않다, 2=그렇지 않은 편 이다, 3=보통이다, 4=그런 편이다, 5=매우 그렇다.
		조직몰입	
		생활 만족	1=매우 불만족스럽다, 2=불만족스럽다, 3=보통이다, 4=만족스럽다, 5=매우 만 족스럽다.

2) 독립변수

인구 사회학적 요인으로는 성별, 학력, 연령, 혼인상태, 주관적 건강상태를, 직장요인으로는 고용 안정성, 월평균 임금, 주당 정규 근로시간, 주당 정규 근로일 수, 초과근로 여부, 성과급제 여부를, 중독요인으로는 흡연 여부와 음주빈도를, 만족 요인으로는 직무만 족도, 조직몰입도, 생활만족도를 변수로 선정하여 이 요인들이 종 속변수인 일중독 수준에 미치는 영향을 검증하였다.

(1) 인구 사회학적 요인

인구 사회학적 요인으로는 성별, 학력, 연령, 혼인상태, 주관적 건강상태를 변수로 채택하였다. 성별은 여자는 0, 남자는 1로 하는 더미 변수를 사용했고, 학력도 전문대졸 이하를 0으로, 대졸 이상 을 1로 더미 변수화하였다. 연령은 만 나이를 측정한 원자료의 연 속변수를 그대로 사용하였고, 혼인 여부는 미혼 및 별거·이혼·사 별을 0으로, 기혼을 1로 원자료를 이원화하여 사용하였다. 주관적 건강상태는 건강이 '아주 안 좋다'를 1로, '아주 건강하다'를 5로 한 5단위 척도로 수집된 자료를 변수로 사용하였다.

(2) 직장요인

직장요인으로는 직장의 근무환경을 어느 정도 객관적으로 측정 할 수 있는 고용 안정성, 월평균 임금, 주당 정규 근로시간, 주당 정규 근로 일수, 초과근로 여부, 성과급제 여부를 변수로 채택하 였다. 고용 안정성은 고용 안정성이 있는 경우를 0으로, 없는 경우를 1로 하여 측정하였다. 월평균 임금은 임금노동자의 월평균 임금액을 연속변수로 사용하였고, 주당 정규 근로시간과 주당 정규 근로일 수도 연속변수로 측정한 자료를 사용하였다. 초과근로 여부는 '없다'를 0으로, '있다'를 1로 더미 변수화하였으며, 성과급제 여부는 성과급제가 '없다'를 0으로, '있다'를 1로 이원화하여 사용하였다.

(3) 중독요인

일중독과 여타 중독과의 관계를 탐색해보고자 흡연 여부와 음주빈도를 변수로 채택하였다. 한국노동패널에서 조사한 흡연과 음주에 대한 자료는 중독에 대한 것은 아니었지만 담배와 술이라는 중독성 물질에 대한 의존과 일중독과의 인과관계를 살펴보기 위함이다. 흡연 여부는 '담배를 피워본 적이 없다'와 '과거에는 피웠으나 현재에는 피우지 않는다'를 0으로, '담배를 피운다'를 1로 더미 변수화하여 변수로 사용하였다. 음주빈도는 원자료의 월 1회 이하와 월 2~3회를 0으로, 주 1~2회, 주 3~4회, '거의 매일'을 1로 이원화하여 활용하였다.

(4) 만족 요인

임금노동자의 주관적인 만족도가 일중독에 미치는 영향력을 검증해보고자 직무만족도, 조직몰입도, 생활만족도를 변수로 채택하였다. 직무만족도는 한국노동패널이 Brayfield & Rothe(1951)의 척도에서 5개 문항을 선별하여 측정한 5개의 항목으로 구성된 '전반적 직무만족도'의 평균을 사용하였다. 5개 항목은 '나는 현재 직장에서 하는 일에 만족하고 있다.', '나는 현재 직장에서 하는 일을 열정적으로 하고 있다', '나는 현재 직장에서 하는 일을 즐겁게 하고 있다', '나는 현재 직장에서 하는 일을 보람을 느끼면서 한다', '별다른 일이 없는 한 현재 하는 일을 계속하고 싶다'로 구성된다. 조직에 대한 몰입도를 측정하기 위해 Porter et al.(1974)의 OCQ(Organizational Commitment Questionnaires)에 기초하여 한국노동패널에서 선별하여 사용한 5개 문항의 평균을 변수로 활용하였다. 조직 몰입도를 측정한 문항은 '지금 근무하고 있는 직장은 다닐만한 좋은 직장이다', '나는 이 직장에 들어온 것을 기쁘게 생각한다', '직장을 찾고 있는 친구가 있으면 나는 이 직장을 추천하고 싶다', '나는 내가 다니고 있는 직장을 다른 사람들에게 자랑할 수 있다', '별다른 일이 없는 한 이 직장을 계속 다니고 싶다'라는 5개 항목이다. 생활만족도는 노동패널에서 측정한 가족의 수입, 여가생활, 주거환경, 가족관계, 친인척 관계, 사회적 친분 등 6대 항목에 대한 만족도를 매우 불만족을 1로, 매우 만족을 5로 하여 5점 척도로 측정한 변수를 활용하였다.

4. 분석방법

본 연구에서는 다음과 같은 분석방법을 활용하였다. 첫째, 빈도분석(frequency analysis)을 시행하여 빈도, 백분율, 평균 등의 기술통계치를 통해 연구 대상자의 일반적 특성을 파악하였다. 둘째, 상관관계 분석(correlation analysis)을 통해 변수 간의 상관관계와 다중공선성을 검증하였다. 마지막으로 일중독 수준에 관한 독립변수들의 영향력을 검증하기 위해 다중회귀분석(multiple regression analysis)을 실행하였고, 변수 간의 다중공선성 문제는 분산팽창계수(VIF, variance inflation factor)를 검토하였다.

IV. 연구결과

1. 연구 대상자의 일반적 특성

빈도분석을 통해 연구 대상자의 일반적 특성을 분석한 결과는 <표 4>와 같다. 분석에 활용한 임금노동자는 총 4,144명인데 여성이 1,712명(41.3%), 남성이 2,432명(58.7%)으로 남성의 비율이 높은 편이다. 학력은 전문대졸 이하가 2,690명(64.9%), 대졸 이상이 1,454명(35.1%)이었다. 평균 연령은 만 나이로 43.4세였으며, 평균 연령으로 볼 때 40대의 비율이 높음을 알 수 있다. 혼인상태는 기혼 2,985명(72.0%), 미혼 및 이혼, 사별, 별거는 1,159명(28.0%)으로 기혼의 비율이 크게 높았다. 더불어, 주관적 건강상태는 '건강이 아주 안 좋다'를 1로, '아주 건강하다'를 5로 측정한 응답에서 3.64의 평균을 나타내어 '건강한 편'이라고 대답한 응답자가 더 많았다.

<표 4> 연구 대상자의 일반적 특성 빈도분석

요인	변수	범주	빈도(명)	퍼센트	M±SD
인구 사회 학적 요인	성별	여성	1,712	41.3	
		남성	2,432	58.7	
	학력	전문대졸 이하	2,690	64.9	
		대학 이상	1,454	35.1	
	연령	만 나이			43.4±11.66
	혼인상태	미혼, 이혼, 사별, 별거	1,159	28.0	
		기혼	2,985	72.0	
	주관적 건강상태				3.64±.59
직무 요인	고용 안정성	있다	3,485	84.1	
		없다	659	15.9	
	월평균 임금				244.65±152.84
	주당 정규 근로시간	40시간 이하		65.9	43.45±10.85
		40시간 초과~50시간 이하		20.0	
		50시간 초과~60시간 이하		8.9	
		60시간 초과		5.2	
	주당 정규 근로 일수				5.17±.68
	성과급제 여부	없다	3,302	80.6	
		있다	804	19.4	
	초과근로 여부	없다	2,915	70.3	
		있다	1,229	29.7	
중독 요인	흡연 여부	아니오	2,939	70.9	
		예	1,205	29.1	
	음주빈도	소	1,560	54.5	
		다	1,302	45.5	
만족 요인	직무 만족				3.52±.57
	조직몰입				3.36±.59
	생활 만족				3.42±.45
	일중독				2.30±.46

직장요인에서 고용 안정성에 관한 질문에 대해 '고용이 안정적이다'라고 답한 경우는 3,485명(84.1%), '고용이 안정적이지 못하다'

라고 답한 경우는 659명(15.9%)이어서 '고용 안정성이 높다'라고 응답한 비율이 높게 나타났다. 임금노동자의 월평균 임금은 244.65만 원, 주당 정규 근로시간은 평균 43.45시간으로, 주당 정규 근로일 수는 평균 5.17일로 나타났다. 주당 정규 근로시간이 '40시간 이하'인 사람은 65.9%로 나타났고, '40시간 초과-50시간 이하'인 사람은 20.0%였다. '50시간을 초과'하는 사람은 13.9%였고, 이 중 '60시간을 초과'하여 일하는 사람의 비율도 5.2%에 이르렀다. 초과근로의 경우 초과근로를 하지 않는 경우가 2,915명(70.3%), 초과근로를 하는 경우가 1,229명(29.7%)으로 나타났다. 성과급제 여부에 관해서는 '성과급제가 없다'라고 답한 사람은 3,302명(79.7%), '성과급이 있다'라고 답한 경우는 804명(19.4%)이었다.

중독요인으로 흡연 여부와 음주빈도를 살펴보았다. '담배를 피우지 않거나 피우다가 금연하였다'라고 대답을 한 사람은 2,939명(70.9%), '담배를 피운다'라고 대답한 사람은 1,205명(29.1%)이었다. 음주빈도를 살펴볼 때, '월 1회 이하에서 월 2~3회 이하로 음주한다'라고 대답한 사람은 1,560명(54.5%), '주 1~2회 이상부터 거의 매일 음주한다'라고 대답한 사람은 1,302명(45.5%)으로 나타나서 '주 1~2회 이상 음주한다'라는 응답이 상당히 높은 것으로 나타났다.

만족 요인에서는 직무만족도는 '매우 불만족'을 1로, '매우 만족'을 5로 측정했을 때 평균 3.52로 나타났고. 조직 몰입도는 조직에 대한 만족감과 몰입도가 매우 낮은 경우를 1로, 매우 높은 경우를 5로 측정했을 때 평균 3.36으로 나타났다. 생활 만족은 가족의 수입, 여가생활, 주거환경, 가족관계, 친인척 관계, 사회적 친분 등 6

대 항목에 대한 만족도를 '매우 불만족'을 1로, '매우 만족'을 5로 하여 측정한 평균이 3.42로 나타났다.

일중독 29개 항목에 대한 응답은 '매우 그렇지 않다'를 1로, '매우 그렇다'를 5로 한 척도에서 평균 2.30으로 나타났고, Aziz et al.의 일중독 하위영역 분류[25] 중 '일-생활 불균형'에 해당하는 항목들이 평균보다 높은 점수를 보여주었다.

2. 일중독에 영향을 미치는 요인

임금노동자의 일중독에 영향을 미치는 요인을 분석하기에 앞서 변수 간의 상관관계와 다중공선성 문제를 확인하기 위해 상관관계 분석과 분산팽창계수(VIF) 검증을 실시한 결과 다중공선성의 문제는 낮은 것으로 나타났다. 다음으로는 다중회귀분석을 통해 본 연구의 주요 목적인 임금노동자의 인구 사회학적 요인, 직장요인, 중독요인, 만족 요인이 일중독에 미치는 영향을 검증하였다. 일중독 영향요인 분석결과는 <표 5>와 같다.

1) 모델 1: 인구 사회학적 요인

인구 사회학적 요인만을 분석한 모델 1에서는 성별, 학력, 연령, 혼인상태, 주관적 건강상태 등 모든 요인이 유의한 것으로 나타났다. 즉 남성일수록(p<.001), 학력이 높을수록(p<.01), 나이가 어릴수

---

25) 측정에 사용된 Aziz et al.의 연구에서는 요인 분석을 통해 총 29개의 문항을 일-생활 갈등, 완벽주의, 일중독, 불편함, 금단 증상의 5개 하위영역으로 분류하였다.

록(p<.001), 기혼일수록(p<.05) 일중독 수준이 높은 것으로 나타났다. 주관적 건강상태는 부적인(-) 영향을 미쳤는데, 건강하지 않다고 생각할수록 일중독 수준이 높은 것으로 나타났다(p<.001). 일중독이 건강에 부정적인 영향을 미친다는 결과를 입증한 연구들은 다수 존재한다. 본 연구에서는 건강이 안 좋다고 생각할수록 일중독 수준도 높은 역의 인과관계도 성립하는 것으로 나타났다. 본 연구에서 사용한 변수가 자신의 건강상태를 어떻게 생각하는지를 질문한 주관적 건강상태였던 만큼 일중독 수준이 높은 사람일수록 건강도 좋지 않다고 대답했을 경우가 많은 것으로 짐작해볼 수 있겠다. 상관관계 분석에서도 건강과 일중독의 관계는 부적인(-) 방향으로 유의한 것으로 나타났다.

<표 5> 일중독에 영향을 미치는 요인 회귀분석

	모델 1			모델 2			모델 3			모델 4			통합 모델		
	B	(SE)	Beta	B	(SE)	Beta	B	(SE)	Beta	B	(SE)	Beta	B	(SE)	Beta
인구사회학적요인															
성별	.074	.015	.079***										.013	.023	.013
학력	.053	.016	.056**										.079	.019	.084***
연령	-.003	.001	-.064***										-.002	.001	-.054*
혼인상태	.034	.017	.034*										.049	.020	.048*
주관적건강상태	-.089	.012	-.115***										-.033	.016	-.041*
직장요인															
고용안정성				.001	.020	.001							-.005	.026	-.004
월평균임금				.000	.000	.056**							.000	.000	.094***
주당정규근로시간				.006	.001	.152***							.005	.001	.107***

	모델 1			모델 2			모델 3			모델 4			통합 모델		
주당정규 근로 일 수				-.016	.012	-.023							-.016	.014	-.024
초과근로 여부				.101	.017	.101***							.103	.019	.108***
성과급제 여부				.053	.019	.046**							.059	.022	.054**
중독요인															
흡연여부							.061	.018	.068**				.013	.020	.014
음주빈도							.051	.018	.055**				.031	.018	.076+
만족요인															
직무만족										-.115	.018	-.141***	-.090	.021	-.113***
조직몰입										.035	.003	.045*	.021	.000	
생활만족										-.154	.017	-.153***	-.177	.021	-.177***
상수	2.465***	.058		2.024***	.056		2.260***	.012		2.188***	.079		2.044***	.138	
R-square	.022			.040			.010			.048			.103		

+p<.1 *p<.05 **p<.01 ***p<.001

2) 모델 2: 직장요인

직장요인을 분석한 모델 2에서는 월평균 임금, 주당 정규 근로시간, 초과근로 여부, 성과급제 여부가 일중독에 유의한 영향을 미치는 것으로 나타났다. 즉 월평균 임금이 많을수록(p<.01), 주당 정규 근로시간이 길수록(p<.001), 정규 근로시간 이외에 초과로 근로할수록(p<.001), 성과급 제도를 사용하는 직장에서 일할수록(p<.01) 일중독 수준이 높은 것으로 나타났다. 근로시간과 일중독의 인과관계와 함께 임금과 성과급이라는 보상적 요인의 유의한 영향력이 검증되었다.

3) 모델 3: 중독요인

일중독과 여타 물질중독과의 연관성을 탐색하기 위한 모델 3에서는 흡연 여부와 음주빈도가 모두 유의미한 것으로 나타났다. 흡연할수록(p<.01), 음주빈도가 높을수록(p<.01) 일중독 수준도 높은 것으로 나타났다. 즉 흡연이나 음주 같은 다른 중독적 물질에 대한 의존이 일중독에 영향을 미친다는 결과이다. 흡연과 음주빈도는 상관관계 분석에서도 양적으로(+) 유의한 것으로 나타나 중독 간의 유의한 상관성을 보여주었다.

4) 모델 4: 만족 요인

모델 4에서는 직장이나 자신의 일상생활에 대한 만족도가 일중독에 어떤 인과관계가 있는지 검증하였다. 직무에 대한 만족, 조직에 대한 몰입, 생활에 대한 만족, 모두 유의미한 영향을 나타내었다. 조직에 대한 몰입도가 높을수록 일중독 수준도 높은 것으로 나타났다(p<.05). 조직 몰입도는 조직에 대한 애착이나 자부심, 일체감 등을 나타내는 척도로 측정되었는데 이 같은 조직몰입이 높을수록 일중독 성향이 강해지는 것으로 나타났다. 그러나 직무 만족이나 생활 만족은 부적인(-) 영향을 미쳤다. 즉 직무에 만족하지 못할수록(p<.001), 생활에 만족하지 못할수록(p<.001) 일중독 수준이 높아지는 것으로 나타났다. 일에 대한 만족, 보람, 즐거움, 열정 등으로 측정된 직무만족도가 낮을수록 일중독 수준이 높다는 결과가 흥미롭다. 즉 직무만족도와 일중독의 방향이 반대 방향으로 나타남으

로써 일중독이 일에 대한 열정에서 비롯될 수도 있다는 주장과 달리, 일에 대해 즐거움과 만족을 느끼지 못할수록 일중독 성향에 빠지기 쉽다는 결과를 보여주는 것이다.

5) 통합 모델

마지막으로 인구 사회학적 요인, 직장요인, 중독요인, 만족 요인을 모두 종합하여 여타 변수의 영향력을 통제한 상태에서 개별 변수들이 일중독에 미치는 영향력을 살펴보았다. 통합 모델은 요인별 모델에 비해 높은 설명력을 보여주었으며(10.3%), 많은 변수에서 유의성을 나타내었다. 변수 간의 다중공선성은 모든 변수의 VIF가 1.067-2.360으로 나타남에 따라 문제가 없는 것으로 확인되었다.

통합 모델에서는 생활만족도, 직무만족도, 초과근로 여부, 주당 정규 근로시간, 월평균 임금, 학력, 성과급제 여부, 연령, 혼인상태, 주관적 건강상태 순으로 일중독에 유의한 영향을 미치는 것으로 나타났다.

인구 사회학적 요인에서는 학력이 높을수록(p<.001), 연령이 낮을수록(p<.05), 기혼일수록(p<.05), 건강하다고 생각하지 않을수록(p<.05) 일중독 수준이 높은 것으로 나타났다. 직장요인에서는 월평균 임금이 높을수록(p<.001), 주당 정규 근로시간이 길수록(p<.001), 초과근로를 할수록(p<.001), 성과급 제도가 있을수록(p<.01) 일중독 수준이 높은 것으로 나타남으로써 노동시간과 물질적 보상의 영향력을 입증하였다. 만족 요인에서는 직무에 만족하지 못할수록(p<.001), 생활만족도가 낮을수록(p<.001) 일중독 수준이

높은 것으로 나타났다. 이 중 생활만족도는 모든 변수 중 가장 높은 베타 값을 보여주었는데, 이는 생활에 만족하지 못할수록 일을 통해 대리만족, 혹은 보상을 얻고자 하는 경향이 발휘될 수 있음을 시사한다. 마지막으로 중독요인에서는 유의확률 $p<.1$의 수준에서 볼 때 음주빈도가 주 1~2회 이상에서 거의 매일까지 많을 때 일중독에 유의한 영향을 미치는 것으로 나타나 알코올에 대한 의존이 일중독에 영향력이 있음을 보여주었다.

V. 결론

1. 연구결과와 논의

인구 사회학적 요인, 직장요인, 중독요인, 만족 요인이 일중독에 미치는 영향을 검증한 본 연구에서 도출된 결과 및 논의는 다음과 같다.

첫째, 일중독 문항에 대한 답변 중 일-생활 불균형을 의미하는 문항들에 대한 응답의 평균이 일중독 29개 문항 전체 평균보다 높게 나타났다. 즉 일 때문에 항상 피곤해서 일 이외의 다른 활동을 하기 어렵고, 일 때문에 개인적인 생활을 방해받으며, 일 때문에 개인적인 일을 하기 어렵고 휴가 일정을 짜기도 어렵다는 반응이 평균 이상의 점수를 보임으로써 일-생활 불균형의 양상을 드러낸다. 일 때문에 개인 생활을 희생하면 개인적인 생활이나 여가를 통해 삶의 만족을 얻을 가능성도 떨어지므로 더욱 더 일에 집착할 가능성도 커질 것이다.

한편, 일중독의 수준을 연속변수로 측정한 본 연구와 달리, 한국 노동패널 보고서에서는 일중독을 29개 문항의 평균이 3점을 초과하여 평균적으로 '그렇다', '매우 그렇다'라고 응답한 사람을 일 중독자로 범주화하였다.[26] 이 조작화에 따라 한국 노동패널 17차 패널, 취업자를 대상으로 분석한 일 중독자 비율은 7.2%였다. 한국 노동패널 17차 패널에서 임금노동자를 대상으로 한 본 연구에서 일중독 전체 문항에 대한 응답의 평균이 3점을 초과하는 비율은 6.5%로 나타났다. 취업자 중 고용주, 자영업자를 제외한 결과 일중독 비율이 낮아진 것으로 추정되는데, 이는 고용주나 자영업자의 일중독 비율이 더 높다는 선행연구와도 상응하며 고용주나 자영업자의 경우 소득을 극대화하기 위해서 온종일 일하고 몰입해야 하는 현실을 반영하는 것으로 볼 수 있다.

둘째, 주당 정규 근로시간과 초과근로 여부가 일중독에 영향을 미치는 것으로 나타났다. 즉 주당 정규 근로시간이 길수록, 초과근로를 할수록 일중독 수준이 높아졌고, 베타값도 여타 변수보다 상대적으로 높아서 근로시간과 일중독의 인과관계가 강하게 존재함을 입증하였다. OECD는 주당 50시간 이상의 노동을 건강을 위협하고 스트레스를 증가시키는 장시간 노동으로 간주하는데, 빈도분석 결과에서 50시간을 초과해서 근무하는 사람의 비율이 13.9%이고 이 중 60시간을 초과해서 일하는 사람의 비율도 5.2%에 이르는 것으로 나타나 우리나라 임금노동자들의 장시간 노동 비율이 상당히 높은 것을 입증하였다. 정규 근로시간 외 초과근로를 한다는 비율도

---

26) 윤자영, 2015, 20쪽 참조.

29.7%에 이르렀다. 이와 같은 장시간 노동은 여가나 개인 생활에 소비할 시간의 부족을 의미하며 결과적으로 일-생활 불균형으로 이어진다.

개인이 활용 가능한 심리적·신체적 자원의 양은 일정하여 사용된 자원은 자원 총량에서 소모되어 사라진다는 자원 소모 모형(resource drain model)에 따르면 일과 생활에서 제한된 자원을 공유해야 하므로 갈등을 유발할 수밖에 없다.[27] 주당 50시간 이상 과도하게 일하면 적절한 휴식을 취하거나 다른 활동에 집중하고 즐길 만한 여유가 없으므로 일중독에 빠질 가능성도 그만큼 크며 삶의 여타 영역과의 갈등을 유발하게 될 것이다.

셋째, 월평균 임금이 높을수록 일중독 수준이 높은 것으로 나타났다. 또한, 인구 사회학적 요인에서 학력이 높을수록 일중독 수준도 높은 것으로 나타났다. 이는 일중독 증상이 고소득자 및 고학력 전문직에서 빈번하게 발견된다는 기존의 이론 및 선행연구와 일치하는 결과이다. 이는 고학력 전문직들이 일에 긴 시간을 할애하고 근무시간 외에도 일에 몰두할 물리적, 정서적 환경이 된다는 점과도 연관된다. 또한, 시간당 생산성이라는 개념에서도 소득이 높을수록 일하는 시간을 늘리고 더 많은 성과를 올려서 더 많은 소득을 얻고자 하는 성향이 강해질 것이다.

넷째, 일중독과 흡연, 음주와의 인과관계는 유의한 것으로 나타났다. 일중독 척도와 달리 흡연, 음주빈도가 중독의 척도로 조사된 것은 아니지만, 일중독이 다른 중독성 물질과 양적으로(+) 유의한 것으로 입증되고, 통합모델에서도 $p<.1$의 수준에서 음주빈도가 유

---

27) 이다솔·남태우·권기현, 2018, 143쪽 참조.

의한 것으로 나타났다. 중독이 마약, 알코올, 니코틴, 카페인과 같은 물질, 혹은 인터넷 중독, 쇼핑중독, 일중독 같은 행위에 대한 의존증이라고 볼 때, 타 중독성 물질에 대한 의존이 일중독에 영향을 미치는 것으로 나타난 것은 의미가 있다. 일중독을 처음 정의한 Oates(1971)도 알코올 중독과 일중독의 유사성을 지적한 바 있는데, 향후 일중독과 다른 중독과의 관계를 구체적으로 검증하는 연구가 이루어지기를 기대한다.

마지막으로, 직무만족도와 생활만족도가 낮을수록 일중독 수준이 높아지는 것으로 나타났다. 먼저, 일에 대한 만족, 보람, 즐거움, 열정 등으로 측정된 직무만족도가 낮을수록 일중독 수준이 높았다. 이것은 성과주의 사회에서 성과를 통해 자아를 입증할 것을 강요받는 개인들이 성과를 얻지 못하고 직무에 대한 만족을 얻지 못할수록 더욱 일에 몰두하고 성과를 냄으로써 만족을 얻고자 하는 강박에 시달린다는 것으로 이해할 수 있다. 또한, 생활만족도가 낮을수록 일중독 수준이 높아지는 것으로 나타났는데, 이는 가족관계 및 사회적 친분 등 대인관계, 여가생활을 포함한 삶에 대한 전반적인 만족도가 낮을수록 일을 통해서라도 만족을 얻고자 하는 일중독에 빠질 수 있다는 점을 시사한다. 전반적인 생활만족도를 향상시켜 일중독으로 도피하는 악순환을 방지할 수 있도록 생활 영역에 관한 관심과 시간 배분을 고민해야 할 시점이다.

2. 연구의 함의

이상과 같은 결과와 논의를 통해 일중독 증상을 완화시키고 일-

생활 균형을 이루어 삶의 만족도를 높이기 위해 다음과 같은 함의를 전달하고자 한다.

첫째, 근로시간 단축이 필요하다. 주당 근로시간을 휴일포함 52시간으로 단축한 근로기준법 개정이 이루어졌지만, 이러한 노동시간 단축이 변칙적으로 이루어지지 않도록 주의해야 한다. 또한, 개정법이 상용직 임금노동자뿐 아니라, 자영업자와 임시직, 소규모 영세사업장 등 모든 노동자에게 적용될 수 있도록 사회적 노력을 기울여야 한다. 정부의 시책에 맞춰 개개인들도 일과 생활 사이에서 적절한 균형을 취할 수 있도록 노력해야 할 것이며, 이러한 노력에 대한 사회적 불이익이 없도록 사회적 인식을 바꾸어나가야 할 것이다.

둘째, 생산성에 대한 지나친 집착에서 벗어나야 할 것이다. 자본주의 사회는 행복하고 좋은 삶보다는 능력을 발휘하여 생산성을 최대로 향상시키는 것을 최고의 가치로 여겨왔다. 임금이 높을수록, 성과급 제도가 있을수록 일중독 수준이 높다는 결과는 노동과 그에 대한 물질적 보상을 극대화하여 생산성을 높이려는 자본주의적 가치의 실현이다. 그러나 물질적인 생산성에 대한 과도한 몰두는 일중독을 낳고 삶의 전반적인 균형을 상실케 하는 결과를 낳는다. 이에 진정한 생산성이란 "다른 사람들과 사이좋게 행복한 생활을 살아감을 통해 오는 개인 성장 및 자아실현에서 오는 것"이라는 기든스의 주장은 후기 자본주의 시대를 살아가는 현대인들에게 상당한 설득력을 지닌다.[28]

---

28) 에드워드 G. 그랩, 양춘 옮김, 『사회 불평등: 고전 및 현대이론』, 고려대학교 출판부, 2017, 262쪽.

셋째, 인식의 전환이 필요하다. 직무만족도, 생활만족도와 일중독이 반대의 방향을 지닌다는 점에 주목해볼 필요가 있다. 본 연구에서는 직무만족도와 생활만족도가 일중독의 선행요인으로 영향을 미쳤지만, 일중독의 결과로 직무만족도와 생활만족도가 낮아진다는 연구결과도 다수 보고되었다. 개인적인 즐거움이나 만족, 성취감과 일중독은 서로 보완재가 아닌 대체재의 성격을 띠는 것이다. 이것은 성과주의 사회에서 일, 성과, 보상에만 집착하는 삶은 개인의 만족도와 즐거움에 긍정적인 영향을 주지 못함을 의미한다. 나아가 개개인의 불만족은 조직이나 사회 전체에도 부정적 영향을 미친다. 결코, 성취될 수 없는 완전한 성과를 달성하기 위해 일에만 몰두하고 자신을 착취하는 대신, 삶에 대한 균형 잡힌 시각을 회복하여 온전한 자신을 실현하고 성과사회를 벗어나 웰빙 사회를 추구하는 것이 모두가 공존할 수 있는 방안이라는 인식을 갖추어야 할 것이다.

참고문헌

강수돌, 「일중독의 관점에서 본 고임금 노동자」, 『월간 말』, 2007, 월간 말 주식회사.

곽선화 · 김왕의, 「일중독이 직무성과에 미치는 영향-사회적 지원과 통제 위치의 조절 효과를 중심으로」, 『인적자원관리연구』, 20권 4호, 한국인적자원관리학회, 2013.

그랩, 에드워드 G., 양춘 옮김, 『사회 불평등: 고전 및 현대이론』, 고려대학교 출판부, 2017.

김왕배, 「노동중독」, 『한국사회학』, 41권 2호, 한국사회학회, 2007.

김주경 · 김영곤, 「공공 조직구성원의 일중독과 조직 갈등의 관계에 대한 조직냉소주의의 매개 효과 분석」, 『행정논총』, 55권 1호, 서울대학교 한국행정연구소, 2017.

서은혜 · 정연우 · 박성민, 「일중독 프로필별 영향요인 검증: 개인, 사회환경, 제도의 다각적 연구」, 『한국경영학회 통합학술발표논문집』, 2018.

서철현, 「관광호텔종사원들이 지각하는 고용 불안정과 일중독, 직무 태도의 구조적 관계 중독 유형의 상관성」, 『호텔경영학연구』, 21권 2호, 한국 호텔 외식 관광경영학회, 2012.

양동민 · 심덕섭, 「조직기반 자긍심, 일중독, 직무성과 및 일-가정갈등 간의 관계에 관한 연구」, 『인사조직연구』, 26권 1호, 한국인사조직학회. 2018.

양희완 · 김진강, 「호텔종사원이 지각하는 일중독이 이직 의도에 미치는 영향에 관한 연구: 일-생활 균형의 조절 효과」, 『Tourism Research』, 43권 3호, 한국관광산업학회, 2018.

엄세원, 「한국 근로자의 일중독: 고용불안정성과 가족관계 만족도와의 관계」, 서울대학교 석사학위 논문, 2017.

엄세원 · 이재림, 「한국 근로자의 일중독: 일중독 척도 타당화 및 고용불안정성과 가족관계 만족도와의 관계」, 『한국가정관리학회지』, 36권 1호, 한국가정관리학회, 2018.

유승호, 「일중독과 남성성에 대한 고찰」, 『인문과학연구』, 40권, 강원대학교 인문과학연구소, 2014.

윤자영, 「일중독 측정과 결정요인」, 『1~17차 연도 노동패널 학술대회논문집』, 한국노동연구원, 2015.

윤자영, 「일중독 측정과 실태」, 『산업노동연구』, 24권 1호, 한국산업노동학회, 2018.

이다솔·남태우·권기현, 「일중독이 조직몰입과 직무 만족에 미치는 영향 - 일·생활 균형의 매개 효과 검증」, 『사회과학연구』, 34권 1호, 경성 대학교 사회과학연구소, 2018.

이동명, 「직업몰입과 건강의 관계에서 일중독의 매개 효과」, 『조직과 인사관 리연구』, 35권 2호, 한국인사관리학회, 2011.

이인석·정무관·남종훈·김준원·황재원, 「일중독이 구성원의 태도에 미치 는 영향에 관한 연구」, 『대한경영학회지』, 21권 6호, 대한경영학회, 2008.

이채식·김명식, 「장애인의 일자리 만족에 영향을 주는 요인에 관한 연구」, 『장애와 고용』, 26권 2호, 한국장애인고용공단 고용개발원, 2016.

정병석·탁진국, 「일중독 성향의 선행 변인과 결과 변인에 관한 연구」, 『한국 심리학회지』, 22권 2호, 한국심리학회, 2009.

최보인·권석균, 「구성원 성격 다양성이 팀 성과와 만족에 미치는 영향과 변 혁적 리더십의 조절 효과」, 『인적자원관리연구』, 21권 5호, 한국 인 적자원관리학회, 2014.

최삼욱, 『행위중독』, 서울 NUN 출판그룹, 2014.

한국노동연구원, 『한국노동패널 1~19차 연도 조사자료 User's Guide 2017』, 한국노동연구원, 2017.

한광현, 「일중독이 개인과 조직에 미치는 영향」, 『인사관리연구』, 30권 1호, 한국인사관리학회, 2006.

한광현, 「조직이 처한 사회문화적 맥락, 조직의 상황적 특성, 그리고 개인적 성향과 일중독 유형의 상관성」, 『대한경영학회지』, 24권 5호, 대한경 영학회, 2011.

한병철, 『피로 사회』, 문학과 지성사, 2012.

황진수, 「일중독의 삶의 만족에 대한 영향력과 사회적 지원의 조절 효과 검증」, 『산업경제연구』, 31권 5호, 한국산업경제학회, 2018.

Aziz, S., Uhrich, B., Wuensch, K. L., & Swords, B., "The workaholism analysis questionnaire: emphasizing work-life imbalance and addiction in the measurement of workaholism", *Journal of Behavioral & Applied Management*, Vol. 14, No. 2, 2013.

Bakker, A. B., Demerouti, E., & Burke, R., "Workaholism and relationship quality: a spillover-crossover perspective", *Journal of Occupational Health Psychology*, Vol. 14, No. 1, 2009.

Bakker, A. B., Shimazu, A., Demerouti, E., Shimada K., & Kawakami, N., "Work engagement versus workaholism: a test of the spillover-crossover model", *Journal of Managerial Psychology*, Vol. 29, No. 1, 2014.

Bonebright, C. A., Clay, D. L., & Ankenmann, R. D., "The relationship of workaholism with work-life conflict, life satisfaction, and purpose in life", *Journal of Counseling Psychology*, Vol. 47, No. 4, 2000.

Griffiths M. D., "A 'components' model of addiction within a biopsychosocial framework", *Journal of Substance Use 10*, 2005.

R. J. Burke, "Workaholism in organizations: The role of organizational values", *Personnel Review*, Vol. 30, No. 6, 2001.

Oates, W. E., *Confessions of a Workaholic: The Facts about Work Addiction*, World Publishing Company, 1971.

Porter, G., "Organizational impact of workaholism: Suggesting for researching the negative outcomes of excessive work", *Journal of Occupational Health Psychology*, Vol. 1, No. 1, 1996.

Robinson, S. L., & O'Leary-Kelly, A. M., "Monkey see, monkey do: The influence of work groups on the antisocial behavior of employees", *Academy of Management Journal*, Vol. 41, No. 6, 1998.

Schaufeli, W. B., Taris, T. W., & Van Rhenen, W., "Workaholism, burnout, and work engagement: Three of a kind or three different kinds of employee well-being?", *Applied Psychology: An International Review*, Vol. 57, No. 2, 2008.

Shimazu, A. & Schaufeli, W. B., "Is workaholism good or bad for employee well-being? The distinctiveness of workaholism and work engagement among Japanese employees", *Industrial Health*, Vol. 47, No. 5, 2009.

Spence, J. T., & Robbins, A. S., "Workaholism definition, measurement and preliminary results", *Journal of Personality Assessment*, Vol. 58, No. 1, 1992.

「개정 근로기준법 설명자료_노동시간 단축」, http://www.moel.go.kr/policy/policydata/view.do?bbs_seq=20180500487, 2018. 5. 18. (검색일:2018. 11. 26.)

「Better Life Index」, http://www.oecdbetterlifeindex.org/topics/work-life-balance/, (검색일:2018. 11. 25.)

서강대학교 생명문화연구소

서강대학교 생명문화연구소는 대학부설연구기관으로 1991년 '세상의 생명을 위하여 (promundi vita)'라는 기치를 내걸고 창립된 지 현재 30년이 되었다. 생명문화운동의 이론적 정초와 확산보급이라는 설립목적의 실천을 위해 자살, 낙태, 안락사, 호스피스 등의 전통적인 생명윤리 주제들과 복지, 빈곤, 차별, 중독 등과 같은 전 인류적 생명윤리 주제들을 다루고 있고, 생존 주체로서 한 인간의 개인 문제와 사회문제, 더 나아가 동물, 생태, 환경 차원의 주제들까지 총망라하여 연구하고 있다. 2017년부터 한국연구재단의 '인문사회분야 대학중점연구소'로 선정되어 사회적 생명 차원의 4대 중독(알코올, 마약, 도박, 인터넷) 문제에 대한 연구를 집중적으로 진행하고 있다.

한국사회 중독문제,
어떻게 해야 하나

초판인쇄 2019년 6월 10일
초판발행 2019년 6월 10일

지은이 서강대학교 생명문화연구소
펴낸이 채종준
펴낸곳 한국학술정보㈜
주소 경기도 파주시 회동길 230(문발동)
전화 031) 908-3181(대표)
팩스 031) 908-3189
홈페이지 http://ebook.kstudy.com
전자우편 출판사업부 publish@kstudy.com
등록 제일산-115호(2000. 6. 19)

ISBN 978-89-268-8848-3 93330